A preparação do ator

Obras do autor publicadas pela Civilização Brasileira

A construção da personagem
A criação de um papel
Minha vida na arte

Constantin Stanislavski

A preparação do ator

Tradução de
Pontes de Paula Lima

44ª edição

Rio de Janeiro
2024

COPYRIGHT © Editora Civilização Brasileira, 1999

CAPA
Evelyn Grumach

PROJETO GRÁFICO
Evelyn Grumach e João de Souza Leite

PREPARAÇÃO DE ORIGINAIS
Cristina Freixinho

CIP-BRASIL. CATALOGAÇÃO NA FONTE
SINDICATO NACIONAL DE EDITORES DE LIVROS, RJ

Stanislavski, Constantin, 1863-1938
B789p   A preparação do ator/Constantin Stanislavski; tradução de
44ª ed.   Pontes de Paula Lima. – 44ª ed. – Rio de Janeiro:
Civilização Brasileira, 2024.
368 p.; 21 cm

Tradução de: An actor prepares
Contém dados biográficos
ISBN 978-85-200-0268-1

1. Representação teatral. 2. Atores. 3. Teatro – Técnica.
I. Título.

99-0995   CDD – 792.02
                                                                              CDU – 792

Todos os direitos reservados. Proibida a reprodução,
armazenamento ou transmissão de partes deste livro, através
de quaisquer meios, sem prévia autorização por escrito.

Texto revisado segundo o novo Acordo Ortográfico da Língua
Portuguesa.

Direitos desta tradução adquiridos pela
EDITORA CIVILIZAÇÃO BRASILEIRA
um selo da
EDITORA JOSÉ OLYMPIO LTDA.
Rua Argentina, 171 – Rio de Janeiro, RJ – 20921-380 –
Tel.: (21) 2585-2000.

Seja um leitor preferencial Record.
Cadastre-se e receba informações sobre nossos lançamentos
e nossas promoções.

Atendimento e venda direta ao leitor:
sac@record.com.br

Impresso no Brasil
2024

Sumário

O autor e a obra 7
Nota da tradutora norte-americana 13
Apresentação 15

CAPÍTULO I	A primeira prova	25
CAPÍTULO II	Quando atuar é uma arte	39
CAPÍTULO III	Ação	61
CAPÍTULO IV	Imaginação	85
CAPÍTULO V	Concentração da atenção	105
CAPÍTULO VI	Descontração dos músculos	129
CAPÍTULO VII	Unidades e objetivos	147
CAPÍTULO VIII	Fé e sentimento da verdade	165
CAPÍTULO IX	Memória das emoções	201
CAPÍTULO X	Comunhão	233
CAPÍTULO XI	Adaptação	265
CAPÍTULO XII	Forças motivas interiores	287
CAPÍTULO XIII	A linha contínua	297
CAPÍTULO XIV	O estado interior da criação	309
CAPÍTULO XV	O superobjetivo	321
CAPÍTULO XVI	No limiar do subconsciente	333

O autor e a obra

Constantin Stanislavski nasceu na Rússia, em 1863, de uma família de comerciantes abastados. Ainda muito jovem sentiu-se atraído pelo teatro. Trabalhou durante muito tempo como ator amador, até que, em 1897, encontrando-se com Vladimir Danchenko, resolveu fundar com ele o Teatro Popular de Arte, nome original do Teatro de Arte de Moscou, na direção do qual manteve-se durante quarenta anos. Conseguiu dar unidade e novo espírito às representações do grupo, buscando um realismo que ele chamou mais tarde de realismo espiritual, um despojamento de falsas convenções e a criação sobre o palco de uma vida mais verdadeira e emocionante. Seu trabalho está ligado, intimamente, à obra do grande escritor russo Anton Tchekhov, cujas peças foram montadas por Stanislavski e seus artistas. Mas não se limitou ao âmbito do teatro realista, experimentando em várias direções, montando outros autores como Ibsen, Goldoni, Shakespeare e Molière. De sua experiência como ator e diretor resultou o desenvolvimento de um "sistema" de trabalho que foi adotado pelos atores de sua companhia, a princípio com certa relutância. Mais tarde, Stanislavski aplicou seu sistema à cena lírica e a espetáculos de estilos diversos. Viajou com sua companhia pela Europa e os Estados Unidos, entre 1922 e 1924. Sua influência foi grande no teatro dos países que visitou. Em 1925 publicou o livro *Minha vida na arte*. E três anos depois, por ocasião do trigésimo aniversário da fundação do Teatro de Arte de Moscou, interpretou pela última vez o papel de Vershinin em *As três irmãs,* de Tchekhov. Gravemente enfermo, reduziu suas atividades ao trabalho de diretor e principalmente às pesquisas com cantores, pretendendo dar uma nova realidade interpretativa ao drama lírico. Os últimos anos de sua vida foram dedicados, em grande parte, a escrever sobre as suas ideias e experiências no teatro. Morreu a 7 de agosto de 1938, em Moscou.

Já no século XVIII, Lessing, crítico alemão, dizia: "Temos atores, mas não temos arte de representar." A formalização da técnica de interpretação realizada por Stanislavski não constitui um fenômeno isolado. É o resultado do interesse e da busca de muitos artistas, tais como: Antoine, Copeau, Craig e outros, que tentaram fazer a revisão dos princípios básicos da arte de representar. Os problemas da formação técnica constituíam uma parte importante de suas preocupações. Os manuais dos séculos XVII e XVIII tornaram-se obsoletos. Neles procurava-se aplicar erroneamente os princípios da oratória ao trabalho de criação dos atores e sua interpretação no palco. É de se notar que ideias semelhantes perduram ainda em nossos dias, no ensino da arte dramática. Coube a Stanislavski a importante tarefa de sistematizar os conhecimentos intuitivos dos grandes atores do passado e de explicar ao ator contemporâneo como agir no momento da criação ou da realização. O seu sistema não é uma continuação das ideias expostas nos velhos manuais. É antes uma quebra da tradicional maneira de ensinar. O trabalho do ator, segundo o sistema de Stanislavski, não é uma simples imitação, ou a repetição do trabalho de outros atores. Será sempre o resultado de uma criação original. O sistema de Stanislavski não equivale a um estilo de representação. É, como qualquer técnica, um meio e não uma finalidade. É o próprio Stanislavski quem diz: "Ele (seu sistema) só tem utilidade quando se transforma numa segunda natureza do ator, quando este deixa de se preocupar com ele e quando seus efeitos começam a aparecer naturalmente em seu trabalho." A técnica deve ser absorvida e nunca aparecer na realização. Esta é o resultado, e a técnica funciona então como estímulo ao processo criador.

Em 1924, Elizabeth Hapgood, estudiosa americana da literatura russa, e seu marido, Norman Hapgood, crítico de teatro e editor, amigos de Stanislavski, tentaram convencê-lo a escrever e publicar o resultado de suas experiências no Teatro de Arte de Moscou. Dificuldades várias e certa relutância da parte de Stanislavski em fixar em termos definitivos o que ele considerava uma busca sempre ativa de novas formas e pontos de vista adiaram a realização desse projeto. Ele não queria escrever uma gramática inalterável, pois o sistema não tem como finalidade criar uma espécie de receituário para a interpretação de certos papéis. Temia estabelecer regras que pudessem parecer rígidas. Finalmente, diante da possibilidade de que estes escritos viessem estimular outros artistas a prosseguir nessas pesquisas, decidiu-se. Em 1930, depois de uma grave enfermidade, na Rússia, Stanislavski foi passar as férias no Sul da França, em companhia dos seus amigos, os Hapgood. Aí, ele esboçou os dois primeiros livros que deveriam, segundo o seu desejo, ser editados ao mesmo tempo para servir de guia, primeiro, no trabalho de preparação interior do ator, e segundo, no aproveitamento das técnicas exteriores para a criação do personagem sobre a cena. Voltou à Rússia e continuou escrevendo, desenvolvendo o material que viria a compor o primeiro volume, ou seja, *A preparação do ator*. Este primeiro original foi enviado aos Estados Unidos, traduzido por Elizabeth Hapgood e editado por Theatre Arts Books, em 1936, dois anos antes que este mesmo livro fosse publicado na Rússia. Ele diz respeito ao trabalho interior do artista, particularmente do ator, exercitando o seu espírito e a sua imaginação. Escreve E. Hapgood na sua nota de introdução à primeira edição deste livro em língua inglesa: "Não pretende ter inventado coisa alguma. O autor é o primeiro a mostrar que os gênios como Salvini e Duse usavam, sem teoria, as emoções e as expressões exatas, que aos menos inspirados é preciso ensinar. O que Stanislavski pretendeu não foi descobrir uma verdade, mas tornar a verdade acessível aos atores e diretores de talento, dispostos a enfrentar o necessário treinamento." Os exemplos apresentados pelo autor neste livro são simples e podem ser adaptados às necessidades dos atores, em qualquer país. Em cartas e numa visita que E. Hapgood fez a Stanislavski em 1937, este lhe falou a respeito do assunto que iria constituir o segundo volume — *A construção da personagem* — onde tratava das chamadas técnicas exteriores: treinamento do corpo e trabalho rigoroso da voz, ambos instrumentos com que o artista no palco expressa convincentemente o que ele também desenvolveu na etapa de sua criação interior. Nessa mesma época, ele trabalhava também nos apontamentos de montagem de *Otelo* de Shakespeare. Mas ambos os originais ainda não se encontravam em ponto de publicação. Trabalhou neles até sua morte, no ano seguinte. Foi somente depois da Segunda Guerra Mundial que E. Hapgood recebeu, do filho do autor, o original de *A construção da personagem*. Esse atraso de treze anos entre a publicação do primeiro e do segundo livro acarretou sérias incompreensões e falsas interpretações por parte de muitos. Esses dois livros correspondem aos trabalhos a serem efetuados numa mesma fase de formação do artista. Até hoje, muita gente se concentra no conteúdo do primeiro volume, na pesquisa interior, evitando e mesmo desprezando a outra parte, a do segundo volume, igualmente importante e que trata da criação do personagem em termos físicos, de voz e fala, de movimento, de gesto, tempo e ritmo, e da visão total e *perspectiva* de uma peça ou de um personagem. Stanislavski considerava importante a formação *total* do autor — intelectual, espiritual, física, emocional. O seu sistema, além de ser uma técnica artística, é também uma técnica para uma melhor compreensão entre os homens. Deve interessar não somente os atores e diretores de teatro, mas a qualquer um que trabalhe em coletividade. São sete os volumes publicados em inglês que encerram as obras de Stanislavski.

As obras completas de Stanislavski foram editadas em inglês em sete volumes, com títulos diversos. Uma edição oficial foi realizada na Rússia. Somente em 1947 os dois livros básicos de Stanislavski foram traduzidos e publicados na Itália. Pela mesma época *A preparação do ator* foi editado na França, com prefácio de Jean Vilar. Existe uma tradução espanhola dessa obra e outra em português, editada em Portugal. Os últimos livros de Stanislavski encerram importantes capítulos sobre o teatro lírico, o melodrama e a farsa. Também dizem respeito à criação de um teatro popular. Stanislavski escreveu: "Estamos tentando criar o primeiro teatro popular." O seu exemplo será útil ao nosso teatro brasileiro. E a publicação das suas obras constitui um passo decisivo para o esclarecimento dos problemas básicos da preparação do ator.

A presente tradução foi encomendada a Pontes de Paula Lima. Depois de ter trabalhado no Teatro do Estudante, ele ingressou na BBC de Londres, onde colaborou em programas teatrais. Tradutor de várias peças, foi premiado pela sua tradução de *Look Back in Anger* (*Geração em revolta* — literalmente: *Recorde com raiva*), de John Osborne.

MARTIM GONÇALVES

Nota da tradutora norte-americana

Há muito tempo os amigos de Stanislavski conheciam-lhe a intenção de deixar um registro dos métodos pelos quais se formou o Teatro de Arte de Moscou, de modo tal que pudesse ser útil aos atores e diretores, após a sua morte. Da primeira vez que me falou desse anseio referiu-se à obra projetada como uma gramática de atuação. No seu próprio *Minha vida na arte* e nas manifestações análogas de pessoas que estudaram com ele fez-se uma contribuição de todo diferente, muito mais fácil e, a seu ver, menos importante. Um manual, um compêndio, um livro prático de estudo, era o seu sonho e dificílimo de realizar.

Desde que o teatro moderno passou a existir, há uns três séculos, acumularam-se as convenções, sobreviveram à sua utilidade e se fossilizaram, de modo que tolhem o caminho ao frescor e à sinceridade das emoções em cena. Há quarenta anos, a Companhia do Teatro de Arte de Moscou tem encaminhado seus esforços no sentido de livrar-se do que se tornou artificial e, portanto, empecilho, e no de preparar o ator para exibir os aspectos externos da vida e as suas repercussões interiores com uma veracidade psicológica convincente.

Como pôr em livro esse processo prolongado e difícil? Stanislavski sentiu que precisaria de uma liberdade de expressão — principalmente quanto aos defeitos que afligem os atores — que não teria se usasse os nomes reais de seus intérpretes, desde Moskvin e Kachalov até os próprios principiantes. Resolveu, portanto, adotar uma forma semifictícia. Que ele mesmo aparece, com o nome de Tortsov, é coisa que não escapará ao leitor arguto nem será difícil perceber que o discípulo estudioso que faz um registro das aulas é o Stanislavski de há meio século, tateando em busca dos métodos mais adequados para refletir o mundo moderno.

Aqui não se reivindica mérito de invenção. O autor de bom grado assinala que um gênio, como Salvini ou a Duse, pode, sem teoria, usar as emoções e expressões certas, que ao estudante menos inspirado, embora inteligente, precisam ser ensinadas. O que Stanislavski empreendeu não foi a descoberta de uma verdade dos atores e diretores razoavelmente bem-dotados pela natureza e dispostos a se submeterem à necessária disciplina. O livro, de fato, inclui frequentes formulações de princípios gerais de arte, mas a grande tarefa que se impôs o autor foi a de incorporar esses princípios nos exemplos práticos mais simples, para servirem como base de trabalho, dia após dia e mês após mês. Esforçou-se para tornar tão simples os exemplos, tão próximos das emoções, que tanto se encontram num país como em outro, que eles podem ser adaptados às necessidades dos atores, quer tenham estes nascido na Rússia ou na Alemanha, Itália, França, Polônia ou nos Estados Unidos.

Pouco há que dizer da importância de um tal registro de trabalho, para que a maior das companhias modernas de atuação projete seus raios pela maior amplidão possível. Que não daríamos por anotações minuciosas de como Molière ensaiava as suas peças — ensaios cujos ecos, legítimos ou desgastados, perduram na Comédie Française? Ou acaso pode avaliar-se o que estaria inerente a um retrato total de Shakespeare no teatro, treinando os seus atores em *A tempestade*, *Romeu e Julieta* ou *O rei Lear*?

ELIZABETH REYNOLDS HAPGOOD

Apresentação

O livro já célebre de Stanislavski é uma contribuição para o teatro e seus estudiosos do mundo inteiro. A barreira da língua é sempre uma desvantagem na nossa capacidade de apreciar o excelente trabalho do teatro estrangeiro e dele compartilhar. A música, o balé, mesmo o cinema (com o auxílio das legendas traduzidas) — destes podemos fruir mais facilmente, mas inclinamo-nos a desconfiar do nosso senso crítico se assistimos a uma peça em língua que não entendemos. É fácil a gente se impressionar demais com o inusitado. Afinal, dizemo-nos, os franceses, os italianos, os russos são pessoas voláteis, expressivas — exprimem tanto com os olhos, com as mãos, com os ombros; suas línguas são mais musicais, mais rítmicas do que a nossa —, foram treinadas no grande estilo. O treino. Ah, aí está. O eterno debate pró e contra as escolas de teatro e o necessário aprendizado da nossa profissão que, infelizmente, jamais pode selar-se com um diploma. A habilidade do ator, pelo menos em seus primeiros anos, é tão difícil de calcular em termos concretos.

Mas aqui, neste livro, um ótimo ator e diretor consumado achou tempo para explicar mil coisas que sempre perturbaram os atores e fascinaram os estudiosos, coisas que todos nós, comediantes, temos discutido a vida inteira nos ensaios e entre atuações, à nossa moda egoísta e canhestra, mas que nunca pudemos exprimir de forma simples e prática, em termos construtivos e gerais.

Stanislavski, homem já idoso ao escrever este livro, pôde rememorar sua vida de artista com uma visão tranquila e sábia. É uma autoridade. Não tem despeitos a descontar. Não lhe interessa o teatro comercial que conhecemos na Europa Ocidental — não são para ele o sucesso estrondoso ou o sensacional fracasso, os sindicatos, os fuxicos, a publicidade, o vedetismo, o espetáculo que fica em cartaz três anos. É um olímpico, um especialista em cada setor do teatro, amando sua arte com tanta paixão que quer legar algo do seu enorme acervo de conhecimento e experiência a quem quiser ler o que ele anotou. E como é um perito, escrevendo sobre aquilo que conhece e ama, é, também, um escritor fascinante e lúcido.

O livro é envolvente. Ficamos escravizados, não o podemos largar. Há nele muita compreensão maravilhosa e conselhos — tanto para os que atuam e dirigem quanto para os que apenas estudam teatro. Como descontrair, como controlar o corpo. Como estudar um papel, trabalhar com imaginação, construir *de dentro* uma atuação. Como trabalhar com outros atores, o intercâmbio — toma lá, dá cá —, o modo de considerar a plateia para que possamos controlar suas reações a certas horas e em outras deixar-lhe o controle. O estilo de atuar no trabalho clássico e no realista, a arte da concentração. Todos estes assuntos são discutidos e examinados com magistral clareza e simplicidade.

O teatro de Stanislavski é legendário. Poucos terão idade suficiente para o haverem visto e é possível que, dentre nós, alguns pensem que a perspectiva lhe deu uma exagerada reputação póstuma. Inclinamo-nos às vezes a sorrir quando os mais velhos discorrem sobre os célebres dias que já lá se foram, estendendo-se acerca das grandiosas encenações shakespearianas de sua mocidade, o teatro de Booth e Ada Rehan e Irving, de Ellen Terry, Sarah Bernhardt e Eleonora Duse — as lutas revolucionárias do cenógrafo e do diretor no começo do século XX —, Craig e Appia, Serguei Diaghileff, Jacques Copeau, Max Reinhardt, Granville-Barker e Stanislavski.

Mas neste livro e na autobiografia que o precedeu, *Minha vida na arte*, sentimos, inevitavelmente, como são universais os problemas, as ansiedades e dificuldades do teatro no mundo inteiro, em qualquer língua, para cada sucessiva geração. O teatro precisa de

APRESENTAÇÃO

líderes e, em nossos dias, quando as figuras de proa, no teatro bem como em outros setores, já não podem, pelas condições mundiais, dominar como autocratas, quando os monopólios governam e os sindicatos ordenam, torna-se duplamente precioso o conselho de um grande artista que é, também, uma grande autoridade.

Dizem que Karsavina e Nijinski, no auge do talento e sucesso, compareciam, diariamente, às aulas do grande mestre Enrico Cecchetti e eram repreendidos e disciplinados com a mesma severidade manifestada para com os mais jovens alunos da Escola Imperial de Balé. Assim também os grandes *virtuosi* musicais das gerações passadas voltavam todo ano a Paris ou Viena, a fim de estudar com seus professores. Só no teatro é que o astro de fama, seja ele jovem ou de meia-idade, trabalha sem constante supervisão disciplinada. Um diretor de qualidade pode influenciá-lo, sobretudo durante os ensaios; a crítica ocasional de um amigo casual ou de um crítico sagaz pode parecer-lhe construtivamente útil. Se for artista íntegro, poderá aperfeiçoar-se por sua própria vigilância e concentração. Os atores, em geral, são criaturas conscienciosas, mas a tensão das temporadas longas, sem supervisão especializada, é um perigo para as suas naturezas emocionais. Os atores confiam no instinto, tanto para criar como para sustentar uma atuação — mas o instinto pode extraviá-los quando a primeira inventividade criadora se amortece pela repetição. É até possível que um excesso de consciência faça perder toda a espontaneidade. Para quem há de voltar-se o ator de sucesso, em busca de uma crítica verdadeira e de conselhos construtivos, ao deparar com os perigos e os contínuos problemas de sua carreira? A quem irá ter o estudante ao se lançar nos primeiros mares perigosos da experiência de palco?

Apesar do seu egocentrismo, os atores, no íntimo, são inseguros, embora possam parecer senhores de uma confiança ilimitada perante a plateia. Um diretor sem tato, que não admirem totalmente ou julguem parcial, ou pessoalmente hostil, pode, com toda facilidade, aniquilar-lhes a confiança própria. Sua ciência é adquirida a esmo, no curso de muitos anos, e eles mal se atrevem a aconselhar-se uns aos outros, pois sentem que, para cada ator, o problema é outro — um segredo pessoal a guardar-se com o maior dos zelos. Há poucas regras estabelecidas, a não ser as mais elementares: audibilidade, imaginação, concentração. Os atores, por um lado, receiam tornar-se antiquados e empertigados e, por outro lado, desleixados e novidadeiros. A técnica de base, os "exercícios para cinco dedos", a destreza física, o rápido golpe de vista, a agilidade das mãos, dos lábios, não são coisas fáceis de alcançar. Não são praticadas e aperfeiçoadas numa rotina cotidiana, como fazem os executantes das artes irmãs, quer sejam *virtuosi* célebres ou principiantes esforçados. Os atores, muitas vezes, só descobrem suas próprias limitações ou possibilidades quando se veem às voltas com o ensaio de um papel que lhes exige muito. E, aí, não estão preparados: perdem a voz, acham seus trajes pesados demais, a língua se lhes torce ao querer sustentar grandes falas; cortam as palavras ou ficam sem fôlego. Não são igualmente exímios em trajes antigos e modernos; ou são galãs jovens ou atores característicos — raramente ambos. É raro sentirem-se igualmente à vontade em vários tipos de peça. Stanislavski bem sabe de todas estas dificuldades. Descreve-as vividamente. Tentou responder a muitas perguntas. Dirão alguns que o seu método não é prático para o teatro comercial. Mas este livro não é um rígido compêndio. Apenas discute dificuldades, formula problemas e sugere soluções. Naturalmente, não há neste livro instruções práticas para a encenação do tipo comum de peça comercial moderna. Mas a teoria é que é importante.

Pode aplicar-se a teoria do Teatro de Arte de Moscou, a arte de viver cada momento do papel, a Shakespeare e aos clássicos. Mas — poderão dizer — vá aplicá-la a *Febre de primavera* (*Hay fever,* de Noel Coward) e logo ficará ridícula. Não tenho tanta certeza. Estou bem seguro de que um ator treinado na escola de Stanislavski carregaria uma bandeja, numa farsa, *melhor* do que qualquer ator treinado no estilo anglo-saxão usual. E, também, embora uma versão stanislavsquiana de *Hay fever* possa diferir completamente da de Noel Coward — afastando-se de todo o seu conceito inglês da vida num bangalô campestre junto a um rio —, ainda assim poderia divertir imensamente uma plateia russa (e intrigar, também, uma plateia inglesa). Poderia ser uma produção capaz de transmitir admiravelmente o espírito da peça e acrescentar seu próprio comentário individual para as plateias russas, divertidas com as situações, embora pouco familiarizadas com a vida inglesa. Lembro-me de que a encenação de *A noite de reis,* pelo Teatro Habima, tinha espírito completamente diverso da nossa maneira tradicional de ver essa comédia de Shakespeare. Mas, ainda assim, não poderia deixar de encantar todas as plateias, como encantou a de Londres, com desempenho e direção tão extraordinariamente originais e criadores.

Não vejo motivo algum para que o sistema de Stanislavski só se aplique à Rússia. Todos os esquemas de treinamento apoiam-se na importância de se encontrarem jovens que sejam deveras talentosos e não preguiçosos ou simplesmente palcomaníacos e que estejam dispostos a seguir cabalmente um curso de treinamento. O único risco é que uma escola de teatro não poderá ir muito longe a não ser que consiga desenvolver, com seus próprios grupos e com o auxílio de alguma empresa comercial, uma equipe atuante de atores que, no prazo de um ano aproximadamente, possa representar perante o público pagante.

Todo jovem deve querer que lhe digam, quando ainda bem moço, as coisas de que fala Stanislavski neste livro. E, para o diretor e, também, o ator mais experimentado, deve ser valiosíssima a capacidade que tem Stanislavski de distinguir entre um efeito fácil sobre a plateia e o verdadeiro efeito do artista. Outra vantagem de uma oficina como a de Stanislavski é que pode encaminhar os jovens para a cenografia, a direção e outros ramos do teatro, mesmo que não tenham talento para representar e sim para prestar outros serviços ao teatro, como acontece muito frequentemente.

Na Rússia e no continente europeu, o teatro é encarado a sério como arte. Nos países anglo-saxões, é um negócio. A aparência do ator, seu *sex appeal,* sua personalidade contam muito mais no nosso teatro do que no de Stanislavski. As pessoas derivam para a profissão de ator por uma dúzia de razões alheias a uma real habilidade. Já não existe, agora, a mesma oportunidade de organizar um teatro sério de repertório. A América do Norte não tem um teatro para os clássicos — e ele faz muita falta, não só em benefício do próprio teatro, como para os atores e o público —, e, sem ele, o ator tem pouquíssimas oportunidades de representar os grandes papéis. O ator, hoje, tem muitas vezes de decidir se prefere ser popular ou ser bom ator. E muitas vezes é difícil calcular a diferença entre a popularidade e o verdadeiro talento. Infelizmente, o moderno teatro comercial só pode decepcionar amargamente aqueles que se treinaram com as teorias de Stanislavski. Mas o erro é do nosso teatro e não do treino.

Naturalmente, uma grande personalidade, um "astro" deveras grande poderia desorganizar o tipo de teatro de Stanislavski. Eu gostaria de ter perguntado a ele como conciliaria a arte suprema de muitos dos grandes atores do passado e as más companhias e peças ruins em que frequentemente atuavam. O gosto dos atores, em matéria de peças, raramente é criterioso. Gostam demais do sucesso pessoal, da notoriedade, das palmas ao saírem de cena. Quando lhes propomos um papel, em vez de ler a peça, eles contam suas *falas.*

Este livro expõe alguns dos motivos por que são indignas essas ambições, por que um grande artista deve buscar a verdade, a dignidade e o estilo na atuação, por que deve deveras apreciar a qualidade da própria peça e tentar compreender as intenções do seu autor e do seu diretor, bem como auxiliar os esforços dos seus colegas no sentido de cooperarem com ele para interpretar devidamente essas intenções.

Muitos atores importantes buscam influenciar suas companhias, dirigindo as peças em que atuam. O próprio Stanislavski o fez, mas frequentemente preferia desempenhar papéis secundários em vez do principal. Em nossos dias, Laurence Olivier, Noel

APRESENTAÇÃO

Coward, Maurice Evans e eu temos seguido seu exemplo. Irving e Bernhardt dirigiam, mas sempre interpretavam o papel estelar. É exaustivo e perigoso combinar duas funções de tamanha importância — mas, quando dá certo, o resultado é frequentemente extraordinário; a presença do diretor em todas as representações melhora a disciplina e a fidelidade ao clima original dos ensaios que, de outro modo, se arrisca a deteriorar-se durante uma longa permanência em cartaz.

Serão os teatros da Rússia e do continente os únicos capazes de produzir grandes atores, igualmente dotados de verdadeiro gênio para a direção? Embora os grandes atores do passado fossem frequentemente bons diretores, a sua atenção concentrava-se, em geral, neles mesmos. Não poderiam — ou não quereriam — dirigir ou atuar em grandes montagens de O jardim de cerejeiras ou Amor por amor, peças que não foram escritas para a exibição de astros individuais.

O *livro* de Stanislavski é espantosamente moderno. Nós, no teatro, movemo-nos muito devagar, as mudanças ocorrem quase que imperceptivelmente. Este livro foi publicado em Nova York em 1936. Deve ter sido escrito num período de muitos anos. Quão pouco mudou, em todo esse tempo, a técnica da encenação! Com a única e honrosa exceção das duas peças do Sr. Thornton Wilder, *Nossa cidade* e *Por um triz...* (*The skin of our teeth*), vimos, na Inglaterra e nos Estados Unidos, pouca coisa que promovesse qualquer tipo de revolução no ofício do ator ou nos problemas do diretor. Noutros terrenos, mudanças violentas se estabeleceram: um após outro, sucedem-se o cinema falado, o tecnicolor, a televisão. Mas no teatro vivo faltam-nos escritores e, primordialmente, escritores capazes de trabalhar com os diretores, como Obey trabalhou com St. Denis, Heggen com Logan, Williams com Kazan. Se ao menos houvesse companhias de atores que permanecessem juntos sob um mesmo diretor, com dramaturgos trabalhando para fornecer-lhes peças e prepará-los num teatro de repertório estabelecido! Não, dizem os empresários, os autores exigem percentagens integrais numa temporada contínua. Não, dizem os atores e os diretores, a tentação é muito grande. Os tempos estão difíceis. Precisamos de dinheiro. Temos de filmar, de fazer rádio, de conservar-nos livres para elevar nosso preço assim que ficarmos populares. Não era esse o caminho de Stanislavski. A popularidade e o sucesso não eram seus lemas. Foi um artista verdadeiro, no mais fundo sentido e, lendo este livro, sentimos quão mais ele tinha a dar ao teatro do que os meros enfeites que, tantas vezes, iludem seus mais ardentes seguidores.

Sir John Gielgud

A preparação
do ator

CAPÍTULO I A primeira prova

Hoje estávamos emocionados, aguardando a nossa primeira aula com o diretor Tortsov. Ele, entretanto, só entrou na sala para declarar inesperadamente que, a fim de se familiarizar mais conosco, queria que déssemos um espetáculo em que interpretaríamos trechos de peças da nossa escolha. Seu objetivo era nos ver no palco, o cenário ao fundo, maquilados, vestidos, as luzes da ribalta acesas e com todos os acessórios. Só então, disse-nos, poderia avaliar a nossa qualidade dramática.

A princípio, só uns poucos se mostraram favoráveis à prova sugerida. Entre eles um rapazola recatado, Gricha Govorkov, que já representara um teatrinho qualquer, uma loura alta e linda, chamada Sônia Veliaminova, e um sujeito vivo e barulhento, chamado Vânia Viuntsov.

Pouco a pouco, afizemo-nos todos à ideia da experiência iminente. A ribalta luminosa foi ficando cada vez mais tentadora e a representação logo se nos afigurou interessante, útil e até mesmo necessária.

Na hora de escolher, eu e dois amigos, Paulo Chustov e Leão Puchchin, começamos por ser modestos. Pensamos num *vaudeville* ou numa comédia leve. Mas por toda parte ouvíamos pronunciar grandes nomes: Gogol, Ostrovski, Tchekhov e outros. Imperceptivelmente, notamos, a nossa ambição crescera, queríamos representar alguma coisa romântica, em trajes de época, em verso.

Senti-me tentado pela figura de Mozart. Leão pela de Salieri. Paulo pensou em Dom Carlos. Aí começamos a discutir Shakespeare e a minha escolha pessoal recaiu em *Otelo*. Quando Paulo concordou em interpretar o papel de Iago, tudo ficou resolvido. Ao sairmos do teatro, disseram-nos que o primeiro ensaio estava marcado para o dia seguinte.

Chegando em casa, tarde, peguei meu exemplar de *Otelo*, instalei-me confortavelmente no sofá, abri o livro e comecei a ler. Mal terminada a segunda página, senti-me tomado pelo desejo de atuar. Sem querer, minhas mãos, meus braços, minhas pernas, meu rosto, meus músculos faciais e qualquer coisa dentro de mim, tudo se pôs a mexer. Declamei o texto. Descobri, de repente, uma grande espátula de marfim. Meti-a na cintura, feito um punhal. Minha toalha de banho felpuda serviu de branco albornoz. Com os meus lençóis e cobertores fiz uma espécie de camisa e de túnica. Fiz meu guarda-chuva de cimitarra, mas ainda faltava o escudo. Ocorreu-me, então, que, na sala de jantar, anexa ao meu quarto, havia uma grande bandeja. De escudo em punho, senti-me um legítimo guerreiro. Mas meu aspecto geral era moderno e civilizado, ao passo que Otelo, de origem africana, devia ter uma sugestão qualquer de vida primitiva, algo de um tigre, talvez. Para evocar, sugerir e fixar o andar de animal, comecei toda uma série de exercícios.

Tive a impressão de que muitos desses momentos deram ótimo resultado. Eu trabalhara quase cinco horas sem ver o tempo passar. Isto me pareceu uma prova de que a minha inspiração era real.

2

Acordei muito mais tarde do que de costume, vesti-me voando e disparei para o teatro. Quando entrei na sala de ensaio, onde já estavam à minha espera, fiquei tão encabulado que, em vez de pedir desculpas, observei, displicentemente:

— Parece que estou *um pouquinho* atrasado.

Rakhmanov, o assistente de direção, lançou-me um demorado olhar de reprovação e disse, afinal:

— Aqui ficamos nós, sentados, à espera, enervados, irritados e "parece que estou *um pouquinho* atrasado". Nós todos chegamos aqui cheios de entusiasmo pelo trabalho que nos aguardava e agora, graças ao senhor, todo esse ânimo destruiu-se. É difícil despertar a vontade criadora; matá-la é facílimo. Quando interfiro no meu próprio trabalho, isso é comigo, mas que direito tenho eu de atrasar o trabalho de uma equipe inteira? O ator, como o soldado, deve submeter-se a uma disciplina férrea.

Por essa primeira infração, Rakhmanov disse que se limitaria a passar-me uma reprimenda, sem registrá-la no dossiê dos alunos. Mas eu teria de pedir desculpas a todos, imediatamente, e de obrigar-me, no futuro, a chegar aos ensaios quinze minutos antes da hora determinada.

Mesmo depois que pedi desculpas, Rakhmanov não quis continuar, pois disse que o primeiro ensaio é um acontecimento na vida do artista, que dele deve guardar a melhor impressão possível. Com meu desleixo, estraguei o ensaio de hoje. Esperemos que o de amanhã seja digno de memória.

Esta noite queria deitar-me cedo, porque estava com medo de trabalhar no meu papel. Mas dei de olho num bolo de chocolate. Amassei-o com um pouco de manteiga e obtive uma pasta marrom. Fácil foi besuntar com ela o rosto, mudando-me em mouro. Sentado diante do espelho, admirei longo tempo o claro dos meus dentes. Aprendi a exibi-los e também a girar os olhos até o branco surgir. Para explorar minha maquilagem ao máximo, tive de pôr o traje e, uma vez nele, deu-me vontade de atuar. Mas nada de novo inventei: repeti, apenas, o que fizera ontem e, agora, parece que não tem mais propósito. Seja lá como for, pensei mesmo que ganhei alguma coisa com a minha ideia do aspecto que Otelo deveria ter.

3

Foi hoje o nosso primeiro ensaio. Cheguei muito antes da hora. O assistente de direção sugeriu que nós mesmos marcássemos as nossas cenas e dispuséssemos os apetrechos. Felizmente, Paulo concordou com tudo que sugeri, pois só se interessa pelos aspectos interiores de Iago. Para mim, o ambiente exterior era importantíssimo: tinha de recordar-me de meu quarto. Sem esse ambiente eu não conseguiria recapturar a inspiração. Entretanto, por mais que me esforçasse por me convencer de que estava em meu quarto, meus esforços não me persuadiam. Apenas interferiam na minha atuação.

Paulo já decorara todo o seu papel; mas eu tinha de procurar as minhas falas no livro, ou então me contentar com aproximações. Para meu espanto, as palavras não me auxiliavam. Na verdade, atrapalhavam, de modo que eu preferiria dispensá-las de todo, ou reduzi-las pela metade. Não só as palavras mas também os pensamentos do poeta me eram estranhos. Até mesmo a ação, como foi delineada, tendia a tolher-me aquela liberdade que sentira em meu quarto.

Pior ainda, não reconhecia a minha própria voz. E depois, nem o cenário, nem o plano que eu havia fixado em casa se harmonizavam com a atuação de Paulo. Por exemplo, como é que eu poderia encaixar numa cena relativamente calma entre Otelo e Iago aqueles clarões de dentes e aquelas viradas de olhos, que me integrariam no papel? E, apesar disso, não podia desvencilhar-me nem das minhas ideias fixas de como representar aquela natureza para mim selvagem nem sequer do cenário que preparara. A razão, talvez, é que eu não tinha nada para pôr no lugar dessas coisas. Lera o texto do papel isoladamente, representara isoladamente o personagem, sem relacioná-lo. As palavras interferiam na atuação, e esta nas palavras.

Trabalhando hoje em casa, refiz o caminho antigo, sem nada encontrar de novo. Por que repito sem parar as mesmas cenas e os mesmos métodos? Por que a minha atuação de ontem é exatamente igual à de hoje e à de amanhã? Será que minha imaginação secou ou que não tenho material de reserva? Por que meu trabalho corria tão facilmente a princípio e depois estacava num determinado ponto? Enquanto assim refletia, umas pessoas se reuniram para o chá na sala ao lado. A fim de não lhes despertar a atenção, tive de transferir minha atividade para outro canto do quarto e dizer as minhas falas o mais baixo possível para que não me ouvissem. Com surpresa, constatei que essas pequenas modificações transformaram o meu estado de alma. Descobri um segredo: não permanecer muito tempo no mesmo ponto, repetindo sempre o que já se tornou por demais familiar.

4

No ensaio de hoje, desde o início, comecei a improvisar. Em vez de correr por toda parte, sentei-me numa cadeira e representei sem gestos nem movimentos, sem esgares nem viradas de olho. E que aconteceu? Atrapalhei-me logo, esqueci o texto e as inflexões habituais. Parei. Só havia um jeito: voltar ao meu velho sistema de representar e até mesmo ao velho jogo de cena. Não era eu quem controlava os meus métodos: eles é que me dominavam.

5

O ensaio de hoje não apresentou novidade. Entretanto, já estou mais habituado com o local de trabalho e a peça. A princípio, o meu método de interpretar o mouro não podia, de modo algum, harmonizar-se com o Iago de Paulo. Hoje, parece que consegui, realmente, entrosar as nossas cenas. Pelo menos, já não sentia tanto as discrepâncias.

6

Hoje o ensaio foi no grande palco. Eu contava com o efeito da sua atmosfera, e o que aconteceu? Em vez do brilho da ribalta e da lufa-lufa dos bastidores atulhados de cenários de toda espécie, dei comigo num lugar mal iluminado e deserto. Todo o vasto palco ali estava, aberto e nu. Só havia, junto da ribalta, umas simples cadeiras de bambu, para marcar nosso cenário. À direita, um conjunto de refletores. Mal pus o pé no palco e logo se agigantou à minha frente o buraco imenso da boca de cena e, atrás dele, uma amplidão sem fim de neblina escura. Esta foi a minha primeira impressão do palco visto por trás.

— Comece! — gritou alguém.

Eu tinha de entrar no quarto de Otelo, demarcado pelas cadeiras de bambu, e ocupar minha posição. Sentei-me numa delas, mas era a cadeira errada. Eu nem sequer reconhecia o plano do nosso cenário. Durante muito tempo, não me pude enquadrar no ambiente nem concentrar a atenção no que se passava ao meu redor. Achei difícil até mesmo olhar para Paulo, que estava de pé, bem ao meu lado. Meu olhar ultrapassava-o, errando pelo auditório ou, por trás da cena, pelas oficinas onde circulavam pessoas carregando coisas, martelando, discutindo.

O espantoso é que eu, mecanicamente, continuei falando e atuando. Não fossem os meus prolongados exercícios caseiros, que gravaram em mim certos métodos, eu teria parado logo nos primeiros versos.

7

Hoje tivemos um segundo ensaio em cena. Cheguei cedo e resolvi aprontar-me ali mesmo no palco, bem diferente de ontem. O trabalho fervia, com a elevação dos cenários e a distribuição dos apetrechos. Dentro daquele caos seria inútil buscar a quietude na qual me habituara, em casa, a encenar o meu papel. Antes de mais nada, precisava ajustar-me ao novo ambiente. Fui para o proscênio e fitei aquele impressionante buraco, além da ribalta, tentando acostumar-me com ele, libertar-me do seu magnetismo. Mas, quanto mais me esforçava por não o notar, mais ele me obsedava. Naquele instante, um maquinista, passando perto de mim, deixou cair um pacote de pregos. Ajudei-o a apanhá-los. E enquanto o fazia, tive a sensação agradabilíssima de estar perfeitamente à vontade no grande palco. Mas os pregos depressa foram colhidos e a vastidão do lugar voltou logo a me oprimir.

Corri para a plateia. Os ensaios de outras cenas começaram, mas não vi coisa alguma. Estava excitado demais, esperando a minha vez. Essa espera tem o seu lado bom. Deixa-nos em tal estado que só podemos ansiar pela nossa vez, para ficarmos livres daquilo que tememos.

Chegada a hora, finalmente subi ao palco, onde haviam esboçado um cenário com pedaços de outras montagens. Alguns deles estavam de cabeça para baixo e o mobiliário era todo disparatado. Apesar disso, o aspecto geral do palco, agora que estava iluminado, era agradável e eu me sentia à vontade naquela sala que fora preparada para Otelo. Com grande esforço de imaginação, conseguia reconhecer alguma semelhança com o meu quarto. Mas desde o instante em que o pano se ergueu e o auditório surgiu na minha frente, senti-me outra vez sua presa. Ao mesmo tempo, cresceram em mim certas sensações inesperadas e novas. O cenário encerra o ator. Isola-o do fundo do palco. Acima dele há grandes espaços escuros; de cada lado os bastidores, delineando a sala. Esse semi-isolamento é agradável, mas tem a desvantagem de projetar a atenção sobre o público. Outra novidade é que os meus temores me faziam sentir a obrigação de interessar a plateia. Esse sentimento de obrigação interferia, impedindo-me de atirar-me totalmente ao que fazia. Comecei a sentir-me apressado, tanto no falar como nos gestos. Meus trechos prediletos passavam céleres, como postes telegráficos avistados de um trem. A menor hesitação e uma catástrofe seria inevitável.

8

Tendo de providenciar minha roupa e maquilagem para o ensaio geral, cheguei hoje ao teatro ainda mais cedo do que de costume. Deram-me um bom camarim, além de uma túnica deslumbrante, verdadeira peça de museu, que é usada pelo Príncipe de Marrocos em *O mercador de Veneza*. Sentei-me diante da penteadeira, sobre a qual estavam dispostas várias cabeleiras, mechas de cabelo, potes de laca, bastões de maquilagem, pó de arroz, escovas. Comecei a aplicar com um pincel uma cor marrom-escuro, mas endurecia tão depressa que quase não deixava sinal. Então tentei usar uma solução, com o mesmo resultado. Pus a tinta no dedo e esfreguei no rosto, mas não tive sorte a não ser com o azul-claro, justamente a cor que, a meu ver, não poderia, de modo algum, ser utilizada na maquilagem de Otelo. Passei um pouco de verniz no rosto e tentei colar pelo postiço. O verniz me picava a pele e o cabelo postiço ficou espetado, em pé, na minha cara. Experimentei uma cabeleira atrás da outra. Todas elas, por cima de um rosto sem pintura, ficavam muito evidentes. Depois, tentei lavar a pouca maquilagem que pegara em meu rosto, mas não tinha a menor ideia de como o fazer.

Foi então que entrou no camarim um homem alto, magríssimo, de óculos, num comprido guarda-pó branco. Curvou-se e pôs-se a trabalhar em meu rosto. Primeiro limpou com vaselina tudo o que eu tinha passado e, depois, recomeçou com cores novas. Notando que a tinta estava dura, molhou um pincel num pouco de óleo. Passou óleo também no meu rosto. Nessa superfície o pincel podia aplicar as cores com facilidade. Ele, então, cobriu todo o meu rosto com uma sombra fuliginosa, condizente com uma pele de mouro. Senti falta do sombreado mais escuro que o chocolate me dera, pois tornava fulgurantes os meus olhos e os meus dentes.

Terminada a maquilagem e já com a minha indumentária, olhei-me no espelho e fiquei encantado com a arte do meu maquilador e também com o efeito total. As angulosidades do corpo e

A PRIMEIRA PROVA

dos braços desapareciam na fluidez das vestes, e os gestos que eu praticara combinavam com o traje. Paulo e alguns outros vieram ao camarim e me cumprimentaram pelo meu aspecto. Seus generosos louvores restituíram-me a confiança antiga. Mas, quando cheguei ao palco, fiquei desnorteado ante as alterações da disposição dos móveis. Tinham afastado uma poltrona de perto da parede até quase o centro da cena, o que não era natural, e a mesa estava perto demais do proscênio. Era como se me exibissem no lugar mais conspícuo de todos. Excitado, pus-me a andar de baixo para cima, prendendo o punhal nas dobras do traje e as minhas facas nas quinas da mobília ou do cenário. Isso, entretanto, não me impediu de dizer automaticamente os meus versos, nem de desenvolver no palco uma incessante atividade. Parecia que, apesar de tudo, eu estava conseguindo chegar ao final da cena, mas quando alcancei o ponto culminante do papel, um pensamento riscou-me o cérebro: "Agora eu enguiço!", e logo, em pânico, parei de falar. Não sei o que me reconduziu a uma exposição automática do meu papel — mas isso me salvou mais uma vez. Eu só tinha uma ideia: acabar o mais depressa possível, tirar a maquilagem e sair do teatro.

E aqui estou, em casa, sozinho, na maior das tristezas. Felizmente, Leão veio procurar-me. Vira-me na plateia e queria saber o que eu achava da sua atuação. Mas não lhe pude dizer, pois, embora tendo assistido ao seu trecho, eu nada percebera, na excitação de esperar pela minha vez.

Discorreu com familiaridade sobre a peça e o papel de Otelo. Achei-o sobretudo interessante ao explicar a mágoa, o choque, o assombro do mouro, de que pudesse haver tanta viciosidade na linda forma de Desdêmona.

Depois que saiu, tentei repassar alguns trechos do papel com a sua interpretação e quase caí em pranto, de tanta pena do mouro.

9

É hoje o dia da prova de atuação. Pensei que podia prever exatamente o que aconteceria. Senti-me cheio da máxima indiferença até que entrei no meu camarim. Mas, uma vez lá dentro, o coração disparou e eu quase tive um enjoo.

No palco, a primeira coisa que me perturbou foi a extraordinária solenidade, o silêncio e a ordem que ali reinavam. Passando da escuridão dos bastidores para a plena iluminação da ribalta, das gambiarras, dos refletores, senti que estava cego. O brilho era tão intenso que parecia formar uma cortina de luz entre mim e a plateia. Senti-me protegido contra o público e, por um momento, respirei livremente, mas os meus olhos logo se habituaram à luz, pude enxergar no escuro e tanto o temor quanto a atração do público pareceram-me mais fortes do que nunca. Estava disposto a me virar pelo avesso, a dar-lhes tudo que tinha e, entretanto, dentro de mim, nunca me sentira tão vazio. O esforço para espremer mais emoção do que eu possuía e a incapacidade de fazer o impossível encheram-me de um temor que petrificava minhas mãos e meu rosto. Todas as minhas forças se gastavam em esforços infrutíferos e inaturais. Minha garganta contraiu-se, todos os meus sons pareciam subir para uma nota aguda. Minhas mãos, meus pés, meus gestos, minha fala tornaram-se, todos, violentos. Senti vergonha de cada palavra, de cada gesto. Chorei, cerrei os punhos e me apertei contra o espaldar da poltrona. Estava fracassando e, na minha impotência, a raiva de súbito me dominou. Arremessei o verso célebre: "Sangue, Iago, sangue!" Senti nessas palavras todo o ultraje à alma de um homem confiante. A interpretação dada por Leão a Otelo subiu-me de repente à memória e despertou-me a emoção. Além disso, parecia quase que os ouvintes, por um instante, se haviam inclinado, tensos, e que um murmúrio percorria a plateia.

Assim que senti essa aprovação, uma espécie de energia referveu em mim. Não posso lembrar-me de como terminei a cena, porque a ribalta e o buraco negro desapareceram do meu consciente e eu fiquei livre de qualquer temor. Recordo-me de que Paulo, a princípio, ficou atônito com a mudança em mim. Depois, ela o contagiou e ele se pôs a atuar com abandono. O pano baixou, ouviram-se aplausos na plateia e eu me senti cheio de confiança em mim mesmo.

Com ares de astro em *tournée*, com fingida indiferença, desci para a plateia, no intervalo. Escolhi um lugar de onde podia ser visto facilmente pelo diretor e seu assistente e sentei-me, na expectativa de que me chamariam para tecer-me comentários elogiosos. A ribalta iluminou-se, o pano se abriu e imediatamente uma das alunas, Maria Maloletkova, desceu voando uma escada. Caiu por terra em contorções e exclamou "Oh, socorram-me!" de um tal modo que me enregelou o coração. Depois ergueu-se e disse alguns versos, mas tão depressa que era impossível entendê-los. Em seguida, no meio de uma palavra, como se houvesse esquecido o papel, deteve-se, cobriu o rosto com as mãos e precipitou-se para os bastidores. Pouco depois baixaram o pano, mas nos meus ouvidos eu ainda escutava aquele grito. Uma entrada, uma palavra e o sentimento se transmite. O diretor, pareceu-me, estava eletrizado. Mas não tinha eu também feito a mesma coisa com aquela única frase: "Sangue, Iago, sangue!", quando tive a plateia inteira em meu poder?

CAPÍTULO II   Quando atuar é uma arte

Hoje fomos convocados para ouvir as críticas do diretor ao nosso desempenho.

Disse-nos:

— Acima de tudo, procurem na arte o melhor e esforcem-se por entendê-lo. Assim, começaremos por discutir os elementos construtivos da prova. Apenas dois momentos são dignos de nota: o primeiro, quando Maria se precipitou pela escada com o grito desesperado: "Oh, socorram-me!", e o segundo, mais demorado, quando Kostia Nazvanov disse: "Sangue, Iago, sangue!" Em ambos os casos, tanto vocês, que representavam, quanto nós, que assistíamos, entregamo-nos completamente ao que se passava no palco. Esses momentos felizes, por si mesmos, nós podemos reconhecer como pertencentes à arte de viver um papel.

— E o que é essa arte? — perguntei.

— Você mesmo a experimentou. Suponhamos que nos diga o que sentiu.

— Eu nem sei, nem me recordo — respondi, encabulado com o elogio de Tortsov.

— O quê? Não se recorda de sua própria excitação interior? Não se recorda que suas mãos, seus olhos e seu corpo todo tentavam atirar-se para diante, buscando agarrar qualquer coisa? Não se lembra como mordia os lábios e mal podia conter as lágrimas?

— Agora que o senhor me disse, parece que estou lembrando — confessei.

— Mas sem mim não poderia compreender os meios pelos quais seus sentimentos encontraram expressão?

— Não. Confesso que não.

— Atuava, então, subconscientemente, intuitivamente? — concluiu.

— É possível. Não sei. Mas isso é bom ou mau?

— É muito bom quando a sua intuição o leva pela estrada certa e muito mau quando ela se engana — explicou Tortsov. — Durante a prova pública ela não o iludiu, e o que você nos proporcionou naqueles poucos momentos felizes foi excelente.

— Verdade, mesmo? — perguntei.

— Sim, porque a melhor coisa que pode acontecer é o ator se deixar levar pela peça inteiramente. Ele então vive o papel, independente de sua própria vontade, sem notar *como* se sente, sem se dar conta *do que* faz e tudo se encaminha por conta própria, subconsciente e intuitivamente. Salvini disse: "O grande ator deve estar repleto de sentimento e deve sobretudo sentir a coisa que está registrando. Deve sentir uma determinada emoção não uma ou duas vezes apenas, enquanto estuda o papel, mas em maior ou menor grau todas as vezes que o representar, quer se trate da primeira ou da milésima vez." Infelizmente, isto escapa ao nosso controle. O subconsciente é inacessível ao nosso consciente. Não podemos penetrar nesse domínio. Se por algum motivo o fazemos, o subconsciente se transforma em consciente e morre.

"O resultado é um dilema: espera-se que criemos por inspiração; só o subconsciente nos dá inspiração e, entretanto, parece que só podemos utilizar esse subconsciente por meio do nosso consciente, que o mata. Há, felizmente, uma saída. Achamos a solução por um processo indireto e não diretamente. Na alma do ser humano há certos elementos que estão sujeitos ao consciente, à vontade. Essas partes acessíveis podem, por sua vez, agir sobre processos psíquicos involuntários.

"É claro que isto reclama um trabalho criador complicadíssimo. Esse trabalho, em parte, é realizado sob o controle do nosso consciente, mas uma proporção muito mais significativa é subconsciente e involuntária. A fim de despertar o subconsciente para o trabalho criador, emprega-se uma técnica especial. Temos de deixar à natureza tudo o que for subconsciente no sentido total da palavra, dirigindo-nos, apenas, àquilo que está ao nosso alcance. Quando o subconsciente, quando a intuição entra em nosso trabalho, temos de saber como não interferir.

"Não se pode criar sempre subconscientemente e com a inspiração — um gênio assim não existe! A nossa arte, portanto, nos ensina, antes de mais nada, a criar conscientemente e certo, pois esse é o melhor meio de abrir caminho para o florescimento do inconsciente, que é a inspiração. Quanto mais momentos conscientemente criadores vocês tiverem nos seus papéis, maiores serão as possibilidades de um fluxo de inspiração.

"'Pode-se representar bem e pode-se representar mal. O importante é representar verdadeiramente', escreveu Shchepkin ao seu discípulo Shumski. Representar verdadeiramente significa estar certo, ser lógico, coerente, pensar, lutar, sentir e agir em uníssono com o papel.

"Tomar todos esses processos internos e adaptá-los à vida espiritual e física da pessoa que estamos representando é o que se chama viver o papel. Isto é de máxima importância no trabalho criador. Além de abrir caminhos para a inspiração, viver o papel ajuda o artista a atingir um dos seus objetivos principais. Sua tarefa não é simplesmente apresentar a vida exterior do personagem. Deve adaptar suas próprias qualidades humanas à vida dessa outra pessoa e nela verter, inteira, a sua própria alma. O objetivo fundamental da nossa arte é criar essa vida interior de um espírito humano e dar-lhe expressão em forma artística.

"Por isso é que começamos por pensar no aspecto interior do papel e em como criar sua vida espiritual com o auxílio do processo interior de viver o papel. É preciso vivê-lo, experimentando sentimentos que lhe sejam análogos, cada vez que repetimos o processo de criá-lo.

— Por que é que o subconsciente depende tanto do consciente? — perguntei.

— Para mim, isso é perfeitamente normal — foi a resposta. — A utilização do vapor, da eletricidade, do vento e de outras forças involuntárias da natureza depende da inteligência do engenheiro. O nosso poder subconsciente não pode funcionar sem o seu respectivo engenheiro — nossa técnica consciente. Só quando o ator sente que sua vida interior e exterior em cena está fluindo natural e normalmente, nas circunstâncias que o envolvem, é que as fontes mais profundas do seu subconsciente se entreabrem de leve e delas chegam sentimentos que nem sempre podemos analisar. Durante um maior ou menor período de tempo, eles se apossam de nós, sempre que algum instinto interior os comanda. Como não entendemos esse poder soberano e não o podemos estudar, nós, atores, contentamo-nos em chamá-lo, simplesmente, natureza.

"Mas se infringirmos as leis da vida orgânica normal e deixarmos de funcionar certo, então esse subconsciente sensibilíssimo assusta-se e vai-se. Para evitar que isto aconteça, planejem primeiro o papel conscientemente e depois representem-no com veracidade. A esta altura é essencial o realismo e até mesmo o naturalismo na elaboração interior do papel, pois isto obriga o subconsciente a funcionar e induz surtos de inspiração.

— Pelo que o senhor disse, calculo que, para estudar a nossa arte, temos de assimilar a técnica psicológica de como viver um papel e que isto nos ajudará a alcançar o nosso objetivo principal, que é o de criar a vida de um espírito humano — disse Paulo Chustov.

— Isso está certo, mas não completo — disse Tortsov. — O nosso objetivo é não somente criar a vida de um espírito humano, mas, também, *exprimi-la de forma artística e bela*. O ator tem obrigação de viver interiormente o papel e depois dar à sua experiência uma encarnação exterior. Peço-lhes, sobretudo, que reparem que a dependência do corpo em relação à alma é de particular importância em nossa escola de arte. *A fim de exprimir uma vida delicadíssima e em grande parte subconsciente, é preciso ter controle sobre uma aparelhagem física e vocal extraordinariamente sensível, otimamente preparada.* Esse equipamento deve estar pronto para reproduzir, instantânea e exatamente, sentimentos delicadíssimos e quase intangíveis, com grande sensibilidade e o mais diretamente possível. *É por isso que o ator do nosso tipo precisa trabalhar tão mais que os outros*, tanto no seu equipamento interior, que cria a vida do papel, como, também, na sua aparelhagem exterior, física, que deve reproduzir com precisão os resultados do trabalho criador das suas emoções. Até mesmo a externalização de um papel é muito influenciada pelo subconsciente. Com efeito, nenhuma técnica artificial, teatral, pode sequer comparar-se às maravilhas que a natureza produz.

"Indiquei-lhes, hoje, em linhas gerais, o que consideramos essencial. Nossa experiência levou-nos a crer firmemente que só o nosso tipo de arte, embebido que é nas experiências vivas dos seres humanos, pode reproduzir artisticamente as impalpáveis nuanças e profundezas da vida. Só uma arte assim pode absorver inteiramente o espectador, fazendo-o, a um só tempo, entender e experimentar intimamente os acontecimentos do palco, enriquecendo a sua vida interior e deixando impressões que não se desvanecerão com o tempo.

"Mais ainda — e isto é de importância primordial —, *as bases orgânicas das leis da natureza, nas quais a nossa arte se alicerça, protegê-los-ão, impedindo-os, no futuro, de enveredar pelo caminho errado.* Quem sabe com que diretores e em que teatros vocês terão de atuar? Não é em toda parte nem em todo mundo que vocês acharão um trabalho criador, baseado na natureza. Na maioria dos outros teatros, os atores e diretores constantemente violam a natureza com a maior desfaçatez. Mas, estando seguros quanto aos limites da arte verdadeira e das leis orgânicas da natureza, vocês não se perderão, serão capazes de compreender seus erros e de corrigi-los, É por isto que o estudo dos fundamentos da nossa arte forma o início do trabalho de cada ator estudante.

— Sim, sim! — exclamei. — Estou muito contente, porque pude dar um passo, embora pequeno, nessa direção.

— Não se apresse tanto assim — disse Tortsov —, senão vai sofrer a mais amarga das desilusões. Não confunda *viver o papel* com aquilo que nos mostrou hoje no palco.

— O que foi que mostrei?

— Eu lhe disse que, em toda aquela grande cena de *Otelo,* só houve alguns minutos em que você conseguiu viver o papel. Vali-me deles para lhe demonstrar, bem como aos outros, os fundamentos do nosso tipo de arte. Mas se nos referirmos à cena entre Otelo e Iago em sua totalidade, por certo não podemos classificá-la em nosso tipo de arte.

— E o que é, então?

— É o que chamamos de atuação forçada — definiu o diretor.

— E isso? O que é, realmente? — indaguei, perplexo.

— Quando se atua como você atuou, há momentos isolados em que, de repente e sem esperar, a gente se alça a grandes topos artísticos, empolgando os espectadores. Nesses momentos, o ator está criando de acordo com a inspiração, improvisando, por assim dizer. Mas será que você se sente bastante capaz e forte — quer física, quer espiritualmente — para interpretar os cinco grandes atos de *Otelo* com o mesmo *élan* com que, por acaso, representou parte daquela única e rápida cena?

— Não sei — respondi, conscientemente.

— Eu sei, indiscutivelmente, que tal empreitada excederia muito a força não só de um gênio, dotado de temperamento extraordinário, mas até mesmo a de um verdadeiro Hércules — respondeu Tortsov.

— Para atingir nosso objetivo precisamos contar, além do auxílio da natureza, com uma técnica psicológica bem trabalhada, com um enorme talento e com grandes reservas físicas e nervosas. Você não tem essas coisas todas, como tampouco as têm os atores *de personalidade,* que não admitem a técnica. Eles, como você, confiam inteiramente na inspiração. Se essa inspiração não aparece, nem você nem eles têm coisa alguma para preencher as lacunas. Você, na sua interpretação, tem longos trechos de queda nervosa, de total impotência artística e um tipo de atuação amadora e ingênua. Nesses períodos a sua representação é empertigada e sem vida. Por conseguinte, os momentos de elevação alternam-se com os de exagero.

2

Hoje, Tortsov disse-nos mais algumas coisas sobre a nossa atuação. Ao entrar na sala, dirigiu-se a Paulo dizendo:

— Você também nos proporcionou alguns momentos interessantes, mas foram bem típicos da *arte da representação*.

"Ora, como você nos demonstrou com êxito essa outra forma de atuar, Paulo, por que não recorda para nós como criou o papel de Iago? — sugeriu o diretor.

— Fui direto ao conteúdo interior do papel e estudei-o muito tempo — disse Paulo. — Em casa, tinha a impressão de que, de fato, vivia o papel, e durante alguns dos ensaios havia nele certos pontos que eu parecia sentir. Por isto não sei o que é que a arte da *representação* tem a ver com isso.

— Também nela o ator vive o papel — disse Tortsov. — Essa identificação parcial com o nosso método é que nos permite considerar, também, esse outro tipo como arte verdadeira. Mas o seu objetivo é outro. Vive o papel como preparativo para o aperfeiçoamento de uma forma exterior. Uma vez determinada a contento essa forma, ele a reproduz, com o auxílio de músculos mecanicamente treinados. Portanto, nesta outra escola, viver o papel não constitui o instante primordial da criação, como para nós, mas é, apenas, uma fase preparatória, numa elaboração artística mais ampla.

— Mas Paulo utilizou os seus próprios sentimentos na prova de atuação — sustentei.

Alguém mais concordou comigo e insistiu que no desempenho de Paulo, como no meu, houvera alguns instantes esparsos em que, de fato, vivêramos os nossos papéis, de mistura com muita atuação incorreta.

— Não — insistiu Tortsov. — *Em nossa arte é preciso viver o papel a cada instante que o representamos e em todas as vezes.* Cada vez que é recriado tem de ser vivido de novo e de novo encarnado. Isto se aplica aos poucos momentos felizes da atuação de Kostia, mas na de Paulo não notei nenhum frescor na improvisação, nem no modo de sentir o papel. Pelo contrário, fiquei muitas vezes admirado com a exatidão e o acabamento artístico de uma forma e método de representar permanentemente fixados e produzidos com uma certa frieza interior. Confesso, entretanto, ter sentido nesses momentos que o original, de que aquilo era apenas a cópia artificial, *tinha sido* bom e verdadeiro. Esse eco de um anterior processo de viver o papel fez de sua atuação, em certos momentos, um legítimo exemplo da arte de representação.

— Como é que eu fui captar a arte da mera reprodução? — Paulo não podia compreender.

— Vamos ver se descobrimos, ouvindo-o dizer mais alguma coisa sobre a preparação do seu Iago — sugeriu o diretor.

— Para ter a certeza de que os meus sentimentos estavam se refletindo exteriormente, usei um espelho.

— Isso é um perigo — observou Tortsov. — *É preciso ter muito cuidado na utilização do espelho. Ele ensina o ator a observar antes o exterior que o interior da alma,* tanto em si mesmo quanto no papel.

— Mas, mesmo assim, ensinou-me a ver como o meu exterior refletia as minhas sensações — insistiu Paulo.

— As suas próprias sensações ou sensações preparadas para o seu papel?

— As minhas, mas aplicáveis a Iago — explicou Paulo.

— Por conseguinte, enquanto trabalhava com o espelho, o que lhe interessava não era tanto o seu exterior, a sua aparência geral, os seus gestos, mas, principalmente, sua maneira de exteriorizar suas sensações interiores — sondou Tortsov.

— Exatamente! — exclamou Paulo.

— Isso também é típico — notou o diretor.

— Lembro-me de como fiquei contente quando vi o reflexo certo daquilo que eu sentia — continuou Paulo a evocar.

— Quer dizer que você fixou numa forma permanente esses métodos de exprimir seus sentimentos? — perguntou Tortsov.

— Eles mesmos se fixaram com a frequente repetição.

— Então você, afinal, elaborou uma forma exterior definitiva, para a interpretação de certas partes bem-sucedidas do seu papel e obteve a expressão exterior das mesmas através da técnica? — perguntou Tortsov, interessado.

— Evidentemente, sim — assentiu Paulo.

— E usou essa forma cada vez que repetiu o papel? — inquiriu o diretor.

— Evidentemente.

— Agora diga-me: essa forma estabelecida vinha-lhe, de cada vez, por um processo interior, ou, depois que surgiu, você passou a repeti-la mecanicamente, sem o concurso de qualquer emoção?

— Eu tinha a impressão de que a estava vivendo, cada uma das vezes — declarou Paulo.

— Não. Essa não foi a impressão que chegou aos espectadores — disse Tortsov. — Os atores da escola que estamos discutindo fazem como você fez. De início, sentem o papel, mas depois de o terem feito uma vez não continuam a senti-lo de novo, apenas recordam e repetem os movimentos, entonações e expressões exteriores que haviam elaborado de início, executando essa repetição sem emoção. Muitas vezes têm notável habilidade técnica e conseguem levar a cabo um papel com o uso exclusivo da técnica e sem nenhum dispêndio de energia nervosa. De fato, acham, frequentemente, que não é aconselhável sentir depois que já se decidiram sobre o padrão a adotar. Acham que terão mais certeza de dar a atuação correta se se limitarem a recordar como fizeram da primeira vez que conseguiram realizá-la. Até certo ponto, isso se aplica aos trechos que distinguimos na sua interpretação de Iago. Tente lembrar o que aconteceu enquanto prosseguia com o trabalho.

Paulo disse que não estava satisfeito com seu trabalho noutros trechos do papel, nem com a aparência de Iago no espelho e que, finalmente, tentou copiar um conhecido cujo aspecto parecia sugerir um ótimo exemplo de astúcia e maldade.

— Então você pensou que podia adaptá-lo às suas próprias necessidades? — indagou Tortsov.

— Sim — confessou Paulo.

— Bem. E então, o que é que ia fazer com suas próprias qualidades?

— Para falar com franqueza, ia simplesmente adotar os maneirismos do meu conhecido — reconheceu Paulo lealmente.

— Foi um erro gravíssimo — retrucou Tortsov. — Você, a essa altura, caiu na pura imitação, que não tem nada a ver com a capacidade criadora.

— O que eu devia fazer? — perguntou Paulo.

— Antes de mais nada, devia ter assimilado o modelo. Isso é complicado. É preciso estudá-lo quanto à época, o tempo, o país, as condições de vida, os antecedentes, a literatura, a psicologia, a alma, o sistema de vida, a posição social e o aspecto exterior. Além disso, há que estudar o caráter, no que se refere aos costumes, modos, movimentos, voz, dicção, entonações. Todo esse trabalho em torno da sua matéria-prima permitir-lhe-á impregná-la com os seus sentimentos pessoais. Sem tudo isto, não haverá arte.

"Quando desse material emerge a imagem viva do papel, o artista da escola da representação transfere-a para si mesmo. Um dos melhores expoentes dessa escola, o célebre ator francês Coquelin, o velho, descreveu concretamente a tarefa: '... O ator cria, em sua imaginação, o modelo e depois, exatamente como o pintor, toma cada um dos traços e o transfere não para a tela, mas para si mesmo.' Vê o traje de Tartufo e ele próprio o enverga; observa o seu andar e o imita; vê-lhe a fisionomia e a si mesmo a adapta. Adapta a ela o seu próprio rosto. Fala com a mesma voz que ouviu Tartufo empregar. Tem de fazer com que essa pessoa que compôs se movimente, ande, gesticule, escute e pense como

Tartufo — noutras palavras, tem de entregar a própria alma. Pronto o retrato, resta apenas emoldurá-lo, isto é, pô-lo em cena, e então o público poderá dizer: 'Esse é Tartufo' ou 'O ator não trabalhou bem...'

— Mas tudo isso é horrivelmente complicado e difícil — observei, com emoção.

— Sim, o próprio Coquelin o confessa e diz: "O ator não vive, representa. Mantém-se frio em relação ao objeto da sua atuação, mas a sua arte deve ser perfeita..." E certamente — acrescentou Tortsov — a arte da representação, para permanecer como arte, exige a perfeição.

"A resposta confiante da escola da representação é que 'a arte não é a vida real nem sequer o seu reflexo. A arte é, por si só, criadora, cria sua própria vida, plena de beleza em sua abstração, ultrapassando os limites do tempo e do espaço'. É claro que não podemos concordar com um desafio tão pretensioso a essa artista perfeita, ímpar e inatingível que é nossa natureza criadora.

"Os artistas da escola de Coquelin raciocinam assim: 'O teatro é uma convenção, e o palco é muito pobre de recursos para criar uma ilusão de vida real. Portanto, o teatro não deve evitar as convenções...' Esse tipo de arte é menos profundo que belo, seu efeito é mais imediato do que verdadeiramente poderoso; nela a forma interessa mais do que o conteúdo. Atua mais sobre o nosso sentido visual e auditivo do que sobre nossa alma e tem, por isso, mais possibilidade de nos encantar do que de nos comover. Podemos receber dessa arte impressões poderosas. Mas nunca nos aquecerão a alma, nem dentro dela penetrarão profundamente. Seu efeito é intenso mas não duradouro. Antes nos desperta o assombro do que a fé. Nos limites dessa arte só se encontra aquilo que pode ser realizado por meio de uma beleza teatral surpreendente ou do patético pitoresco. Mas os sentimentos humanos delicados e profundos não se submetem a essa técnica. Exigem emoções naturais *no próprio instante* em que se nos apresentam, encarnados. *Exigem a cooperação direta da própria natureza*. Apesar disso, a *representação* do papel, visto que obedece parcialmente ao nosso método, deve ser reconhecida como arte criadora.

3

Em nossa aula de hoje Gricha Govorkov declarou que sempre sente profundamente tudo o que faz em cena.

A isto Tortsov retrucou:

— Todo mundo, em todos os instantes da vida, tem de sentir alguma coisa. Só os mortos não têm sensações. É importante saber *o que* se está sentindo em cena, pois muitas vezes sucede que até mesmo os atores mais experimentados elaboram em casa e levam ao palco uma coisa que não é nem importante nem essencial para os seus papéis. Isto se deu com todos vocês. Alguns alunos ostentaram suas vozes, inflexões de efeito, técnicas de atuação; outros fizeram rir a plateia com sua vivaz atividade, seus saltos de balé, seu desesperado excesso de atuação. E se pavonearam com lindos gestos e poses. Em suma, o que levaram ao palco não foi o que seria necessário aos papéis que interpretavam.

"Quanto a você, Govorkov, não encarou seu papel pelo conteúdo interior. Você nem o viveu nem o representou, mas fez uma coisa completamente diferente.

— E o que foi? — perguntou Gricha depressa.

— Atuação mecânica. No gênero, não estava mal, para dizer a verdade, pois desenvolveu, com bastante elaboração, métodos de apresentar o papel por meio de ilustrações convencionais.

"Não pode haver arte verdadeira sem vida. Ela começa onde o sentimento assume os seus direitos.

— E a atuação mecânica? — perguntou Gricha.

— Começa onde a arte criadora acaba. Na atuação mecânica não há lugar para um processo vivo, e quando este ocorre, é só por acaso.

"Compreenderão isto melhor quando chegarem a identificar as origens e os métodos da representação mecânica, que nós chamamos de *carimbos*. Para reproduzir os sentimentos há que saber reconhecê-los pela experiência própria. Não os experimentando, os atores mecânicos são incapazes de reproduzir seus efeitos externos.

"Com o auxílio do rosto, da mímica, da voz e dos gestos, o ator mecânico apenas oferece ao público a máscara morta do sentimento inexistente. Para tanto, foi elaborado um grande sortimento de efeitos pitorescos que pretendem representar toda espécie de sentimentos por meio de recursos exteriores.

"Alguns desses clichês estabelecidos se tornaram tradicionais e são transmitidos de geração a geração, como, por exemplo, espalmar a mão no peito para exprimir amor, ou escancarar a boca para dar a ideia de morte. Outros são tomados, já prontos, de atores contemporâneos de talento (como esfregar a testa com as costas da mão, tal qual fazia Vera Komissarjevskaia nos momentos trágicos). Outros, ainda, são inventados pelos atores para seu próprio uso.

"Há modos especiais de recitar um papel, métodos de dicção e de fala. Por exemplo: usar tons exageradamente agudos ou graves nos momentos críticos do papel, executando-os com um *tremolo* especificamente teatral ou com especiais adornos declamatórios. Há, também, processos de movimentação física (o ator mecânico não anda; *desfila* pelo palco), de gestos e ação, de movimentação plástica. Há métodos de exprimir todos os sentimentos e paixões humanas (mostrar os dentes e revirar o branco dos olhos quando se tem ciúmes ou esconder os olhos e o rosto entre as mãos em vez de chorar; quando desesperado, arrancar os cabelos). Há modos de imitar toda espécie de tipos e pessoas de diferentes classes sociais (os camponeses cospem no chão, assoam o nariz na aba do paletó; os militares fazem tinir as esporas; os aristocratas ficam brincando com as suas *lorgnettes*). Alguns outros caracterizam épocas (gestos operísticos para a Idade Média, passinhos miúdos para o século XVIII). Esses métodos mecânicos *já prontinhos* podem ser facilmente adquiridos por meio de exercícios constantes, de modo a se tornarem uma segunda natureza.

"Com o tempo e o hábito constante até as coisas deformadas e sem sentido se tornam familiares e caras. Como, por exemplo, o consagrado *erguer os ombros* da *Opéra-Comique,* as velhas que procuram passar por moças, as portas que se abrem e fecham automaticamente quando o herói da peça entra ou sai. O balé, a ópera e, principalmente, as tragédias pseudoclássicas estão repletos dessas convenções. Com esses métodos sempre imutáveis esperam reproduzir as mais complexas e elevadas experiências dos heróis. Por exemplo, arrancando o coração do peito nas horas de desespero, sacudindo os punhos na vingança ou erguendo as mãos aos céus em prece.

"Segundo o ator mecânico, o objetivo da fala teatral e da movimentação plástica — como a doçura exagerada nos momentos líricos, a opaca monotonia da leitura da poesia épica, os sons sibilantes para exprimir o ódio, as falsas lágrimas na voz para representar sofrimento — é salientar a voz, a dicção e os movimentos, tornar os atores mais belos e dar mais força ao seu efeito teatral.

"Infelizmente, no mundo o mau gosto é muito mais comum do que o bom gosto. Em vez de nobreza, foi criada uma espécie de ostentação vistosa, boniteza em vez de beleza, efeito teatral em lugar de expressividade.

"De todos os fatos o pior é que *os clichês preencherão todos os pontos vazios do papel que não estiver solidamente impregnado do sentimento vivo.* Mais ainda, os clichês muitas vezes se antepõem ao sentimento e lhe barram a passagem. É por isto que o ator precisa proteger-se com o máximo de consciência contra esses recursos. Isto se aplica até mesmo aos atores bem-dotados, capazes de verdadeira criatividade.

"Por maior habilidade que o ator demonstre na escolha das convenções de cena, ser-lhe-á impossível comover os espectadores por intermédio delas, devido à qualidade mecânica que lhes é inerente. Terá de contar com algum meio suplementar para despertá-los e então busca refúgio naquilo que nós chamamos de *emoções teatrais.* Estas são uma espécie de imitação artificial da periferia dos sentimentos físicos.

"Cerrando os punhos com força e endurecendo os músculos ou respirando espasmodicamente, você poderá provocar em si mesmo um estado de grande intensidade física. O público, muitas vezes, pensa que isso é a expressão de um forte temperamento movido pela paixão.

"Atores de tipo nervoso conseguem despertar emoções teatrais dando corda, artificialmente, aos nervos. Isto causa a histeria teatral, um êxtase doentio, que costuma ser tão desprovido de conteúdo quanto a excitação física artificial.

4

Hoje na aula, o diretor prosseguiu com a discussão da nossa prova de atuação. O pobre Vânia Viunstsov teve de arcar com o pior. Tortsov não considerou sua atuação sequer mecânica.

— Então, o que é que ela foi? — perguntei.

— O tipo mais repelente de sobreatuação, de exagero.

— Eu, pelo menos, não tive nada disso? — arrisquei.

— Claro que teve — retrucou Tortsov.

— Quando?! — exclamei. — O senhor mesmo disse que eu representei...

— Expliquei que a sua atuação foi composta de momentos de verdadeira criatividade que se alternavam com outros de...

— De atuação mecânica? — a pergunta me escapuliu.

— Esta só se pode desenvolver por meio de um trabalho demorado, como se deu com Gricha, e você não pode ter tido tempo de elaborá-la. Foi por isso que nos deu a imitação exagerada de um selvagem, servindo-se dos mais amadorísticos *carimbos*, nos quais não existia vestígio algum de técnica. *Nem mesmo a atuação mecânica pode prescindir da técnica.*

— Mas onde é que eu fui arranjar esses *carimbos* se foi a primeira vez que pisei num palco? — observei.

— Leia *Minha vida na arte*. Há nesse livro uma história sobre duas menininhas que nunca tinham visto um teatro, ou uma representação ou sequer um ensaio, mas que, apesar disso, representaram uma tragédia com os clichês mais ferozes e banais. Até mesmo você tem muitos deles, felizmente.

— Felizmente, por quê?

— Porque são mais fáceis de combater do que a atuação mecânica fortemente arraigada — disse o diretor. — Os principiantes como você, se tiverem talento, podem — casualmente e durante um curto período — preencher muito bem um papel, mas não conseguem reproduzi-la de forma artística sustida e é por isso que vocês recorrem sempre ao exibicionismo. A princípio, é coisa inofensiva, mas convém nunca se esquecerem de que nisto se encerram as sementes de um grande perigo. Vocês têm de combatê-lo desde o primeiro instante, para não desenvolver hábitos que os paralisarão como atores, desviando-se de seus dotes naturais.

"Olhe seu próprio exemplo. Você é uma pessoa inteligente e, no entanto, por que foi que na prova de atuação mostrou-se — exceto em alguns momentos — absurdo? Então acredita mesmo que os mouros, famosos em seu tempo pela sua cultura, assemelhavam-se a animais selvagens caminhando de um lado para o outro dentro de uma jaula? O selvagem que você retratou, até mesmo na tranquila conversa com o seu alferes, rugia-lhe na cara, arreganhava os dentes e rolava os olhos. Onde é que você foi encontrar tal maneira de abordar o papel?

Fiz então a Tortsov um relato minucioso de tudo o que escrevera em meu diário sobre a elaboração de meu papel em casa. A fim de facilitar a visualização, dispus algumas cadeiras segundo a sua colocação em meu quarto. Em certos trechos de minha demonstração, Tortsov deu boas risadas.

— Está aí. Isto lhes mostra como começa o pior de todos os tipos de atuação — disse ele quando terminei. — Você, ao se preparar para a prova, atacou seu papel visando impressionar os espectadores. Com quê? Com sentimentos orgânicos verdadeiros, correspondentes aos da pessoa retratada? *Você não tinha nenhum. Não tinha sequer uma imagem viva completa que pudesse copiar, mesmo que apenas exteriormente. Que lhe restava fazer? Saltar sobre o primeiro traço que, por acaso, lhe passou pela mente. Sua cabeça está atulhada dessas coisas armazenadas, pronta a enfrentar qualquer circunstância da vida. De uma forma ou de outra, cada impressão que temos permanece em nossas memórias e pode ser usada quando for preciso. Nessas descrições apressadas ou generalizadas, pouco nos preocupamos de que o que transmitimos corresponda à realidade. Basta-nos qualquer característica ou ilusão de ordem geral. Para dar vida às imagens, a experiência diária fabricou-nos estereótipos ou sinais descritivos externos que, graças ao uso prolongado, já se tornaram compreensíveis para todo mundo.*

"Foi o que se deu com você. Viu-se tentado pela aparência exterior do negro em geral e apressadamente a reproduziu sem pensar um momento no que Shakespeare escreveu. Pegou uma caracterização exterior que lhe parecia eficaz, vívida e fácil de reproduzir. É isto o que sempre acontece quando o ator não tem à sua disposição um acervo de material vivo, tirado da vida.

"Você poderia dizer a qualquer um de nós: 'Represente para mim, imediatamente, sem nenhuma preparação, um selvagem em geral.' Aposto que a maior parte faria exatamente como você fez. Porque isso de se precipitar de um lado para o outro, rugir, mostrar os dentes, rolar o branco dos olhos está, há tempos imemoriais, entrelaçado, na imaginação de vocês, com uma falsa concepção do selvagem. Todos esses métodos de retratar os sentimentos *em geral* existem em cada um de nós. E são usados sem qualquer relação com o como, o porquê e as circunstâncias em que determinada pessoa os sentiu.

"Enquanto a atuação mecânica utiliza estereótipos elaborados para substituir os sentimentos reais, a sobreatuação, o exagero, pega as primeiras convenções humanas de ordem geral que aparecem e delas se serve sem sequer defini-las ou prepará-las para o palco. O que se deu com você é compreensível e desculpável num principiante. Mas tenha cuidado, no futuro, pois a sobreatuação amadorística se transforma no pior tipo de atuação mecânica.

"Procure evitar, primeiro, todas as maneiras incorretas de abordar seu trabalho e com este fim estude os fundamentos da nossa escola de atuação, que são os fundamentos de como viver seu papel. Segundo, *não repita esse tipo de trabalho sem sentido que nos demonstrou e que acabo de criticar.* Terceiro, *nunca se permita representar exteriormente algo que você não tenha experimentado intimamente e que nem ao menos lhe interessa.*

"Uma verdade artística é difícil de desencavar, mas nunca perde o interesse. Vai-se tornando cada vez mais aprazível, penetrando cada vez mais fundo, até envolver totalmente o artista e também o seu público. Um papel construído à base de verdades cresce, ao passo que fenece o que se baseou em clichês.

"As convenções que você encontrou gastaram-se logo, perderam a capacidade de o estimular como haviam feito da primeira vez, quando você as confundiu com inspiração.

"Acrescente depois a isso tudo as condições da nossa atividade teatral, a publicidade que envolve as atuações do ator, a dependência em que estamos do público para nosso êxito e o desejo — decorrente dessas condições — de recorrer a qualquer meio para impressionar. Esses estímulos profissionais muitas vezes dominam o ator mesmo quando ele representa um papel solidamente estabelecido. Não concorrem para melhorar sua atuação; antes o impelem para o exibicionismo e os métodos estereotípicos.

"No caso de Gricha, ele de fato trabalhou nos seus 'carimbos' e o resultado é que esses 'carimbos' saíram mais ou menos bons. Mas os seus foram ruins, porque você não trabalhou neles. Foi por isto que chamei o trabalho dele de 'uma atuação mecânica bastante decente' e considerei a parte infeliz do seu trabalho *'exagero amadorístico'*.

— Então a minha atuação foi um misto do melhor e do pior que existe em nossa profissão? — perguntou Gricha.

— Não. Do pior mesmo, não — disse Tortsov. — O que os outros fizeram foi pior ainda. O seu amadorismo tem cura, mas os erros dos outros denotam um princípio consciente que não é nada fácil de modificar ou de arrancar do artista pela raiz.

— E o que é?
— A exploração da arte.
— Em que consiste isso? — perguntou um dos alunos.
— Naquilo que Sônia Veliaminova fez.
— Eu! — a pobre moça pulou da cadeira, atônita. — O que foi que eu fiz?
— Você nos mostrou as suas mãozinhas, os seus pezinhos, toda a sua pessoa, porque no palco ficava mais bem exposta — respondeu o diretor.
— Que horror! E eu não fazia a menor ideia...
— É isso o que sempre acontece com os hábitos arraigados.
— Por que me elogiou?
— Porque você tinha pés e mãos bonitos.
— E, então, qual era o mal?
— A parte má foi que você namorou a plateia e não interpretou Katherine. Sabe, Shakespeare não escreveu *A megera domada* para proporcionar a uma estudante chamada Sônia Veliaminova a oportunidade de mostrar, lá do palco, o seu pezinho à plateia ou de flertar com os seus admiradores. Shakespeare tinha em vista outro fim, ao qual você se manteve alheia e o qual, por isto, nos permaneceu desconhecido. Infelizmente, a nossa arte é, muitas vezes, explorada com finalidades pessoais. Você o faz para exibir sua beleza; outros, para alcançar popularidade ou sucesso exterior, ou para fazer carreira. São fenômenos comuns em nossa profissão e apresso-me em refreá-los em relação a eles.

"E agora recordem com firmeza o que lhes vou dizer: o teatro, pela publicidade e pelo seu lado espetacular, atrai muita gente que quer apenas tirar proveito da própria beleza ou fazer carreira. Valem-se da ignorância do público, do seu gosto adulterado, do favoritismo, das intrigas, dos falsos êxitos e de muitos outros meios que não têm relação alguma com a arte criadora. Esses exploradores são os inimigos mais mortíferos da arte. Temos de usar contra eles as medidas mais severas, e se for impossível reformá-los será necessário afastá-los do palco. Portanto — ele

aí se voltou outra vez para Sônia —, *você tem de decidir de uma vez por todas: veio aqui para servir à arte e fazer sacrifícios por ela ou para explorar seus próprios fins pessoais?*

"Seja como for — prosseguiu Tortsov, voltando-se para nós —, é só teoricamente que se pode dividir a arte em categorias. Na prática, todas as escolas de arte se misturam. É infelizmente verdade que vemos, não raro, grandes artistas, devido à fraqueza humana, se rebaixarem à atuação mecânica e atores mecânicos que, por alguns momentos, se erguem aos píncaros da arte verdadeira.

"Vemos, lado a lado, momentos em que o ator vive o papel, representa o papel, tem atuação mecânica e faz exploração. É por isso que é tão necessário para o ator saber reconhecer as fronteiras da arte.

Vi, claramente, depois de ouvir as explicações de Tortsov, que a prova pública fora-nos antes prejudicial do que benéfica.

— Não — protestou — quando lhe disse a minha opinião. A representação mostrou-lhes o que vocês nunca devem fazer em cena.

No fim da discussão, o diretor anunciou que, no dia seguinte, além do trabalho com ele, devíamos dar início a atividades regulares cujo objetivo é desenvolver as nossas vozes e os nossos corpos — aulas de canto, ginástica, dança e esgrima. Essas aulas serão diárias, porque o desenvolvimento dos músculos do corpo humano requer exercício sistemático e cabal e muito tempo.

CAPÍTULO III Ação

Que dia! Foi a nossa primeira aula com o diretor.

Reunimo-nos na escola, um teatro pequeno, mas perfeitamente aparelhado. Ele entrou, olhou-nos a todos cuidadosamente e disse:

— Maria, faça o favor de subir ao palco.

A pobre moça ficou apavorada. Do jeito que fugiu para se esconder, lembrou-me um cachorrinho assustado. Conseguimos finalmente apanhá-la e levá-la ao diretor, que ria como um menino. Ela cobriu o rosto com as mãos e repetiu todas as suas exclamações favoritas:

— Oh, meu Deus, eu não posso! Oh, meu Deus, estou com medo!

— Acalme-se — disse ele, encarando-a bem nos olhos — e vamos fazer uma pequena peça. O enredo é este — não dava a mínima atenção à aflição da moça —, sobe o pano e você está no palco, sentada. Está sozinha. Fica ali, sentada, sentada, sentada. Finalmente, o pano baixa outra vez. A peça toda é só isto. Impossível imaginar coisa mais simples, não é?

Maria não respondeu e ele, então, pegou-a pelo braço e a levou para o palco, sem dizer palavra, enquanto nós todos dávamos gargalhadas.

O diretor voltou-se e disse, tranquilo:

— Meus amigos, vocês estão numa sala de aulas. E Maria está atravessando um momento importantíssimo de sua vida de artista. Procurem aprender quando se deve rir e do quê.

Conduziu-a para o meio do palco. Em silêncio aguardamos o subir do pano. Lentamente subiu. Ela estava sentada, no centro, perto do proscênio, as mãos ainda ocultando-lhe o rosto. O ambiente solene e o prolongado silêncio fizeram-se sentir. Compreendeu que era preciso fazer alguma coisa.

Primeiro, retirou do rosto uma das mãos, depois a outra, ao mesmo tempo baixando de tal modo a cabeça que apenas lhe enxergávamos a nuca. Mais uma pausa. Era penoso, mas o diretor esperava, num silêncio resoluto. Cônscia da tensão crescente, Maria fitou a plateia, mas logo desviou os olhos. Sem saber onde pousá-los ou o que fazer, começou a mudar, a sentar-se primeiro de um jeito e depois de outro, a adotar posições incômodas, lançando o corpo para trás e logo se endireitando, curvando-se, puxando com toda a força a barra da saia curtíssima, olhando fixamente alguma coisa no chão.

Durante muito tempo o diretor conservou-se inflexível, mas, finalmente, fez sinal para baixarem o pano. Corri para ele, pois queria que me experimentasse nesse mesmo exercício.

Fui colocado no meio do palco. Não se tratava de uma verdadeira atuação, mas, ainda assim, eu estava pleno de impulsos contraditórios. Estando no palco eu estava em exibição, e, no entanto, um sentimento íntimo pedia solidão. Uma parte de mim queria divertir os espectadores, para que não se entediassem, outra parte dizia-me que não lhes prestasse atenção. Minhas pernas, meus braços, minha cabeça e meu torso, embora fizessem o que eu lhes ordenava, acrescentavam algo de supérfluo, por conta deles! A gente mexe com o braço ou a perna com a maior simplicidade e, de repente, está todo retorcido, como quem posa para uma fotografia.

Esquisito! Eu só pisara no palco uma vez e, no entanto, achava muito mais fácil sentar-me ali com afetação do que com naturalidade. Não conseguia pensar no que devia fazer. Disseram-me os outros, depois, que eu lhes parecera, sucessivamente, estúpido, engraçado, encabulado, culpado e como que pedindo desculpas. O diretor simplesmente esperava. Depois, experimentou o mesmo exercício com os outros.

— Agora — disse — vamos adiante. Mais tarde voltaremos a este exercício e aprenderemos a nos sentarmos em cena.

AÇÃO

— Mas não era isso o que estávamos fazendo? — perguntamos.

— Oh, não — retrucou. — Vocês não estavam simplesmente sentando.

— E o que é que devíamos ter feito?

Em vez de responder com palavras, ergueu-se rápido, caminhou despachadamente até o palco e sentou-se com todo seu peso numa poltrona, para descansar, como se estivesse em sua casa. Não fez nem tentou fazer coisa alguma e, entretanto, a sua simples postura, sentado, impressionava. Observamo-lo, queríamos descobrir o que se passava em seu íntimo. Sorriu. Nós também. Assumiu um ar pensativo e nós ficamos ansiosos por saber o que lhe cruzara o espírito. Olhou para alguma coisa e sentimos que tínhamos de ver o que quer que fosse que lhe chamara a atenção.

Na vida comum não nos teríamos interessado particularmente pela sua maneira de sentar-se ou de ficar sentado. Mas, por um motivo qualquer, quando ele está no palco a gente o observa atentamente e talvez sinta até mesmo prazer em vê-lo apenas sentar-se.

Isso não aconteceu quando os outros sentaram-se em cena.

Não tivemos vontade de contemplá-los nem de saber o que se passava dentro deles. Seu desamparo e sua vontade de agradar eram ridículos. No entanto, embora o diretor não prestasse a menor atenção em nós, sentimo-nos fortemente atraídos por ele.

Qual é o segredo? Ele mesmo nos disse.

O que quer que aconteça no palco, deve ser com um propósito determinado. Mesmo ficar sentado deve ter um propósito, um propósito específico e não apenas o propósito geral de ficar visível para o público. Temos de ganhar nosso direito de estar ali sentados. E isso não é fácil.

— Agora vamos repetir a experiência — disse, sem sair do palco. — Maria, venha aqui onde estou. Vou representar com você.

— O senhor! — Maria exclamou e correu para o palco.

Foi de novo colocada na poltrona, no meio da cena, e outra vez começou a esperar nervosamente, a mover-se conscientemente, a puxar a saia.

O diretor pôs-se de pé ao seu lado e parecia procurar alguma coisa com todo o cuidado em seu caderno de notas. Enquanto isso, pouco a pouco, Maria ficava mais tranquila, mais concentrada e, finalmente, estava imóvel, com os olhos pregados nele. Temia perturbá-lo e ficou apenas aguardando novas ordens. Sua pose era natural, tinha ar de vida. Estava quase bonita. O palco realçava seus melhores traços. Passou-se algum tempo simplesmente nisso. E, depois, o pano baixou.

— Como se sente? — perguntou o diretor, enquanto voltavam aos seus lugares na plateia.

— Eu? Por quê? Nós representamos?

— Naturalmente.

— Oh! Mas eu pensei... eu estava só sentada, esperando o senhor encontrar o lugar no caderno, para me dizer o que eu devia fazer. Eu não representei nada, não.

— E foi essa a melhor parte — disse ele. — Você ficou sentada esperando e não representou coisa alguma.

E então voltou-se para nós:

— Que lhes pareceu mais interessante? — perguntou. — Sentar em cena e exibir os pezinhos como fez Sônia, ou o corpo inteiro, como Gricha, ou sentar-se com um objetivo definido, mesmo que esse objetivo seja apenas o de esperar que alguma coisa aconteça? Isto, por si só, pode carecer de interesse intrínseco, mas é a vida, ao passo que a autoexibição os afasta dos domínios da arte viva.

"Em cena, vocês têm sempre de pôr alguma coisa em ação. A ação, o movimento, é a base da arte que o ator persegue.

— Mas — interrompeu Gricha — o senhor disse, ainda agora, que é preciso atuar e que exibir nossos pés ou a nossa figura, como eu fiz, não é ação. Por que é ação sentar-se numa cadeira, como o senhor fez, sem mexer um dedo? A mim, pareceu-me absoluta falta de ação.

Interrompi, ousado:

— Não sei se foi ação ou inação, mas nós todos concordamos que essa suposta falta de ação foi muito mais interessante do que a sua ação.

— Está vendo — disse o diretor calmamente, dirigindo-se a Gricha —, a imobilidade exterior de uma pessoa sentada em cena não implica passividade. Pode-se estar sentado sem fazer movimento algum e, ao mesmo tempo, em plena atividade. E isto não é tudo. Muitas vezes a imobilidade física é resultado direto da intensidade interior, e são essas atividades íntimas que têm muito mais importância, artisticamente. A essência da arte não está nas suas formas exteriores, mas no seu conteúdo espiritual.

"Vou, portanto, mudar a fórmula que lhes dei ainda há pouco e refundi-la assim: 'Em cena é preciso agir, quer exterior, quer interiormente.'"

2

— Vamos fazer outra peça — disse o diretor a Maria, entrando hoje na sala de aula.

"Eis o tema: sua mãe perdeu o emprego e a renda; não tem nada para vender a fim de pagar o seu curso na escola dramática. Portanto, você terá de nos deixar amanhã. Mas uma amiga veio socorrê-la. Não tem dinheiro para lhe emprestar mas trouxe-lhe um broche de pedras de grande valor. Esse ato generoso comoveu-a e agitou-a. Será capaz de aceitar esse sacrifício? Não consegue decidir-se. Tenta recusar. Sua amiga espeta o broche numa cortina e retira-se. Você a acompanha até o corredor, onde se desenrola uma longa cena de persuasão, recusa, lágrimas, gratidão. Finalmente, você aceita, sua amiga se vai e você volta à sala para apanhar o broche. Mas onde está ele? Alguém o teria levado? Numa casa de cômodos, seria perfeitamente possível. Segue-se uma busca minuciosa, enervante.

"Suba ao palco. Vou espetar o broche numa dobra desta cortina e você terá de encontrá-lo.

Dali a um instante, o diretor anunciou que estava pronto. Maria precipitou-se em cena como se a estivessem perseguindo. Correu até a beira da ribalta e voltou para trás, segurando a cabeça com as mãos e contorcendo-se de pavor. Depois, adiantou-se outra vez e novamente se afastou, agora na direção oposta. Atirando-se para a frente, agarrou as dobras da cortina e sacudiu-as, desesperada, acabando por enterrar nelas o rosto. Com este gesto queria representar a procura do broche. Não o encontrando, voltou-se, rápida, e precipitou-se fora de cena, ora segurando a cabeça, ora esmurrando o peito, com o fito aparente de representar a tragédia geral da situação.

Nós que estávamos na plateia mal podíamos conter o riso.

Logo depois, Maria correu para nós com um ar do maior triunfo. Seus olhos brilhavam, suas faces flamejavam.

— Como se sente? — perguntou o diretor.

— Maravilhosamente! Tão maravilhosamente, que nem sei dizer. Estou tão contente — exclamou, pulando na poltrona. — Sinto-me como se tivesse estreado. Completamente à vontade no palco.

— Ótimo — disse ele, animadoramente. — Mas onde está o broche? Me dê.

— Ah, sim — disse ela. — Esqueci-me dele.

— É estranho; você o procurava com todo afinco e agora esqueceu-se dele!

Mal tivemos tempo de olhar em torno e ela já estava outra vez no palco, revistando as dobras da cortina.

— Não se esqueça deste único detalhe — advertiu o diretor. — Se o broche for achado você está salva. Poderá continuar frequentando estas aulas. Mas se não for encontrado, terá de deixar a escola.

Imediatamente o rosto dela adquiriu uma expressão intensa. Pregou os olhos na cortina e examinou de alto a baixo cada dobra do tecido, trabalhosamente, sistematicamente. Desta vez a sua busca teve um ritmo bem mais lento, mas todos nós tínhamos certeza de que ela não estava perdendo um só segundo de seu tempo e de que estava sinceramente aflita, embora não fizesse esforço algum para parecê-lo.

— Oh, onde estará? Oh, eu o perdi!

Desta vez as palavras foram resmungadas em voz baixa.

— Não está aí — exclamou, desesperada e consternada, após ter examinado todas as dobras.

Seu rosto era só preocupação e tristeza. Ficou imóvel, como se os seus pensamentos estivessem longe. Era fácil sentir o quanto a perturbara a perda da joia.

Nós observávamos, contendo a respiração.

Finalmente, o diretor falou:

— Como se sente agora? Depois de sua segunda busca? — perguntou.

— Como me sinto? Não sei. — Sua atitude era totalmente lânguida. Sacudia os ombros em busca de uma resposta e os olhos, inconscientemente, ainda se fixavam no assoalho do palco. — Procurei muito — prosseguiu, depois de uma pausa.

— É verdade. Desta vez você procurou de verdade — disse ele.

— Mas, da primeira, o que foi que fez?

— Oh, da primeira vez, fiquei emocionada, sofri.

— E qual foi a sensação mais agradável? A primeira, quando correu de um lado para outro e estraçalhou a cortina, ou a segunda, quando a examinou quietamente?

— Ora, da primeira vez, claro, quando estava procurando o broche.

— Não, não tente nos convencer de que, da primeira vez, você estava procurando o broche — disse ele. — Você nem pensava nele. Apenas procurava sofrer por sofrer.

"Mas da segunda vez, você procurou mesmo. Nós todos percebemos. Compreendemos, acreditamos, porque a sua consternação e o seu desvario realmente existiam. A sua primeira busca foi ruim. A segunda foi boa.

Esse veredicto estatelou-a.

— Oh — exclamou —, eu quase me matei daquela primeira vez!

— Isso não interessa — disse ele. — Apenas interferiu na procura verdadeira. Em cena, não corram por correr, nem sofram por sofrer. Não atuem de *modo vago,* pela ação simplesmente, atuem sempre com um objetivo.

— E com sinceridade — disse eu.

— Sim — concordou. — E agora subam ao palco e façam.

Subimos, mas por muito tempo ficamos sem saber o que faríamos. Sentíamos que era preciso causar uma impressão, mas eu não conseguia pensar em nada que merecesse a atenção de uma plateia. Comecei a ser Otelo mas logo parei. Leão tentou, sucessivamente, um aristocrata, um general e um camponês. Maria rodou pelo palco, segurando a cabeça e o coração, para fazer tragédia. Paulo sentou-se numa cadeira, com pose de Hamlet, e parecia representar a tristeza ou a desilusão. Sônia saiu flertando e Gricha, a seu lado, declarou-lhe amor, de acordo com as tradições mais surradas do teatro. Quando eu, por acaso, dei de olho em Nicolau Umnovik e Dacha Damkova que, como de costume, tinham-se escondido num canto, quase urrei, vendo-lhes o olhar parado e a atitude de bonecos de pau com que interpretavam uma cena do *Brand,* de Ibsen.

— Vejamos o sumário do que fizeram — disse o diretor. — Começarei com você — declarou, apontando para mim. — E ao mesmo tempo com você e você — prosseguiu, indicando Maria e Paulo. — Sentem-se aqui mesmo, nestas cadeiras, onde posso vê-los melhor, e comecem: você vai sentir ciúmes, você vai sofrer e você entristecer-se, apenas expondo esses estados de alma, simplesmente por eles mesmos.

Sentamo-nos e logo percebemos como era absurda a nossa situação.

Enquanto eu andava de um lado para o outro, retorcendo-me como um selvagem, era possível acreditar que havia algum sentido naquilo que eu fazia, mas quando me sentaram numa cadeira, sem nenhum movimento exterior, patenteou-se o absurdo de minha interpretação.

— Bem, o que é que vocês acham? — perguntou o diretor. — É possível alguém sentar-se numa cadeira e, sem motivo algum, ter ciúmes? Ou ficar todo emocionado? Ou triste? Claro que é impossível. Fixem esta regra, de uma vez por todas, em suas memórias: em cena não pode haver, *em circunstância alguma, qualquer ação cujo objetivo imediato seja o de despertar um sentimento qualquer por ele mesmo.* Desprezar essa regra só pode resultar na mais repugnante artificialidade. *Quando escolherem algum tipo de ação, deixem em paz o sentimento e o conteúdo espiritual.* Nunca procurem ficar ciumentos, amar ou sofrer apenas por ter ciúme, amar ou sofrer. *Todos esses sentimentos resultam de alguma coisa que se passou primeiro. Vocês devem pensar com toda força nesta coisa que se passou antes. Quanto ao resultado, virá por si só.* A falsa interpretação de paixões ou de tipos ou o simples uso de gestos convencionais são erros frequentes em nossa profissão. Mas vocês devem manter-se afastados dessas irrealidades. Não devem copiar paixões ou tipos. Devem viver nas paixões e nos tipos. A sua interpretação deve brotar do fato de vocês viverem neles.

Vânia, então, sugeriu que representaríamos melhor se o palco não estivesse tão nu. Se nele houvesse mais apetrechos, mais móveis, uma lareira, cinzeiros.

— Muito bem — concordou o diretor, e nesse ponto encerrou a aula.

3

Nosso trabalho de hoje estava marcado outra vez para realizar-se no palco da escola, mas, quando chegamos, a porta do auditório estava fechada. Uma outra porta estava aberta, entretanto, e dava diretamente no palco. Logo que entramos, ficamos atônitos ao vermo-nos dentro de um vestíbulo. Contíguo a ele, uma confortável saleta de estar, com duas portas, uma dando para uma sala de jantar e daí para um pequeno dormitório, e a outra para um longo corredor, tendo ao lado um salão de baile brilhantemente iluminado. Todo esse apartamento era dividido por meio de cenários tomados de empréstimo às produções do repertório. O telão principal estava baixado e obstruído por uma barricada de móveis.

Sem a sensação de estarmos no palco, nós nos portamos como se estivéssemos em casa. Começamos por examinar as salas e depois nos reunimos em grupos e pusemo-nos a tagarelar. A nenhum de nós ocorreu que a aula já começara. Finalmente, o diretor recordou-me que nos havíamos reunido para trabalhar.

— E o que vamos fazer? — perguntou alguém.

— O mesmo de ontem — foi a resposta dele.

Mas nós continuamos de pé, onde estávamos.

— O que é que há? — perguntou o diretor.

Foi Paulo quem respondeu:

— Na verdade, não sei. De repente, sem motivo algum, representar... — interrompeu-se, como que perplexo.

— Se não é confortável representar sem motivo algum, procurem um motivo, ora essa — disse Tortsov. — Não lhes imponho a menor restrição. Mas não fiquem aí parados, feito pedaços de pau.

— Mas — aventurou alguém — isto não será representar por representar?

— Não — respondeu o diretor. — De agora em diante só se representará com um objetivo qualquer. Agora vocês já têm o ambiente que pediram ontem. Não podem acaso sugerir alguns motivos interiores capazes de resultar em simples atos físicos? Por exemplo, se eu lhe pedir, Vânia, que vá fechar aquela porta, você não vai?

— Fechar a porta? Naturalmente. — E Vânia foi, bateu a porta e voltou, antes que tivéssemos oportunidade de olhar para ele.

— Não é isto o que significa fechar uma porta. Na palavra "fechar" está implícito o desejo de que a porta seja fechada, a fim de permanecer fechada, para evitar a corrente de ar ou para que as pessoas da sala contígua não ouçam o que dizemos. Você apenas bateu a porta, sem nenhum motivo na cabeça e de modo a fazê-la novamente abrir-se, como de fato aconteceu.

— Ela não fica fechada, não fica mesmo — disse Vânia.

— Já que é difícil, então será preciso mais tempo e mais cuidado na execução do meu pedido — disse o diretor.

Desta vez, Vânia fechou devidamente a porta.

— Peça-me para fazer qualquer coisa — implorei.

— Será que não pode pensar em alguma coisa? Há uma lareira aí e um pouco de lenha. Vá acender o fogo.

Fiz o que me mandou, pus a lenha na lareira, mas não achei fósforos no meu bolso nem na prateleira. Por isso, voltei e contei minha dificuldade a Tortsov.

— E para que é que você quer fósforos? — perguntou ele.

— Para acender o fogo.

— A lareira é de papel; você queria incendiar o teatro?

— Ia só fingir — expliquei.

Estendeu uma das mãos, vazia.

— Para fingir que se acende fogo bastam fósforos de mentira. Como se a razão da cena fosse riscar um fósforo!

"Quando você chegar ao ponto de representar Hamlet, trilhando o caminho da sua intrincada psicologia até o momento em que ele mata o rei, será que vai dar importância ao fato de ter na mão uma espada de tamanho normal? Se ela lhe faltar, você será incapaz de terminar a representação? Você pode matar o rei sem a espada e acender o fogo sem fósforo. O que tem de se acender é a sua imaginação.

Continuei fingindo que acendia meu fogo. Para aumentar o tempo da ação, inventei que os fósforos imaginários teriam de se apagar várias vezes, embora eu tentasse protegê-los com as mãos. Também tentei ver o fogo, sentir o calor, mas não consegui e logo comecei a me enfastiar, o que me obrigou a pensar em alguma outra coisa para fazer. Comecei a mudar de lugar os móveis, depois a contar os objetos que havia na sala, mas, como nenhum propósito inspirava essas ações, elas eram todas mecânicas.

— Isso nada me surpreende — explicou o diretor. — Quando uma ação carece de fundamento interior, ela é incapaz de nos prender a atenção. Não toma tempo empurrar algumas cadeiras de um lugar para outro, mas se você fosse forçado a arranjar algumas cadeiras de tipos diferentes com um objetivo particular, como, por exemplo, para os convidados de uma ceia, que devem ser colocados de acordo com a importância, a idade e a harmonia pessoal, isto provavelmente lhe tomaria muito tempo.

Mas a minha imaginação secara.

Assim que percebeu que também os outros estavam esgotados, ele nos reuniu na sala de estar.

— Não se envergonham? Se eu trouxesse aqui uma dúzia de crianças e lhes dissesse que esta era a sua nova casa, vocês veriam faiscar as suas imaginações. As brincadeiras seriam para valer. Será que não as podem imitar?

— Isto é fácil de dizer — queixou-se Paulo. — Mas nós não somos crianças. Nelas, a vontade de brincar é natural; em nós, tem de ser forçada.

— Naturalmente — respondeu o diretor —, se não querem ou não podem acender uma centelha dentro de vocês, não tenho mais nada a dizer. Todo aquele que é de fato um artista deseja criar em seu íntimo uma outra vida, mais profunda, mais interessante do que aquela que realmente o cerca.

Gricha interrompeu:

— Se o pano estivesse erguido e o público na plateia, a vontade chegava.

— Não — replicou o diretor decisivo. — Se vocês forem mesmo artistas, sentirão essa vontade sem esses acessórios. Agora, digam com franqueza: O que foi, realmente, que os impediu de representar qualquer coisa?

Expliquei que podia acender fogo, afastar móveis do lugar, fechar portas e abri-las, mas que estas ações não eram suficientemente prolongadas para prender-me a atenção. Acendo o fogo ou fecho a porta e pronto. Se um ato levasse a outro e desse origem a um terceiro, se criariam um impulso e uma tensão naturais.

— Em suma — concluiu ele —, você não acha que precisa de atos breves, exteriores e semimecânicos, mas de atos de perspectivas mais amplas, que sejam mais profundos e mais complicados?

— Não — respondi —, mas dê-nos algo que, embora simples, seja interessante.

— Quer dizer — disse ele, perplexo — que isso tudo depende de mim? Sem dúvida a explicação deve ser procurada nos motivos interiores, nas circunstâncias dentro das quais e pelas quais você está executando a ação. Tomemos o fato de fechar ou abrir a porta. Nada poderia ser mais simples, ou menos interessante, pode-se dizer, ou mais mecânico. Mas suponhamos que neste apartamento de Maria tenha morado um homem que ficou louco, furioso. Levaram-no para um hospício. Se ele tivesse fugido e estivesse atrás daquela porta, o que é que vocês fariam?

Assim que a pergunta foi formulada, nesses termos, todo o nosso objetivo interior (como o diretor o chamara) modificou-se. Já não pensávamos em como prolongar nossa atividade nem nos preocupávamos com sua forma exterior. Nossos espíritos se concentravam em calcular o valor ou propósito deste ou daquele ato em função do problema proposto. Nossos olhos começaram a medir a distância entre a porta e a procurar caminhos seguros para chegar a ela. Examinavam o ambiente em busca de saídas, caso o louco arrombasse a porta. Nosso instinto de conservação pressentia o perigo e sugeria meios para enfrentá-lo.

Quer acidentalmente, quer de propósito, Vânia, que estivera encostado na porta, reforçando-a depois de fechada, deu um salto repentino e todos nos precipitamos para ele; as moças correram, aos gritos, para a outra sala. Finalmente, dei comigo debaixo de uma mesa, segurando um pesado cinzeiro de bronze.

A tarefa não terminara. A porta, agora, estava fechada, mas não trancada. Não tinha chave. Portanto, a medida mais segura que poderíamos adotar seria escorá-la com sofás, mesas e cadeiras e, depois, telefonar para o hospício para que providenciassem o reinternamento do louco.

O êxito desta improvisação deixou-me animadíssimo. Fui ao diretor e pedi-lhe que me desse mais uma oportunidade de acender o fogo.

Sem perder um segundo, disse-me que Maria acabava de herdar uma fortuna. Que alugara este apartamento e estava celebrando a sua boa sorte com uma festa de inauguração, para a qual convidou todos os seus colegas. Um deles, que conhece bem Katchalov, Moskvin e Leonidov, prometeu trazê-los à festa. Mas o apartamento é muito frio e o aquecimento central ainda não foi ligado, apesar de estar baixíssima a temperatura lá fora. Seria possível encontrar alguma lenha para acender um fogo na lareira?

Um vizinho poderia emprestar algumas achas. Ateia-se um pequeno fogo, mas faz muita fumaça e é preciso apagá-lo. Enquanto isso, vai ficando tarde. Acende-se outro fogo, mas a lenha está verde e recusa-se a arder. Mais um minuto e os convidados estarão chegando.

— Agora — prosseguiu ele — vamos ver o que você faria *se* meus dados imaginários fossem verdadeiros.

Tudo terminado, o diretor declarou:

— Hoje posso dizer que vocês atuaram com motivação. Aprenderam que *no teatro toda ação deve ter uma justificação interior, deve ser lógica, coerente e real.* Segundo: o *se* atua como uma alavanca que nos ajuda a sair do mundo dos fatos, erguendo-nos ao reino da imaginação.

4

Hoje, o diretor passou a enumerar as diversas funções do *se*.

— Essa palavra tem uma qualidade particular, uma espécie de poder que os seus sentidos captaram e que produziu em vocês um estímulo interior, instantâneo. Reparem como a sua vinda foi simples e fácil. Aquela porta, que serviu de ponto de partida em nosso exercício, tornou-se um meio de defesa e a meta fundamental, o objeto em que vocês concentraram toda a sua atenção — era a ânsia da autopreservação.

"A suposição de um perigo é sempre excitante. É uma espécie de fermento que pode agir a qualquer instante. Quanto à porta e à lareira, objetos inanimados, apenas nos estimulam quando ligadas a alguma outra coisa mais importante para nós.

"Considerem, ainda, que esse estímulo interior foi provocado sem violência e sem fraude. Eu não lhes disse que havia um doido atrás da porta. Pelo contrário, quando usei a palavra *se*, reconheci francamente o fato de que lhes estava apenas propondo uma suposição. Eu queria, apenas, fazê-los dizer como agiriam *se* a suposição sobre o louco fosse um fato real, deixando-os sentir o que qualquer pessoa sentiria nas circunstâncias dadas. Vocês, por sua vez, não se obrigaram a aceitar a suposição como realidade, mas unicamente como suposição.

"O que teria acontecido se, em vez dessa confissão leal, eu lhes tivesse jurado que, realmente, havia um louco atrás da porta?

— Eu não acreditaria num engano tão patente — foi a minha reação.

— Com essa qualidade especial do *se* — explicou o diretor — ninguém os força a crer ou descrer em coisa alguma. É tudo claro, franco e evidente. Faço-lhes uma pergunta e espero que respondam com sinceridade e precisão.

"Por conseguinte, o segredo do efeito do *se* repousa, antes de tudo, no fato de não empregar o temor ou a força, nem compelir o artista a fazer coisa alguma. Pelo contrário, tranquiliza-o com sua franqueza e lhe inspira confiança numa situação imaginária. Foi por isso que, no seu exercício, o estímulo se manifestou com tanta naturalidade.

"Isto me leva a outra qualidade: *ele desperta uma atividade interior e real* e o faz com recursos naturais. Porque são atores, vocês não se contentaram em responder simplesmente à pergunta. Tiveram necessidade de responder ao desafio da *ação*.

Esta importante característica do *se* aproxima-o de uma das bases da nossa escola de atuação — *atividade na criatividade e na arte.*

5

— Alguns de vocês estão ansiosos para pôr logo em prática o que lhes andei dizendo — declarou hoje o diretor. — Têm toda razão, e muito me alegro em concordar com a sua vontade. Apliquemos a um papel o emprego do *se*. Suponhamos que tenham de representar numa dramatização do conto de Tchekhov sobre o camponês inocente que desparafusou uma porca do trilho de uma ferrovia para usar como peso no anzol e foi por isso processado e severamente punido. Este acontecimento imaginário penetrará na consciência de alguns, mas para a maioria das pessoas não passará de "uma história engraçada". Nem sequer vislumbrarão a tragédia das condições jurídicas e sociais que se escondem atrás do riso. Mas o artista que tiver de interpretar um papel nesta cena não poderá rir. Terá de imaginar por si mesmo e, o que é mais importante, terá de viver o que quer que tenha impelido o autor a escrever esse conto. Como fariam isso? — O diretor fez uma pausa.

Os alunos permaneceram algum tempo silenciosos e pensativos.

— Nos momentos de dúvida, quando os seus pensamentos, sentimentos e imaginação ficarem mudos, lembrem-se do *se*. O escritor também começou assim seu trabalho. Ele disse com seus botões: "Que aconteceria *se* um simples camponês, saindo para pescar, tirasse uma porca de um trilho?" Agora proponham o problema a vocês mesmos e acrescentem: Que faria *eu, se* tivesse de julgar esse caso?

— Eu condenaria o criminoso — respondi sem hesitar.

— Por quê? Por causa do peso para o anzol?

— Pelo furto da porca.

— Está claro que não se deve roubar — concordou Tortsov. — Mas pode-se acaso punir severamente um homem por um crime do qual ele não tem consciência alguma?

— É preciso fazê-lo entender que podia ter causado um descarrilamento, matando centenas de pessoas — retorqui.

— Por causa de *uma* porquinha? Jamais o convenceria — argumentou o diretor.

— O tipo está só fingindo. Compreende a natureza do seu ato — disse eu.

— Se o intérprete do papel do camponês for talentoso, provará, com a sua atuação, que não tem a menor consciência de culpa — disse o diretor.

No curso da discussão, Tortsov usou todos os argumentos possíveis para defender o acusado e conseguiu, finalmente, me abalar um pouco. Assim que constatou isso, declarou:

— Você sentiu o mesmo impulso íntimo que o próprio juiz deve ter experimentado. Se representasse o papel, a analogia de sentimentos o aproximaria do personagem.

"Para obter esse parentesco entre o ator e a pessoa que ele está retratando, acrescente algum detalhe concreto, que preencherá a peça, dando-lhe sentido e ação absorvente. As circunstâncias que servem de complemento ao *se* são tiradas de fontes próximas aos próprios sentimentos do ator e exercem forte influência na sua vida interior. Uma vez estabelecido este contato entre as suas vidas e o seu papel, vocês experimentarão aquele impulso ou estímulo interior. Acrescentem toda uma série de contingências baseadas em sua própria experiência de vida e verão como lhes será fácil crer na possibilidade do que terão de fazer em cena. Elaborem assim um papel inteiro e terão criado toda uma vida nova.

"Os sentimentos despertados manifestar-se-iam nos atos dessa pessoa imaginária, caso ela fosse colocada nas circunstâncias determinadas pela peça.

— E são conscientes ou inconscientes? — perguntei.

— Tire você mesmo a prova. Examine cada detalhe do processo e decida o que é consciente e o que é inconsciente, na origem. Jamais resolverá o enigma, pois nem mesmo se lembrará de alguns dos seus momentos mais importantes. Estes irão surgindo no todo ou em parte espontaneamente, e passarão despercebidos, tudo no campo do subconsciente. Para se convencer, pergunte a um ator, depois de alguma representação notável, o que ele sentiu quando estava em cena e o que fez. Não saberá responder, porque não estava cônscio daquilo que ia vivendo e porque já não se lembra de muitos dos momentos mais significativos. Tudo o que lhe arrancará é que ele se sentiu à vontade em cena e manteve uma fácil relação com os outros atores. Além disso, não lhe poderá dizer coisa alguma.

"Descrevendo-lhe a sua atuação, espantá-lo-á; pouco a pouco irá percebendo aspectos de sua própria representação dos quais não tivera a menor consciência.

"Disto podemos concluir que o *se* também estimula o subconsciente criador. Além disso, ajuda-nos a executar um outro princípio fundamental da nossa arte: 'Criatividade inconsciente, por meio de técnica consciente.'

"Até agora expliquei as aplicações do *se* em relação a dois dos princípios mais importantes em nosso tipo de atuação. Mais forte ainda é a sua relação com um terceiro. O nosso grande poeta Puchkin discutiu-o, no seu artigo inacabado sobre o drama. Entre outras coisas, ele disse:

"Sinceridade de emoções, sentimentos que pareçam verdadeiros em dadas circunstâncias — eis o que pedimos ao dramaturgo." Por minha conta, acrescento que é precisamente isso o que pedimos ao ator.

"Meditem profundamente sobre esta afirmação e eu lhes darei, depois, um nítido exemplo de como o *se* nos ajuda a pô-la em prática.

— "Sinceridade de emoções, sentimentos que pareçam verdadeiros em dadas circunstâncias" — repeti, com toda sorte de entonações.

— Pare! — disse o diretor. — Você banaliza o que diz, sem lhe descobrir o sentido essencial. Quando não puder apreender na íntegra um pensamento, divida-o nas partes que o compõem e estude-as, uma a uma.

— Exatamente o que significa — perguntou Paulo — a expressão "dadas circunstâncias"?

— Significa o enredo da peça, os seus fatos, acontecimentos, época, tempo e local da ação, condições de vida, a interpretação

AÇÃO

dos atores e do diretor, a *mise-en-scène,* a produção, os cenários, os trajes, os acessórios, os efeitos de luz e de som — todas as circunstâncias dadas a um ator para que as leve em conta ao criar seu papel.

"*Se* é o ponto de partida, as circunstâncias dadas são o desenvolvimento. Um não pode existir sem o outro para que tenha o necessário dom de estímulo. As suas funções, entretanto, diferem um pouco. O *se* dá o empurrão na imaginação dormente, ao passo que as *circunstâncias* dadas constroem a base para o próprio *se.* E ambos, juntos ou em separado, ajudam a criar um estímulo interior.

— E o que significa — perguntou Vânia, interessado — "sinceridade de emoções"?

— Exatamente o que diz: "Emoções humanas vivas, sentimentos que o próprio ator já sentiu."

— Bem, então — prosseguiu Vânia —, o que são sentimentos que parecem verdadeiros?

— Dizendo "de aparência verdadeira" não nos referimos aos próprios sentimentos, de fato, mas a algo que tem com eles estreito parentesco, a emoções reproduzidas indiretamente, sob o impulso de sentimentos íntimos verdadeiros.

"Na prática, o que terão de fazer é mais ou menos isto: primeiro terão de imaginar, a seu próprio modo, as 'circunstâncias dadas', fornecidas pela peça, pela encenação do diretor e pela sua concepção artística própria. Esse material todo lhes dará um contorno geral para a vida dos personagens que representarão e as circunstâncias que os cercam. É preciso que vocês, realmente, acreditem nas possibilidades gerais dessa vida e depois se habituem a ela até o ponto de se sentirem muito próximos. Se o conseguirem, verão que os 'sentimentos que parecem verdadeiros' e as 'emoções sinceras' crescerão espontaneamente em vocês.

"Entretanto, quando se utilizarem deste terceiro princípio de atuação, esqueçam os sentimentos, porque eles, na maior parte, são de origem subconsciente e não estão sujeitos a comandos diretos. Dirijam toda a atenção para as 'circunstâncias dadas'. Elas estão sempre ao nosso alcance.

No fim da aula, ele disse:

— Agora posso completar o que disse antes sobre o *se*. Sua força depende não só da sua própria intensidade, mas também da nitidez de contorno das circunstâncias dadas.

— Mas — interrompeu Gricha — o que é que sobra para o ator, já que tudo é preparado pelos outros? Só ninharias?

— O que é que está dizendo... ninharias? — replicou o diretor, indignado. — Acha que acreditar na ficção imaginativa de outra pessoa e trazê-la à vida é ninharia? Não sabe que é muito mais difícil fazer uma composição sobre um tema sugerido por terceiros do que inventá-la nós mesmos? Conhecemos casos em que uma peça ruim ganhou fama universal por ter sido recriada por um grande ator. Sabemos que Shakespeare recriou histórias de outros autores. É isso que nós fazemos com a obra do dramaturgo. Fazemos viver aquilo que se oculta sob as palavras; pomos nossos próprios pensamentos nas linhas do autor e estabelecemos as nossas próprias relações com os outros personagens da peça e com as suas condições de vida. Filtramos, através de nós, todo o material que recebemos do autor e do diretor. Elaboramos esse material, completando-o com a nossa própria imaginação. Ele passa a ser parte de nós, espiritual e até fisicamente. As nossas emoções são sinceras e o resultado final é uma atividade muito produtiva — toda ela estreitamente entretecida com as implicações da peça.

"E todo esse trabalho tremendo você vem me dizer que é ninharia! Não é não senhor. É criatividade e arte. — Com estas palavras ele encerrou a aula.

6

Hoje fizemos uma série de exercícios que consistiam em nos propormos problemas de ação, como escrever uma carta, arrumar um quarto, procurar um objeto perdido. Enquadramo-los em toda espécie de suposições emocionantes, com o objetivo de executá-los dentro das circunstâncias que havíamos criado.

AÇÃO

A esses exercícios o diretor dá tanta importância que neles trabalhou muito tempo, com todo entusiasmo.

Depois de fazer um exercício com cada um de nós, declarou:

— Isto é o começo do caminho certo. Vocês o acharam por experiência própria. Por enquanto não deve haver outra forma de entrar em contato com um papel ou uma peça. Para compreender a importância desta partida certa, comparem o que fizeram ainda agora com o que fizeram na prova de atuação. Exceto em alguns momentos, esparsos e acidentais, na atuação de Maria e de Kóstia, vocês todos começaram o trabalho pelo fim e não pelo começo. Tinham resolvido despertar uma emoção tremenda em si mesmos e nos espectadores, logo de saída. Proporcionar-lhes algumas vívidas imagens e, ao mesmo tempo, exibir todos os dotes interiores que vocês possuíam. Essa atitude inicial errada levou-os, naturalmente, à violência. Para evitar tais erros lembrem-se de uma vez por todas que, ao iniciar o estudo de cada papel, devem antes reunir todo o material que tiver qualquer relação com ele e completá-lo, com imaginação cada vez maior, até conseguirem uma semelhança tão grande com a vida real que lhes seja fácil acreditar no que fazem. No início esqueçam os seus sentimentos. Quando as condições interiores estiverem preparadas — e certas —, os sentimentos virão à tona espontaneamente.

CAPÍTULO IV   Imaginação

O diretor pediu-nos que fôssemos ao seu apartamento para a aula de hoje.

Acomodou-nos confortavelmente no escritório e começou:

— Vocês agora sabem que o nosso trabalho numa peça principia com o uso do *se*, como alavanca para nos erguer da vida cotidiana ao plano da imaginação. A peça e os seus papéis são invenções da imaginação do autor, uma série inteira de *ses* e de circunstâncias dadas, cogitadas por ele. A realidade fatual é coisa que não existe em cena. A arte é produto da imaginação assim como o deve ser a obra do dramaturgo. O ator deve ter por objetivo aplicar sua técnica para fazer da peça uma realidade teatral. Neste processo o maior papel cabe, sem dúvida, à imaginação.

Apontou para as paredes do escritório, recobertas de toda sorte de desenhos concebíveis para cenários.

— Vejam — disse-nos —, são todos obra de um dos meus artistas prediletos, já falecido. Era um homem esquisito, que gostava de fazer cenários para peças que ainda não estavam escritas. Vejam, por exemplo, este desenho para o último ato de uma peça que Tchekhov planejava escrever pouco antes de sua morte: sobre uma expedição perdida no gélido Norte.

"Quem acreditaria — acrescentou — que isso foi pintado por um homem que em toda a sua vida jamais ultrapassara os subúrbios de Moscou? Tirou uma cena ártica daquilo que via em casa, no inverno, de histórias e publicações científicas, de fotografias. Com todo esse material, sua imaginação pintou um quadro.

Chamou depois nossa atenção para outra parede na qual havia uma série de paisagens vistas através de várias disposições de espírito. Em cada uma delas a mesma fila de atraentes casinhas, perto de um bosque de pinheiros — só que a época do ano, a hora do dia e as condições climáticas eram diferentes. Mais adiante na parede, o mesmo lugar, sem casas, tendo apenas uma clareira, um lago e vários tipos de árvore. O pintor, evidentemente, gostava de modificar o arranjo da natureza e a vida dos seres humanos a ela subordinados. Em todos os seus quadros construía e derrubava casas e aldeias, mudava o aspecto local e movia montanhas.

— E aqui estão alguns esboços de cenário para uma peça inexistente, sobre a vida interplanetária — isto designando outros desenhos e aquarelas. — Para pintar esses quadros o artista precisa não só de imaginação, mas de fantasia também.

— E qual é a diferença entre as duas? — perguntou um dos alunos.

— A imaginação cria coisas que podem existir ou acontecer, ao passo que a fantasia inventa coisas que não existem, nunca existiram nem existirão. E, no entanto, quem sabe talvez um dia elas passem a existir. Quando a fantasia criou o tapete mágico, quem iria pensar que nós um dia estaríamos voando através do espaço? Tanto a fantasia quanto a imaginação são indispensáveis para o pintor.

— E para o ator? — perguntou Paulo.

— O que é que você acha? O dramaturgo acaso fornece tudo que os atores têm de saber sobre a peça? Pode-se, acaso, em cem páginas, relatar inteiramente a vida da lista de personagens? O autor, por exemplo, fornece pormenores suficientes daquilo que aconteceu antes do início da peça? E faz-nos, acaso, saber o que acontecerá depois de terminada ou o que se passa por trás das cenas? O dramaturgo, frequentemente, é avaro nos comentários. É possível que, no texto, achemos apenas: "os mesmos e Pedro" ou "sai Pedro". Mas a gente não pode surgir do ar de repente ou nele desaparecer. Nós nunca acreditamos em uma ação praticada "em

IMAGINAÇÃO

geral": "ele se levanta", "anda de um lado para outro, agitado", "ri", "morre". Até as características pessoais são fornecidas laconicamente, como: "é um jovem de aspecto agradável, fuma muito". Não é precisamente uma base bastante ampla para a criação de todo o seu aspecto exterior, seus modos, seu andar.

"E as falas? Será bastante decorá-las? Será que os dados fornecidos descrevem o caráter dos personagens e nos indicam todos os matizes dos seus pensamentos, sentimentos, impulsos e atos?

"A tudo isso o ator deve dar maior amplitude e profundidade. Nesse processo criador a imaginação o conduz.

A esta altura nossa aula foi interrompida pela visita inesperada de um célebre ator trágico estrangeiro. Disse-nos tudo sobre os seus triunfos e depois que se foi o diretor declarou com um sorriso:

— Está claro que romanceava. Mas uma pessoa assim impressionável acredita nas suas próprias invenções. Nós, atores, habituamo-nos de tal modo a enfeitar os fatos com pormenores tirados da nossa imaginação que acabamos por trazer esse hábito para a vida comum. Nela, naturalmente, os detalhes imaginários são tão supérfluos quanto são necessários no teatro.

"Referindo-nos a um gênio, não diríamos que diz mentiras. Vê a realidade com olhos diferentes dos nossos. Seria justo censurá-lo quando a sua imaginação o obriga a usar óculos de lentes róseas, azuis, cinzentas ou negras?

"Devo confessar que eu mesmo sou, muitas vezes, forçado a mentir quando, como artista ou diretor, vejo-me às voltas com um papel ou uma peça que não me atrai. Nesse caso as minhas faculdades criadoras paralisam-se. Preciso de um estimulante qualquer e, assim, começo a dizer a todo mundo como estou entusiasmado com o meu trabalho. Sou forçado a caçar o que quer que ele tenha de interessante e vangloriar-me disso. Assim, a minha imaginação é espicaçada. Se eu estivesse sozinho não faria esse esforço, mas quando trabalhamos com outras pessoas temos de documentar solidamente as nossas mentiras. E acontece, frequentemente, que essas mentiras podem ser utilizadas como material para um papel ou uma direção.

— Já que a imaginação tem papel tão importante no trabalho do ator — perguntou Paulo, um tanto encabulado —, o que é que ele pode fazer quando carece dela?

— Terá de desenvolvê-la — respondeu o diretor —, ou então desistir do teatro. De outro modo, cairá nas mãos de diretores que compensarão a sua deficiência com as próprias imaginações, fazendo dele um joguete. Não seria melhor desenvolver uma imaginação sua mesmo?

— Receio — disse eu — que isso seja muito difícil.

— Depende do tipo da imaginação que tiver — disse o diretor. — A imaginação dotada de iniciativa própria pode desenvolver-se sem qualquer esforço especial e trabalha, constante e incansável, quer você esteja dormindo, quer acordado. Depois há aquela que não tem iniciativa, mas é fácil de despertar e continua agindo logo que lhe sugerem alguma coisa. A imaginação que não reage às sugestões cria um problema mais difícil. Com ela o ator recebe as sugestões de um modo apenas exterior e formal. Assim equipado, o seu desenvolvimento está crivado de dificuldades e há pouquíssima esperança de êxito, a não ser que ele faça um esforço enorme.

A minha imaginação tem iniciativa?
Será sugestionável?
Desenvolver-se-á espontaneamente?

Estas perguntas não me deram trégua. Tarde da noite tranquei-me no quarto, instalei-me confortavelmente no sofá, rodeado de travesseiros, fechei os olhos e comecei a improvisar. Mas a minha atenção distraiu-se com umas manchas coloridas, redondas, que ficavam passando diante das minhas pálpebras fechadas.

Apaguei a luz, julgando ser ela a causa dessas sensações.

Em que deveria pensar? Minha imaginação revelou-me árvores numa grande floresta de pinheiros, movendo-se com brandura e ritmo, sob uma brisa suave. Podia sentir o cheiro do ar fresco.

Por que... nesta serenidade toda... estou escutando o tique-taque de um relógio?

Eu tinha ferrado no sono!

Ora, está claro, compreendi, eu não devia imaginar coisas sem propósito.

Portanto, subi num avião, por sobre a copa das árvores, voando sobre elas, sobre os campos, rios, cidades... Tique-taque, faz o relógio. Quem é esse, roncando? Não pode ser eu... Será que cochilei?... Será que dormi muito?... O relógio bate as oito...

2

Fiquei tão desencorajado com o fracasso das minhas tentativas de exercitar em casa a imaginação que hoje, na aula, falei com o diretor sobre isso.

— Você não o conseguiu porque cometeu uma série de erros — explicou ele. — Em primeiro lugar, forçou a imaginação, em vez de a estimular. Depois, tentou pensar sem ter um assunto interessante. Seu terceiro erro foi que seus pensamentos eram passivos. Na imaginação, a atividade tem máxima importância. Primeiro vem a ação interior, depois a exterior.

Assinalei que, de certo modo, estivera em atividade, pois voava sobre as florestas a grande velocidade.

— Quando você está confortavelmente recostado, dentro de um trem expresso, está em atividade? — perguntou o diretor. — O maquinista está trabalhando, mas o passageiro mantém-se passivo. Claro que se estivesse ocupado com algum negócio, uma conversa ou discussão importante, ou escrevendo um relatório, no trem, você teria, então, alguma base para falar em atividade. Também no seu voo de aeroplano o piloto trabalhava, mas você não fazia nada. Se estivesse nos controles, ou tirando fotografias topográficas, poderia dizer que estava ativo. Talvez possa explicar descrevendo o jogo predileto da minha sobrinha.

"— O que que cê tá fazendo? — pergunta a meninazinha.

"— Estou fazendo chá — respondo.

"— Mas — pergunta ela — se fosse óleo de rícino, então como é que cê ia bebê?

"Sou forçado a lembrar-me do gosto do óleo de rícino, para mostrar-lhe a repugnância que sinto, e quando o consigo a sala ressoa com o riso da garota.

"— Onde é que cê tá sentado?

"— Numa cadeira — respondo.

"— Mas se fosse num fogão pelando, então o que que cê fazia?

"Sou obrigado a ver-me num fogão quente e procuro decidir como me livrarei de morrer queimado. Quando acerto, a menina fica com pena e grita: "Eu não quero mais brincá." Se continuo, acaba por cair em pranto.

"Por que você não inventa um jogo desses como exercício para despertar a atividade?

Aí eu o interrompi para dizer que aquilo era elementar e perguntei como poderia desenvolver a imaginação por métodos mais sutis.

— Não tenha pressa — disse o diretor. — Terá tempo de sobra. Por enquanto, precisamos de exercícios relacionados com as coisas simples que de fato nos cercam.

"Tome, por exemplo, a nossa classe. É um fato real. Suponha que o ambiente, o professor e os alunos permaneçam tais como estão. Agora, com o meu *se* mágico vou colocar-me no plano do faz de conta, mudando apenas uma circunstância: a hora do dia. Direi que não são três da tarde, e sim três da madrugada.

"Use a imaginação para justificar uma aula que termine assim tão tarde. Desta simples circunstância decorre toda uma série de consequências. Sua família, em casa, estará aflita por sua causa. Como aqui não há telefone, você não pode avisá-la. Um outro aluno deixará de comparecer a uma festa, onde o esperam. Um terceiro mora no subúrbio e não sabe como irá para casa, pois os trens já pararam. Tudo isso acarreta modificações exteriores e também interiores, colorindo as suas ações.

"Ou experimentem outro ponto de vista: A hora continua sendo as três da tarde, mas suponhamos que a época do ano mudou. Em vez de inverno é primavera, o ar está maravilhoso e até mesmo na sombra faz calor, lá fora.

"Vejo que já estão sorrindo. Depois da aula terão tempo para dar uma volta. Resolvam o que vão fazer; justifiquem a decisão com as suposições necessárias — terão novamente bases para um exercício.

"Este foi apenas um dos inúmeros exemplos de como vocês podem usar seus poderes interiores para modificar as coisas materiais que os cercam. Não procurem livrar-se dessas coisas. Pelo contrário, incluam-nas em sua vida imaginária.

"Essa espécie de transformação ocupa um lugar legítimo em nosso tipo mais íntimo de exercícios. Podemos usar cadeiras comuns para delinear qualquer coisa que a imaginação de um escritor ou de um diretor nos peça para criar: casas, praças, navios, florestas. Não faz mal se não conseguimos crer que essa cadeira é um determinado objeto, porque, mesmo sem crê-lo, podemos experimentar o sentimento que ele desperta.

3

Iniciando a aula de hoje, o diretor disse:

— Até agora os nossos exercícios para desenvolver a imaginação têm-se relacionado, em maior ou menor grau, com fatos materiais, como a mobília, ou com realidades da vida, como as estações. Agora, vou *transferir* nosso trabalho para um plano diferente. Desistiremos do tempo, lugar e ação no que se refere aos seus acompanhamentos externos e vocês farão a coisa toda diretamente com o espírito.

"Bom — perguntou, voltando-se para mim —, onde é que você gostaria de estar e a que horas?

— No meu quarto — respondi —, à noite.

— Bom — disse ele. — Se eu tivesse de ser transportado para esse ambiente, ser-me-ia absolutamente necessário aproximar-me, primeiro, da casa; subir os degraus da frente; tocar a campainha; praticar, em suma, toda uma série de ações que me levariam a estar no meu quarto.

"Está vendo uma maçaneta para pegar? Sente-a girar? Abre-se a porta? E agora, o que tem pela frente?

— Bem, na minha frente, um armário, um *bureau*.

— O que vê à esquerda?

— Meu sofá e uma mesa.

— Tente andar para baixo e para cima. Tente viver no quarto. Em que está pensando?

— Achei uma carta, lembrei-me de que está sem resposta. Sinto-me envergonhado.

— Você, evidentemente, está mesmo no seu quarto — declarou o diretor. — E agora, o que vai fazer?

— Depende da hora — respondi.

— Esta observação — aprovou — é sensata. Convenhamos que sejam onze da noite.

— A melhor das horas, quando todos em casa estão, provavelmente, dormindo — disse eu.

— E por que você deseja, especialmente, essa quietude?

— Para me convencer de que sou um ator trágico.

— É uma pena querer gastar o seu tempo com uma finalidade tão triste. Como pretende convencer-se?

— Representarei, só para mim, algum papel trágico.

— Que papel? Otelo?

— Oh, não! — respondi. — Não posso representar Otelo no meu quarto. Cada canto está repleto de evocações e isso apenas me levaria a copiar o que já fiz.

— Então, o que vai representar? — exigiu o diretor.

Não respondi, porque não tinha resolvido. Por isso ele perguntou:

— O que é que está fazendo agora?

— Estou olhando em volta do quarto. Pode ser que algum objeto, alguma coisa, ao acaso, sugira um tema criador.

— Bem — me apressou —, já pensou em alguma coisa?
Comecei a pensar em voz alta.

— Atrás do meu armário — disse — há um canto escuro, com um gancho perfeito para alguém se enforcar. Se quisesse me enforcar, como é que eu faria?

— Sim? — atiçou-me ele.

— Naturalmente, antes de mais nada, teria de arranjar uma corda, ou um cinto, uma correia...

— E agora, o que está fazendo?

— Dando busca nas minhas gavetas, prateleiras, armários, para ver se acho uma correia.

— Está vendo alguma coisa?

— Sim, achei a correia. Mas, infelizmente, o gancho está muito perto do chão. Eu o tocaria com os pés...

— Não é conveniente — concordou o Tortsov. — Veja se acha outro gancho.

— Não há outro capaz de me aguentar.

— Então, talvez seja melhor você continuar vivo e ocupar-se com alguma coisa mais interessante e menos emocionante.

— Minha imaginação secou — respondi.

— Isso não é de espantar — disse ele. — O seu tema não era lógico. Seria dificílimo chegar, logicamente, à conclusão de suicidar-se porque queria uma mudança no seu estilo de representação. É razoável que a sua imaginação tenha recuado quando você lhe pediu que fosse de uma premissa duvidosa a uma conclusão idiota.

"Apesar disso, este exercício serviu para demonstrar um novo modo de usar sua imaginação num local onde tudo lhe era familiar. Mas o que fará quando tiver de imaginar uma vida que não lhe é familiar?

"Suponhamos que faça uma viagem ao redor do mundo. Não poderá imaginá-la 'de um certo modo' ou 'em geral' ou 'aproximadamente', porque na arte todos esses termos estão deslocados. Terá de fazê-lo com todos os pormenores adequados a tão vasta empreitada. Apegue-se firme à lógica e à coerência, pois isto o ajudará a conservar os sonhos escorregadios e insubstanciais perto dos fatos sólidos e firmes.

"Quero explicar-lhe agora como poderá utilizar, em várias combinações, os exercícios que temos feito. Pode dizer a si mesmo: 'Serei um simples espectador, observando o que a minha imaginação pinta para mim, enquanto não tomo a menor parte nessa vida imaginária?, Ou, se resolver participar das atividades dessa vida imaginária, visualizará mentalmente os seus associados, e com eles você, e, mais uma vez, será um espectador passivo.

"Finalmente, ficará cansado de bancar o observador e quererá agir. Então, como participante dessa vida imaginária, não mais enxergará a si próprio, mas apenas aquilo que o cerca e reagirá interiormente a isso, pois é uma parte real desse todo.

4

Hoje Tortsov começou suas observações dizendo-nos o que temos de fazer sempre que o autor, o diretor e outros colaboradores do espetáculo omitirem coisas que precisamos saber.

Necessitados, antes de mais nada, de uma série ininterrupta de supostas circunstâncias, no meio das quais se desenvolve o nosso exercício. Segundo, temos de contar com uma linha sólida de visões interiores, ligadas a essas circunstâncias, de modo que elas sejam *ilustradas* para nós. *Durante cada segundo que estivermos no palco, a cada momento do desenrolar da ação da peça, temos de estar cônscios das circunstâncias externas que nos cercam (toda disposição material do espetáculo) ou de uma cadeia interior de circunstâncias que foram imaginadas por nós mesmos, a fim de ilustrarmos nossos papéis.*

Com esses momentos formar-se-á uma série ininterrupta de imagens, parecida com um filme cinematográfico. Enquanto a nossa atuação for criadora, essa fita desenrolar-se-á e projetar-se-á na tela da nossa visão interior, tornando vívidas as circunstâncias por entre as quais nos movemos. Além disso, essas imagens interiores criam um estado de espírito correspondente e despertam emoções, ao mesmo tempo que nos mantêm dentro dos limites da peça.

— Quanto a essas imagens interiores — perguntou o diretor —, será certo dizer que sentimos que elas estão dentro de nós? Temos a faculdade de ver coisas que não estão presentes, fazendo delas uma imagem mental. Tomemos esse candelabro. Existe fora de mim. Olho para ele, tenho a impressão de que estou projetando na sua direção o que se poderia chamar de antenas visuais. Fecho os olhos agora e vejo outra vez o candelabro, na tela da minha visão interior.

"Dá-se o mesmo processo ao lidarmos com os sons. Ouvimos ruídos imaginários com um ouvido interior e, no entanto, sentimos que a origem desses ruídos, na maioria dos casos, está fora de nós.

"Podem pôr isto à prova de diversas maneiras, como por exemplo fazendo um relatório coerente de toda a sua vida em função de imagens das quais vocês se recordam. Isso pode parecer difícil, mas creio que descobrirão que, na realidade, o trabalho não é assim tão complicado.

— E por quê? — perguntaram vários alunos a uma só voz.

— Porque, embora os nossos sentimentos e as nossas experiências emocionais sejam mutáveis e impossíveis de captar, aquilo que vimos é muito mais substancial. As imagens se fixam com muito mais facilidade e firmeza em nossa memória visual e podem ser evoca das à vontade.

— O problema então se resume em como criar um quadro inteiro? — perguntei.

— Essa pergunta — respondeu o diretor, erguendo-se para sair — discutiremos na próxima vez.

5

— Vamos fazer um filme imaginário — propôs o diretor, ao entrar na sala hoje. Escolherei um tema passivo porque dá mais trabalho. A esta altura estou menos interessado na ação propriamente dita do que na maneira de encará-la. Sugiro por isso, Paulo, que você está vivendo a vida de uma árvore.

— Bom — disse Paulo, decidido —, sou um vetusto carvalho! Entretanto, embora eu o tenha dito, não creio.

— Nesse caso — sugeriu o diretor —, por que não diz a si mesmo: "Eu sou eu. Mas, *se* eu fosse um velho carvalho, plantado em meio a determinadas condições ambientes, o que faria?" E decida onde está; numa floresta, numa campina, no alto de uma montanha, em qualquer lugar que mais lhe agrade.

Paulo franziu as sobrancelhas e decidiu, finalmente, que estava plantado numa elevada campina, nos Alpes. Para a esquerda, há um castelo, sobre uma colina.

— O que está vendo perto de você — perguntou Tortsov.

— Em mim mesmo vejo uma espessa coberta de folhas, farfalhando.

— Farfalham mesmo — concordou o diretor. — O vento lá em cima deve soprar forte, frequentemente.

— Nos meus galhos — prosseguiu Paulo — vejo alguns ninhos de pássaros.

Então, Tortsov impeliu-o a descrever cada detalhe de sua vida imaginária de carvalho.

Quando chegou a vez de Leão, ele fez a escolha mais comum e sem imaginação possível: disse que era um bangalô, num jardim, no parque:

— O que é que está vendo? — perguntou o diretor.

— O parque — foi a resposta.

— Mas você não pode ver todo o parque de uma vez! Tem de se decidir por um ponto determinado. O que há bem diante dos seus olhos?

— Uma cerca.
— De que material?
— Ferro fundido.
Leão calou-se e, assim, o diretor prosseguiu:
— Do que é feita a cerca?
— Que tipo de cerca?
— Descreva. Qual é o desenho?
Leão ficou um tempo enorme traçando círculos na mesa, com o dedo. Estava claro que falara sem pensar.
— Não estou entendendo. Tem de descrevê-la com maior clareza.

Evidentemente, Leão não se esforçava por despertar a imaginação. Ignorando a possível utilidade que teria um raciocínio tão passivo, fui perguntá-lo ao diretor.

— No meu processo para pôr em atividade a imaginação do aluno — explicou — há certos pontos que convém notar. Quando a sua imaginação está inerte, faço-lhe uma pergunta simples. Como foi interrogado, tem de responder. Se responde sem pensar, rejeito a resposta. Então, para encontrar uma resposta mais satisfatória, o aluno terá de despertar a imaginação, ou, caso não o faça, terá de atacar o assunto com o cérebro, por meio do raciocínio lógico. Muitas vezes o trabalho da imaginação é preparado e dirigido dessa forma consciente, intelectual. O aluno, então, vê alguma coisa, quer na memória, quer na imaginação: há, diante dele, certas imagens visuais definidas. Por um breve instante, ele vive num sonho. Depois disso, nova pergunta e o processo repete-se. E mesmo com a terceira e a quarta, até que sustentei e alonguei aquele breve instante, fazendo dele algo de parecido com um quadro completo. Pode ser que, a princípio, isto não seja interessante. Mas seu valor é que a ilusão foi tecida com imagens interiores do próprio estudante. Obtido isto, ele a poderá repetir uma, duas, ou muitas vezes. Quanto mais a recordar, mais fundamente a terá impressa na memória e cada vez passará a viver mais profundamente nela.

"Mas às vezes temos de lidar com imaginações lerdas, incapazes de reagir até mesmo às perguntas mais simples. Nesse caso, só me resta uma saída: não só proponho a pergunta, mas também sugiro a resposta. Se o aluno puder utilizar essa resposta, prosseguirá por conta própria. Se não puder, mudá-la-á, substituindo-a por alguma outra coisa. Seja como for, teve de usar sua própria visão interior. Afinal, obtém-se, em parte, uma existência ilusória, embora o estudante só tenha contribuído com uma parte do material. O resultado pode não ser plenamente satisfatório, mas assim mesmo já é alguma coisa.

"Antes de fazer esse esforço, ou o estudante não tinha imagem alguma nos olhos do espírito, ou a que tinha era confusa e vaga. Depois da tentativa, consegue ver algo de definido e até mesmo vívido. O terreno está preparado para que o professor ou o diretor plante novas sementes.

"Essa é a tela onde o quadro será pintado. Mais ainda, o aluno aprendeu o método que lhe permitirá tomar conta da sua imaginação e exercitá-la com problemas sugeridos por sua própria mente. Adquirirá o hábito de lutar deliberadamente contra a passividade e a inércia de sua imaginação, e isto é um largo passo à frente.

6

Hoje continuamos com os mesmos exercícios para desenvolver as nossas imaginações.

— Na última aula — disse o diretor a Paulo —, você me disse *quem* era, *onde* estava e o *que* via com os olhos do espírito. Descreva-me, agora, o que o seu ouvido interior *ouve* como um velho carvalho imaginário.

A princípio Paulo não ouvia nada.

— Não ouve coisa alguma na campina em volta?

Aí ele disse que podia ouvir os carneiros e as vacas, o rumor do capim mascado, o tinir dos cincerros das vacas, o tagarelar das mulheres, descansando após o trabalho nos campos.

— Diga-me, agora, *quando* é que isto está se passando em sua imaginação — disse o diretor, interessado.

Paulo escolheu a época feudal.

— Então você, como velho carvalho, ouve rumores que são especialmente característicos daquele tempo?

Paulo refletiu um instante e disse que podia ouvir um menestrel errante, a caminho de um festival num castelo próximo.

— Por que é que você está sozinho no meio de um campo? — indagou o diretor.

Em resposta, Paulo deu a seguinte explicação: o outeiro todo onde fica o velho carvalho solitário estava, outrora, encoberto por densa floresta. Mas o barão do castelo próximo corria constante risco de ataques e, temendo que essa floresta pudesse ocultar os movimentos das forças de seus inimigos, fê-la abater. Só este velho carvalho poderoso foi poupado. Deveria proteger uma fonte que, jorrando à sua sombra, dava a água necessária aos rebanhos do barão.

O diretor, então, observou:

— De um modo geral, a pergunta "por que motivo?" é importantíssima. Obriga-os a esclarecer o objeto das suas meditações, indica o futuro e fá-los agir. Uma árvore, está claro, não pode ter um objetivo ativo, mas, apesar disso, pode ter alguma significação ativa e servir a algum fim.

Aí Paulo interveio, sugerindo:

— O carvalho é o ponto mais elevado daquela redondeza. Serve, portanto, de sentinela, de proteção, contra ataques.

— Agora — disse o diretor — que, pouco a pouco, a sua imaginação acumulou um número suficiente de circunstâncias dadas, comparemos nossas notas com as do começo desta tarefa. A princípio, você só conseguia pensar que era um carvalho, plantado numa campina. Os olhos do seu espírito estavam cheios de generalidades, nublados como um negativo mal revelado. Agora já pode sentir a terra sob suas raízes. Mas está privado da ação, que é necessária no palco. Resta, portanto, ainda um passo a dar. Você terá de descobrir uma simples circunstância nova, capaz de tocá-lo emocionalmente e levá-lo à ação.

Paulo tentou com todo esforço, mas não conseguiu pensar em nada.

— Neste caso — disse o diretor —, procuremos resolver o problema indiretamente. Antes de mais nada diga-me, na vida real, o que é que lhe fala mais à sensibilidade? O que desperta, com mais frequência do que qualquer outra coisa, os seus sentimentos... seu medo, sua alegria? Pergunto isso completamente à parte do tema de sua vida imaginária. Quando conhecemos as inclinações da nossa própria natureza, é fácil adaptá-las às circunstâncias imaginárias. Mencione, portanto, algum traço, qualidade, interesse, que seja tipicamente seu.

— Fico muito emocionado com qualquer tipo de luta — disse Paulo, depois de refletir um momento.

— Neste caso, o que nós queremos é uma incursão do inimigo. As forças do duque vizinho já vêm galgando, feito um enxame, a campina onde você está. A qualquer momento começará o combate. Sobre você choverão flechas dos arcos inimigos, algumas com a ponta embebida em flamejante alcatrão. Fique firme agora e decida, antes que seja tarde demais, o que é que você faria se isso de fato lhe acontecesse.

Mas Paulo apenas podia atormentar-se por dentro, sem conseguir nada. Afinal, exclamou:

— O que é que uma árvore pode fazer para se salvar, quando está segura no chão pelas raízes e é incapaz de se mexer?

— Para mim basta a sua excitação — disse o diretor, visivelmente satisfeito. — Este particular problema é insolúvel e, se o tema carece de ação, a culpa não é sua.

— Então, por que o propôs? — perguntaram.

— Só para provar-lhes que até mesmo um tema passivo pode produzir um estímulo interior e incitar-nos à ação. É um exemplo de como todos os nossos exercícios de desenvolvimento da imaginação devem lhes ensinar a preparar o material, as imagens interiores, para os seus papéis.

IMAGINAÇÃO

7

No início da aula de hoje o diretor fez algumas observações sobre o valor da imaginação para refrescar e emprestar novo brilho a alguma coisa já preparada e utilizada antes pelo ator.

Mostrou-nos como introduzir uma nova suposição em nosso exercício do louco atrás da porta, o que lhe deu uma orientação completamente nova.

— Adaptem-se às novas condições, ouçam o que elas lhes sugerem e... atuem!

Representamos com ardor e com real excitação, pelo que nos cumprimentou. O final da aula consagrou-se a um sumário do que conseguíramos.

— Toda criação da imaginação do ator deve ser minuciosamente elaborada e solidamente erguida sobre uma base de fatos. Deve estar apto a responder a todas as perguntas (quando, onde, por quê, como) que ele fizer a si mesmo enquanto incita suas faculdades inventivas a produzir uma visão, cada vez mais definida, de uma existência de "faz de conta". Algumas vezes não terá de desenvolver todo esse esforço consciente, intelectual. Sua imaginação pode trabalhar intuitivamente. Mas vocês mesmos já viram, por experiência própria, que não se pode contar com isso. Imaginar *em geral,* sem um tema bem definido e cabalmente fundamentado, é trabalho infrutífero.

"Por outro lado, uma atitude consciente, arrazoada, para com a imaginação, produz, muitas vezes, uma apresentação da vida falsificada e anêmica. Para o teatro isso não serve.

"Nossa arte requer que a natureza inteira do ator esteja envolvida, que ele se entregue ao papel, tanto de corpo como de espírito. *Deve sentir o desafio à ação, tanto física quanto intelectualmente,* porque a imaginação, carecendo de substância ou corpo, é capaz de afetar, por reflexo, a nossa natureza física, fazendo-a agir. Esta faculdade é da maior importância em nossa técnica de emoção.

"Portanto: *cada movimento que vocês fazem em cena, cada palavra que dizem, é resultado da vida certa das suas imaginações.*

"Se pronunciarem alguma fala ou fizerem alguma coisa mecanicamente, sem compreender plenamente quem são, de onde vieram, por quê, o que querem, para onde vão e que farão quando chegarem lá, estarão representando sem a imaginação. Esse período, quer seja curto, quer longo, será irreal, e vocês não passarão de autômatos, de máquinas às quais se deu corda.

"Se eu, agora, lhes perguntar uma coisa perfeitamente simples — Hoje faz frio? —, antes de responder, mesmo com um 'Sim' ou 'Não faz frio', vocês, nas suas imaginações, terão de voltar à rua e lembrar como vieram, a pé, ou por algum transporte. Devem pôr à prova as suas sensações, recordando como estavam agasalhadas as pessoas que encontraram, como levantavam a gola, como a neve rangia sob seus pés. E só então poderão responder à minha pergunta.

"Se obedecerem, rigorosamente, a esta regra em todos os seus exercícios, pertençam eles à parte do nosso programa a que pertencerem, verão como se desenvolvem e como ganham força as suas imaginações.

CAPÍTULO V Concentração da atenção

Hoje fazíamos exercícios, quando, de repente, uma das cadeiras encostadas na parede despencou. Primeiro ficamos intrigados e depois notamos que alguém levantava o pano. Enquanto estivéramos na *sala de visitas de Maria* nunca sentíramos a menor impressão de que a sala tivesse um lado certo ou um lado errado. Onde quer que ficássemos era esse o lugar certo. Mas a abertura daquela quarta parede, com sua grande e negra boca de cena, fez-nos sentir que era preciso reajustarmo-nos o tempo todo. Pensamos naqueles que nos olham, procuramos ser vistos por eles e não pelos que estão conosco na sala. Há um instante, o diretor e seu assistente pareciam elementos naturais aqui na sala, mas agora, transportados para a plateia, mudavam-se em algo muito diferente. A mudança afetava-nos a todos. De minha parte, senti que, enquanto não aprendêssemos a vencer o efeito daquele buraco escuro, não poderíamos avançar um centímetro sequer em nosso trabalho. Paulo, entretanto, estava certo de que poderíamos dar melhor rendimento se tivéssemos um exercício novo e emocionante. A isto o diretor respondeu:

— Muito bem. Pode-se experimentar. Eis aqui uma tragédia que, segundo espero, lhes fará esquecer a plateia.

"Passa-se aqui, neste apartamento. Maria casou-se com Kóstia, que é tesoureiro de uma organização pública qualquer. Os dois têm um encantador filhinho, recém-nascido, que está sendo banhado pela mãe num quarto que dá para a sala de jantar. O marido examina alguns documentos e conta dinheiro. O dinheiro não é seu, é propriedade que lhe foi confiada e ele acaba de o trazer do banco.

Uma pilha de maços de notas está atirada sobre a mesa. Diante de Kóstia, o irmão mais moço de Maria, Vânia, um retardado, observa-o rasgar os envoltórios coloridos das notas e lançá-los ao fogo, onde se inflamam, dando um lindo clarão.

"O dinheiro está todo contado. Julgando que o marido terminou o trabalho, Maria o chama para admirar o filhinho no banho. O irmão retardado, imitando o que viu, lança ao fogo alguns papéis e o clarão mais bonito — constata — é produzido pelos maços inteiros. Por isso, num delírio de alegria, atira tudo ao fogo — os fundos públicos, recém-tirados do banco pelo tesoureiro! Nesse momento Kóstia volta à sala e vê o último pacote incendiar-se. Fora de si, precipita-se para a lareira, derruba o idiota que cai com um gemido e, sem conter um grito, retira do fogo o último pacote, semicarbonizado.

"Sua mulher, assustada, entra na sala e vê o irmão estendido ao solo. Tenta erguê-lo, mas não o consegue. Vendo sangue em suas mãos, grita ao marido que traga um pouco de água, mas ele, mergulhado em estupor, não atende. Ela, então, sai correndo para buscar a água. Do outro quarto ouve-se um grito desgarrador: a criancinha adorada está morta. Afogou-se no banho.

"Será que isto é suficientemente trágico para mantê-los alheios ao público?

Este novo exercício tocou-nos com seu melodrama e seus imprevistos, mas, mesmo assim, nada conseguimos.

— Evidentemente — disse o diretor —, o magnetismo da plateia é mais forte do que a tragédia que está acontecendo aí mesmo no palco. Já que é assim, vamos tentar outra vez, agora com o pano descido. — Voltaram, ele e o assistente, da plateia para a nossa sala de visitas, que outra vez se tornou acolhedora e amiga.

Começamos a atuar. Nas partes tranquilas do começo do exercício, saímo-nos muito bem. Mas quando chegamos aos momentos dramáticos, tive a impressão de que o que eu manifestava não era suficiente e quis fazer muito mais do que os meus sentimentos alcançavam.

Esta minha opinião se confirmou quando Tortsov falou:

— No começo vocês atuaram corretamente. Mas no final estavam fingindo que atuavam. Estavam espremendo sentimentos de dentro de vocês mesmos. Portanto, não podem pôr a culpa de tudo no buraco negro. Ele não é o único obstáculo que os impede de viver propriamente em cena, já que com o pano descido o resultado é o mesmo.

Com a desculpa de que qualquer circunstante nos atrapalhava, fomos deixados a sós para repetir o exercício. Na realidade, fomos observados por um orifício no cenário e disseram-nos que, dessa vez, fôramos, ao mesmo tempo, seguros e ruins.

— Parece que o defeito principal é a sua incapacidade de concentrar a atenção, que ainda não está preparada para o trabalho criador — disse o diretor.

2

A aula hoje foi no palco da escola, mas o pano estava erguido e as cadeiras que ficavam encostadas nele foram retiradas. Nossa saleta de visitas agora estava exposta ao auditório inteiro, e isto lhe tirava todo o ar de intimidade, transformando-a num cenário teatral comum. Fios elétricos pendiam nas paredes, em todas as direções, com lâmpadas, como para iluminação. Estávamos instalados em fila, perto da ribalta. O silêncio baixou.

— Qual das moças perdeu um salto de sapato? — perguntou, de repente, o diretor.

Os alunos se apressaram a examinar, reciprocamente, os calçados e estávamos completamente absorvidos nisso quando o diretor nos interrompeu:

— O que aconteceu, ainda agora, na sala? — perguntou-nos
Não tínhamos a menor ideia.

— Então vocês querem dizer que não perceberam o meu secretário, que, neste instante, me trouxe uns papéis para assinar?

Ninguém o notara.

— E com o pano levantado! Parece que o segredo é bem simples: *"Para fugir do auditório vocês têm de ficar interessados em alguma coisa no palco."*

Isto logo me impressionou, pois dei-me conta de que, desde o instante em que me concentrava em qualquer coisa atrás da ribalta, eu deixava de pensar no que se passava diante dela.

Lembrei-me de ter auxiliado um homem e de apanhar pregos que caíram no palco quando eu ensaiava as minhas cenas de *Otelo*. Então, absorvi-me no simples fato de catá-los e conversar com o indivíduo e me esqueci, completamente, do buraco negro para além da ribalta.

— Agora hão de compreender que o *ator deve ter um ponto de atenção e que este ponto não pode estar no auditório*.

"Quanto mais atraente for o objeto, mais se concentrará nele a atenção. Na vida real, há sempre muitos objetos que focalizam a nossa atenção, mas no teatro as condições são outras e interferem com a vida normal do ator, fazendo necessário *um esforço* para fixar a atenção. É preciso reaprender a olhar as coisas, no palco, e *vê-las*. Em vez de continuar lhes falando sobre este assunto, darei alguns exemplos.

"Deixem que os focos de luz que vão ver daqui a pouco representem para vocês determinados aspectos dos objetos que lhes são familiares na vida real e, portanto, necessários também em cena.

Fez-se completa escuridão, tanto na sala quanto no palco. Em poucos instantes surgiu uma luz sobre uma mesa perto da qual nos sentávamos. Na escuridão ambiente, essa luz era perceptível e brilhante.

— Essa lampadazinha — explicou Tortsov — brilhando na escuridão é um exemplo do *Objeto Mais Próximo*. Utilizamo-lo nos momentos de maior concentração, quando é preciso recolher toda a nossa atenção para impedi-la de se dissipar em coisas distantes.

Depois que todas as luzes se acenderam novamente, prosseguiu:

— Concentrar-se num foco de luz no meio da escuridão é relativamente fácil. Vamos repetir o exercício no claro.

Pediu a um dos alunos que examinasse o espaldar de uma poltrona. Eu deveria estudar a imitação de esmalte numa mesa. A um terceiro coube um objeto de bricabraque, a um quarto um lápis, a um quinto um pedaço de barbante, a um sexto um fósforo e por aí afora.

Paulo começou a desemaranhar o seu pedaço de barbante e eu o interrompi, dizendo que o objetivo do exercício era a concentração da atenção e não a ação e que nós devíamos apenas examinar os objetos dados e pensar neles. Como Paulo discordasse, fomos expor a nossa divergência ao diretor, que disse:

— A observação intensiva de um objeto naturalmente desperta o desejo de fazer com ele alguma coisa. Fazer qualquer coisa com ele intensifica, por sua vez, a observação do mesmo. Essa interreação mútua estabelece um contato mais forte com o objeto da atenção de vocês.

Quando voltei a fim de estudar o padrão do esmalte no topo da mesa, tive vontade de esburacá-lo com algum instrumento pontudo. Isto forçou-me a olhar o desenho mais de perto. Enquanto isso, Paulo se deixava entusiasticamente arrebatar pela sua tarefa de desatar os nós do barbante. E todos os demais se ocupavam com as coisas ou então observavam atentamente seus respectivos e diferentes objetos.

Por fim o diretor falou:

— Estou vendo que vocês todos são capazes de concentrar-se no objeto mais próximo, tanto no claro quanto no escuro.

Depois fez demonstrações, primeiro sem luz e depois com ela, de objetos a pequena distância e objetos a longa distância. Teríamos de desenvolver em torno deles uma história imaginária e mantê-los como centros da nossa atenção pelo maior período possível. Conseguimos fazê-lo quando apagaram as luzes principais.

Assim que as acenderam de novo, ele disse:

— Agora olhem em volta com muito cuidado e escolham determinada coisa, quer relativamente perto, quer mais longe, e concentrem-se nela.

Por toda parte ao redor de nós havia tantas coisas, que meus olhos, a princípio, corriam de uma para outra. Finalmente, decidi-me por uma estatuetazinha que estava sobre a lareira. Mas não consegui fixar os olhos por muito tempo. Eram atraídos por outras coisas na sala.

— É evidente que, antes de poderem estabelecer pontos de atenção médios e distantes, terão de aprender como *olhar para* as coisas e *vê-las,* em cena. É uma coisa difícil de fazer diante do público e da escura boca de cena — disse o diretor.

"Na vida real, andamos, sentamo-nos, falamos e olhamos, mas no palco perdemos todas estas faculdades. Sentimos a vizinhança do público e dizemos a nós mesmos: 'Por que estão me olhando?' E temos de reaprender desde o princípio a fazer, em público, essas coisas todas.

"Lembrem-se disto: todos os nossos atos, até mesmo os mais simples, que nos são de tal modo familiares na vida cotidiana, tornam-se forçados quando surgimos atrás da ribalta, perante um público de mil pessoas. Por isto é que temos de nos corrigir e de aprender novamente a andar, a nos mover de um lugar para outro, a nos sentar ou deitar. É essencial nos reeducarmos para olhar e ver no palco, para escutar e ouvir.

3

— Escolham determinado objeto — disse-nos hoje o diretor, depois que nos tínhamos sentado, em cena aberta. — Suponhamos que escolham aquela toalha bordada, ali, pois tem um padrão que impressiona.

Começamos a olhá-la com todo o cuidado, mas ele nos interrompeu:

— Isso não é olhar. É cravar os olhos.

Tentamos esmorecer nosso olhar, mas não pudemos convencê-lo de que estávamos vendo aquilo que olhávamos.

— Mais atentamente — ordenou o diretor.

Curvamo-nos todos para a frente.

— Muita contemplação mecânica e pouca atenção, ainda — insistiu ele.

Franzimos a testa e tive a impressão de que estávamos atentíssimos.

— Estar atento e parecer atento são duas coisas diferentes — disse. — Tirem vocês mesmos a prova e verifiquem qual é a maneira real de olhar e qual a imitativa.

Depois de inúmeros reajustamentos, acabamos por nos ajeitar tranquilamente, tentando não forçar a vista e olhamos para o pano bordado.

De repente ele caiu na risada e disse, voltando-se para mim:

— Se eu ao menos pudesse fotografá-lo exatamente como está! Você não acreditaria que algum ser humano se pudesse contorcer ao ponto de assumir uma atitude tão absurda! Seus olhos estão quase saltando das órbitas! Será que tem de fazer todo esse esforço no simples ato de olhar para alguma coisa? Menos, menos! Muito menos esforço! Relaxe! Mais... ! Será que este objeto o atrai a tal ponto que você tem de se inclinar para ele? Endireite-se! Mais, muito mais! — Finalmente, conseguiu reduzir um pouco minha tensão. Esse pouco que ele conseguiu fez para mim uma diferença enorme. Ninguém pode imaginar o alívio, a menos que já se tenha posto numa cena aberta, constrangido pela tensão dos músculos.

— Uma língua tagarela, mãos e pés que se movem mecanicamente não substituem o olhar perspicaz. Os olhos do ator que olha para um objeto e o vê atraem a atenção do espectador, e por isso mesmo indicam-lhe o que *ele* deve olhar. Reciprocamente, um olhar vago permite que a atenção do espectador se desvie do palco.

A esta altura, voltou à sua demonstração com as lâmpadas elétricas.

— Já lhes mostrei uma série de objetos tais como nós todos os temos na vida comum. Vocês viram esses objetos tal como um ator deve senti-los em cena. Vou mostrar-lhes agora como eles nunca devem ser olhados mas como, no entanto, quase sempre o são. Vou mostrar-lhes os objetos com os quais a atenção do ator quase sempre se ocupa enquanto ele está no palco.

Todas as luzes se apagaram outra vez e, na escuridão, vimos lampadazinhas que relampeavam de todos os lados. Coruscavam pelo palco e depois pela plateia afora. De repente desapareceram, e uma luz forte brilhou por cima de uma das poltronas da plateia.

— O que é isso? — perguntou uma voz no escuro.

— Aquilo é o Crítico Teatral Severo — disse o diretor. — É alvo de muita atenção nas estreias.

As luzinhas recomeçaram a brilhar, depois pararam e outra vez uma luz forte surgiu, agora sobre a poltrona do *regisseur*, na plateia. Mal essa luz se apagara, quando uma lampadazinha velada, fraca e minúscula, apareceu no palco.

— Essa — disse ele, irônico — é a pobre cúmplice do ator, que pouca atenção lhe dispensa.

Depois disto as lampadazinhas brilharam por toda parte outra vez e as grandes lâmpadas acenderam-se e apagaram-se, ora simultaneamente, ora uma de cada vez — uma orgia de luzes. Isso me lembrava a prova pública com o *Otelo*, quando a minha atenção se dispersara pelo teatro afora e só por acaso, em certos momentos, eu conseguira concentrar-me em algum objeto próximo.

— Está claro, agora — perguntou o diretor —, que o ator deve escolher o objeto da sua atenção *no palco, na peça, no papel e no cenário*? É este o difícil problema que vocês terão de resolver.

4

Hoje o assistente de direção, Rakhmanov, anunciou que o diretor lhe pedira para substituí-lo na aula, que seria de exercícios práticos.

— Prestem toda atenção — disse, num tom confiante e vivo.
— Vão fazer o seguinte exercício: selecionarei um objeto para cada um olhar. Observarão sua forma, traços, cores, pormenores,

características. Tudo isso deverá ser feito enquanto conto até trinta. Depois as luzes se apagarão para que não possam ver o objeto, e eu lhes pedirei que o descrevam. No escuro, vocês me dirão tudo o que a memória visual reteve. Conferirei, com as luzes acesas, e compararei o que me disseram com o próprio objeto. Ouçam bem. Vou começar. Maria, o espelho.

— Oh, Santo Deus! É este aqui?

— Nada de perguntas desnecessárias. Há somente um espelho na sala, um só. O ator deve ser bom no cálculo. Leão, o quadro; Gricha, o lustre; Sônia, o álbum de recortes.

— O de couro? — perguntou ela, com sua voz doce.

— Já o indiquei. Não costumo repetir. O ator deve captar as coisas no ar. Kóstia, o tapete.

— Há vários — disse Kóstia.

— Em caso de incerteza, decida por si. Pode errar, mas não hesite. O ator deve ter presença de espírito. Não pare para indagar. Vânia, o vaso; Nicolau, a janela; Dacha, o travesseiro; Vassili, o piano. Um, dois, três, quatro, cinco... — lentamente, contou até trinta.

"Apaguem a luz.

Chamou-me em primeiro lugar.

— O senhor me disse para olhar para um tapete e eu não pude decidir logo. Por isso perdi algum tempo...

— Fale menos e não se desvie do essencial.

— O tapete é persa. O fundo geral é marrom-avermelhado. As quinas estão emolduradas por uma grande orla... — prossegui com a descrição, até que o assistente ordenou:

— Luz!

— Lembrou tudo errado. Não sustentou a impressão. Dispersou-a. Leão!

— Não consegui decifrar o tema do quadro, porque está muito longe, e eu sou míope. Só vi um tom de amarelo sobre um fundo vermelho.

— Luz! Não há amarelo nem vermelho no quadro; Gricha!

— O lustre é dourado. Artigo barato. Com pingentes de vidro.
— Luz! O lustre é uma peça de museu, legítimo estilo Império. Você estava dormindo. Apaguem a luz. Kóstia, descreva o seu tapete outra vez.
— Sinto muito. Eu não sabia que teria de repetir.
— Nunca, por um segundo sequer, fiquem aí sem fazer nada. Aviso a todos, desde já, que os examinarei uma, duas, ou mais vezes, até obter uma ideia precisa das suas impressões. Leão!

Leão deixou escapar um grito sobressaltado e disse:
— Eu não estava reparando.

Afinal, fomos forçados a estudar nossos objetos até o último detalhe e descrevê-los. No meu caso, fui chamado cinco vezes antes de acertar. Esse exercício sob alta pressão durou meia hora. Nossos olhos estavam cansados e, nossa atenção, sobrecarregada. Teria sido impossível prosseguir com aquela intensidade. Por isso a aula foi dividida em duas partes, cada qual de meia hora. Depois da primeira, tivemos uma lição de dança. Depois voltamos e fizemos exatamente o que havíamos feito antes, só que o tempo de observação foi reduzido de trinta para vinte segundos. O assistente de direção observou que, oportunamente, o período de observação seria reduzido para dois segundos.

5

Tortsov continuou hoje sua demonstração com as lâmpadas elétricas.

— Até agora temos lidado com os objetos sob a forma de *pontos* luminosos. Vou mostrar-lhes, agora, um *círculo de atenção*. Consistirá num setor inteiro, de grande ou pequena dimensão e incluirá uma série de *pontos de objetos* independentes. O olhar poderá ir de um desses pontos para outro, mas não poderá ultrapassar o limite indicado para o círculo de atenção — disse ele.

Fez-se escuridão total. Um momento depois, acendeu-se uma grande lâmpada sobre a mesa perto da qual eu estava sentado. O abajur projetava o círculo de luz sobre minha cabeça e minhas mãos, iluminando fortemente o centro da mesa, onde havia uma quantidade de pequeninas coisas. Estas brilhavam, refletindo toda espécie de diferentes cores. O resto do palco e o auditório foram tragados pela escuridão.

— Esse espaço iluminado aí na mesa — disse o diretor — representa um *pequeno círculo de atenção*. Você mesmo, ou melhor, sua cabeça e suas mãos, onde a luz incide, são o centro desse círculo.

O efeito sobre mim foi como que mágico. Todas as quinquilhariazinhas sobre a mesa chamaram-me a atenção, sem qualquer esforço ou determinação da minha parte. Num círculo de luz, no meio do escuro, tem-se a sensação de estar completamente só. Dentro desse círculo de luz eu me senti até mais à vontade do que no meu próprio quarto.

Num espaço tão pequeno como o daquele círculo, pode aplicar-se a atenção concentrada ao exame de vários objetos nos seus detalhes mais intrincados e também exercer atividades mais complicadas, como, por exemplo, definir matrizes de sentimento e de pensamento. Evidentemente o diretor percebeu meu estado de espírito, pois chegou até a beira do palco e disse:

— Tome nota, imediatamente, do seu estado. É o que chamamos *solidão em público*. Você está em público porque nós todos estamos aqui. É solidão porque você está separado de nós pelo pequeno círculo de atenção. Durante uma atuação com uma plateia de milhares de pessoas, poderá sempre encerrar-se dentro desse círculo, como um caracol em sua casca.

Após uma pausa, anunciou que nos mostraria, agora, um *círculo médio*. Ficou tudo escuro. E então o *spotlight* iluminou uma área bem ampla, com um grupo de vários móveis, uma mesa, algumas cadeiras com estudantes sentados, uma quina do piano, a lareira e uma grande poltrona diante dela. Vi-me no centro do círculo médio de luz. Naturalmente não podíamos abranger tudo de uma vez, mas tínhamos de examinar aquela área pouco a pouco, cada objeto por sua vez, constituindo cada coisa dentro do círculo um ponto independente.

A maior desvantagem é que a maior área de luz produzia semitons refletidos que recaíam sobre coisas que estavam para lá do círculo, de modo que a muralha de escuridão não parecia impenetrável.

— E agora vocês têm o *grande círculo* — prosseguiu.

Toda a sala de visitas inundava-se de luz. Os outros cômodos estavam escuros mas logo se acenderam luzes também neles e o diretor salientou:

— Esse é o *maior dos círculos*. As suas dimensões dependem do alcance da vista de vocês. Aqui, nesta sala, ampliei o círculo ao máximo possível. Mas se estivéssemos numa praia ou numa planície, o círculo só seria limitado pelo horizonte. No palco, essas amplas perspectivas são fornecidas pela pintura do telão de fundo. E agora vamos tentar repetir os exercícios que vocês fizeram ainda há pouco. Só que desta vez todas as luzes ficarão acesas.

Sentamo-nos todos no palco, em torno da grande mesa com a grande lâmpada. Eu estava exatamente onde estivera poucos momentos antes e onde experimentara pela primeira vez a sensação de estar sozinho em público. Esperavam agora que renovássemos a sensação em plena luz, delimitando o círculo de atenção unicamente com um traço mental.

Quando falhamos em nossas tentativas, o diretor nos explicou por quê:

— Quando vocês têm uma mancha de luz rodeada de escuro, todos os objetos que estão dentro dela chamam-lhes a atenção porque, sendo invisível tudo que está fora dela, não existe aí atração alguma. O contorno de um círculo assim é tão nítido e a sombra ao seu redor tão sólida, que vocês não têm a menor vontade de transpor seus limites.

"Já com a luz acesa o problema é inteiramente outro. Como o círculo não tem qualquer contorno evidente, vocês são forçados a construir mentalmente esse contorno, proibindo a si mesmos de olhar para além dele. A sua atenção agora tem de substituir a luz, mantendo-os dentro de certos limites, e isso a despeito do magnetismo de toda sorte de objetos, ora visíveis, do lado de lá. Portanto, como as condições com o *spotlight* são o oposto das condições sem ele, o método de conservar o círculo tem de ser outro.

E, então, com uma série de objetos da sala, delimitou a área desejada. Por exemplo: a mesa redonda demarcava um círculo, o menor; em outra parte do palco, um tapete, um pouco maior do que a mesa sobre ele, formava um *círculo médio*; e o maior tapete da sala definia um *grande círculo*.

— Tomemos agora o apartamento todo, o *círculo maior* — disse o diretor.

A essa altura, tudo que até então me ajudara a concentrar-me falhou e eu me senti impotente.

A fim de nos animar, ele disse:

— O tempo e a prática lhes ensinarão a empregar o processo que acabo de sugerir. Não se esqueçam dele. Enquanto isso, vou mostrar outro recurso técnico que os ajudará a dirigir sua atenção. À medida que o círculo vai aumentando, a área de atenção tem de se estender. Essa área, entretanto, só pode continuar crescendo até o ponto em que ainda a puderem conter, inteira, dentro dos limites da atenção, do lado *de cá* de uma linha imaginária. *Assim que a sua fronteira começar a estremecer, vocês devem recuar imediatamente para um círculo menor,* capaz de ser abarcado por sua atenção visual.

"A essa altura vocês, muitas vezes, terão dificuldades. Sua atenção deslizará, dissipando-se no espaço. *Devem então recolhê-la, dirigindo-a, o mais depressa possível, para um ponto ou objeto único,* como, por exemplo, aquela lâmpada. Não lhes parecerá tão brilhante como parecia quando estava cercada de trevas, mas, ainda assim, será capaz de prender-lhes a atenção.

"Quando tiverem determinado esse ponto, cerquem-no de um pequeno círculo, com a lâmpada como centro. Depois aumentem-no para um círculo médio, que incluirá vários círculos menores. Não é necessário que cada um seja reforçado por um ponto central. Se não puderem dispensar esse ponto, escolham outro objeto e cerquem-no de outro pequeno círculo. Apliquem o mesmo processo a um círculo médio.

Mas cada vez que nossa zona de atenção era ampliada até um certo ponto, perdíamos seu controle. A cada experiência fracassada, o diretor fazia novas tentativas. Depois de algum tempo, passou para outra fase da mesma ideia.

— Já repararam — disse ele — que até agora vocês estiveram sempre no centro do círculo? Entretanto poderão, às vezes, achar-se do lado de fora. Por exemplo...

Ficou tudo escuro. Depois, uma luz se acendeu no teto da sala anexa, projetando um clarão sobre a toalha branca e os pratos.

— Agora vocês estão além dos limites do seu pequeno círculo de atenção. Têm agora um papel passivo, de observação. À medida que o círculo de luz vai-se ampliando e cresce a área iluminada da sala de jantar, também o círculo de atenção de vocês vai-se tornando maior e a sua zona de observação se expande proporcionalmente. Podem também usar o mesmo sistema de escolher pontos de atenção dentro desses círculos que estão além de vocês.

6

Quando exclamei hoje que não queria jamais ter de me separar do círculo pequeno, o diretor replicou:

— Você pode levá-lo consigo aonde quer que vá, em cena ou fora dela. Suba ao palco e ande. Mude de cadeira. Faça como se estivesse em casa.

Subi e dei vários passos para a lareira. Fez-se escuridão total. Depois, de alguma parte, surgiu um *spotlight,* que acompanhava meus movimentos. Embora perambulando, sentia-me à vontade e confortável, no centro de um pequeno círculo. Andei de um lado a outro da sala, com o *spot* me seguindo. Fui até a janela e ele também veio. Sentei-me ao piano, com a luz, ainda. Isto me convenceu de que o pequeno círculo de atenção que anda com a gente era a coisa mais essencial e mais prática que já me haviam ensinado.

CONCENTRAÇÃO DA ATENÇÃO

Para demonstrar seu uso, o diretor narrou-me um conto hindu, sobre um marajá que, na hora de escolher um ministro, declarou que só aceitaria o indivíduo que fosse capaz de *dar* volta à cidade andando sobre a sua muralha, tendo na mão um prato cheio de leite até a beira, sem derramar uma só gota. Vários candidatos, ouvindo gritos, assustando-se ou então levados por outras distrações, deixaram entornar o leite. "Esses", disse o marajá, "não são ministros."

Veio outro então, e nenhum brado, nenhuma ameaça, nenhum tipo de distração conseguiam fazê-lo despregar os olhos da beira da tigela.

— Fogo! — exclamou o comandante das tropas militares.

Atiraram, mas sem qualquer resultado.

— Eis aí um verdadeiro ministro — exclamou o marajá.

— Você não ouviu a gritaria? — perguntaram.

— Não.

— Escutou os tiros?

— Não. Eu estava vigiando o leite.

Como outra demonstração do círculo ambulante, desta vez concreta, entregaram a cada um de nós um arco de madeira. Uns eram maiores, outros menores, conforme o tamanho do círculo que se queria criar. Enquanto a pessoa vai andando com o seu arco, faz uma ideia do centro móvel de atenção que tem de aprender e levar consigo. Achei mais fácil adaptar a sugestão de fazer um círculo com uma série de objetos. Podia dizer a mim mesmo: "A ponta do meu cotovelo esquerdo, passando pelo corpo até meu cotovelo direito e incluindo as minhas pernas, que vêm para a frente enquanto eu ando, isto será o meu círculo de atenção." Verifiquei que podia facilmente levar comigo esse círculo por toda parte, encerrar-me nele e lá dentro encontrar a solidão em público. Mesmo a caminho de casa, na confusão da rua, ao fulgor do sol, achei que era muito mais fácil traçar essa linha ao redor de mim mesmo e ficar dentro dela do que no teatro, com a luz da ribalta amortecida e um arco.

7

— Até agora estivemos lidando com o que chamamos atenção exterior — disse hoje o diretor. — Esta se dirige a objetos materiais, situados fora de nós.

Prosseguiu explicando o que significa a "atenção interior", que focaliza coisas que vemos, ouvimos, tocamos e sentimos, em circunstâncias imaginárias. Recordou-nos o que dissera antes sobre a imaginação e como tínhamos sentido que a fonte de uma determinada imagem era interior e, entretanto, era transportada, mentalmente, para fora de nós. Ao fato de que vemos essas imagens com a nossa visão interior, acrescentou que o mesmo se aplica aos nossos sentidos auditivo, olfativo, tátil e gustativo.

— Os objetos da sua "atenção interior" estão espalhados por toda a extensão dos seus cinco sentidos — disse.

"O ator, em cena, vive dentro de si mesmo ou fora. Vive uma vida real ou uma vida imaginária. Esta vida abstrata contribui com uma fonte inesgotável de material para a nossa concentração interior de atenção. O que dificulta seu uso é a sua fragilidade. As coisas materiais que nos cercam em cena requerem uma atenção bem exercitada, mas os objetos imaginários exigem um poder de concentração muitíssimo mais disciplinado.

"O que eu lhes disse nas aulas precedentes sobre a atenção exterior aplica-se, no mesmo grau, à atenção interior. Ela tem importância especial para o ator porque grande parte da sua vida se desenvolve no reino do imaginário.

"Além do trabalho no teatro, vocês têm de continuar o treinamento em suas vidas cotidianas. *Para isto podem utilizar os exercícios que elaboramos para a imaginação, pois têm a mesma eficácia quando se trata de concentrar a atenção.*

"À noite, quando já estiverem deitados, com a luz apagada, treinem-se na recordação de todo o seu dia, buscando incluir todos os detalhes concretos que puderem. Se evocarem uma refeição, não se lembrem só da comida, mas visualizem os pratos em que foi servida e a sua disposição geral. Tragam de volta todos os pensamentos e emoções interiores que foram despertados pela conversa durante a refeição. Em outras horas, refresquem suas recordações anteriores.

"Esforcem-se por evocar minuciosamente os apartamentos, as salas e os diversos lugares por onde tenham passado, onde tenham tomado chá, e visualizem, individualmente, os objetos relacionados com essas atividades. Procurem lembrar, também, com a maior nitidez possível, os amigos e também os estranhos e até mesmo outras pessoas, já falecidas. É este o único modo de desenvolver capacidade de atenção interior e exterior forte, afiada e sólida. Para consegui-lo, é preciso um trabalho prolongado e sistemático.

"O trabalho consciencioso e cotidiano exige que tenham muita força de vontade, determinação e resistência.

8

Na aula de hoje, o diretor disse:

— Andamos fazendo experiências com a atenção interior e exterior e utilizando os objetos de um modo mecânico, fotográfico, formal.

Lidamos com uma atenção arbitrária, de origem intelectual. Os atores precisam dela, mas não com muita frequência. É sobretudo útil para recuperar a atenção dispersa. A simples contemplação de um objeto ajuda-nos a corrigi-la. Mas não pode prender muito tempo. Para agarrar firmemente o nosso objetivo quando representamos, é preciso outro tipo de atenção, que provoque uma reação emocional. Temos de ter alguma coisa que *nos interesse* no objeto da nossa atenção, algo que sirva para pôr em movimento toda a nossa aparelhagem criadora.

Está claro que não é preciso dotar cada objeto de uma vida imaginária, mas devemos ser sensíveis à sua influência sobre nós.

Como exemplo da diferença entre a atenção baseada no intelecto e a que se baseia no sentimento, disse-nos:

— Vejam este candelabro antigo. Remonta aos tempos do imperador. Quantos braços tem? Qual é sua forma, seu desenho? Ao examinar este candelabro, vocês têm usado a atenção exterior, intelectual. Agora quero que me digam: Gostam dele? Se gostam, o que é que os atrai, especialmente? Para que pode servir? Vocês podem dizer-se interiormente: é possível que este lustre estivesse na casa de algum marechal de campo quando recebeu Napoleão. Pode até ter pendido do teto da sala do próprio imperador francês quando assinou a lei histórica referente aos regulamentos do *Théâtre Français,* de Paris. Neste caso, o seu objeto ainda é o mesmo. Mas agora vocês sabem que as circunstâncias imaginadas podem transformar o próprio objeto, acentuando a reação que ele provoca nas suas emoções.

9

Vassili disse hoje que lhe parecia não só difícil, mas impossível ficar pensando ao mesmo tempo no papel, nos processos técnicos, na plateia, nas palavras do texto, nas deixas e, ainda por cima, em vários pontos de atenção.

— Você se sente incapaz diante dessa tarefa — disse o diretor —, e no entanto qualquer simples malabarista de circo não hesitaria em enfrentar coisas muito mais complicadas, e correndo risco de vida.

"Ele pode fazê-lo porque a atenção é feita de várias camadas, e estas não interferem umas com as outras. Felizmente, o hábito automatiza a maior parte da nossa atenção. O período mais difícil são as primeiras fases do aprendizado.

"Naturalmente, se até agora vocês pensavam que o ator só conta com a inspiração, terão de mudar de ideia. O talento sem o trabalho nada mais é do que matéria-prima sem acabamento, no estado bruto.

Veio em seguida uma discussão com Gricha, acerca da quarta parede; a questão era como visualizar um objeto nela, sem olhar para o público. A isto o diretor respondeu:

CONCENTRAÇÃO DA ATENÇÃO

— Suponhamos que você esteja olhando para essa quarta parede inexistente. Ela está muito perto. Como deve focalizar os olhos? Quase no mesmo ângulo como se olhasse para a ponta do nariz. É a única forma possível de fixar a atenção num objeto que estiver nessa quarta parede.

"E no entanto, o que faz a maioria dos atores? Fingindo que olham para essa parede imaginária, fixam os olhos em alguma pessoa sentada na plateia. Seu ângulo visual é muito diferente do que teria de ser para focalizar um objeto próximo. Você pensa que o ator, o comparsa que contracena com ele, ou o espectador, tira alguma satisfação desse erro fisiológico? Pode ele acaso enganar a própria natureza, ou a nossa, fazendo coisa tão anormal?

"Suponhamos que seu papel lhe peça que olhe para a linha do horizonte, no mar, onde se pode avistar a vela de uma embarcação. Lembra-se de como seus olhos estarão focalizados para enxergá-la? Estarão olhando em linhas quase paralelas. Para pô-los nessa posição, quando estiver no palco, você terá de remover, mentalmente, a parede do extremo oposto do auditório e de encontrar, muito além dela, um ponto imaginário no qual possa fixar a atenção. Também neste caso o ator, em geral, costuma deixar que seus olhos se focalizem como se ele estivesse olhando alguém na plateia.

"Quando, com o auxílio da técnica necessária, você aprender a situar um objeto no devido lugar, quando compreender a relação entre visão e distância, então será menos perigoso olhar na direção do auditório, deixando a visão ultrapassar os espectadores ou, então, deter-se aquém deles. Por enquanto, volte o rosto para a direita ou para a esquerda, para cima, ou de lado. Não tenha medo de que os seus olhos não sejam vistos. Ademais, quando sentir necessidade natural de fazê-lo, verá que os seus olhos se voltarão, espontaneamente, para um objeto além da ribalta. Quando isto suceder, será feito naturalmente, instintivamente e corretamente. A menos que sinta essa necessidade subconsciente, evite olhar para essa inexistente quarta parede, ou para a distância, até que tenha dominado a técnica com a qual é possível fazê-lo.

10

Na aula de hoje, Tortsov disse:

— O ator deve ser observador não só em cena, mas também na vida real. Deve concentrar-se, com todo o ser, em tudo que lhe chame a atenção. Deve olhar para um objeto não como qualquer transeunte distraído, mas penetrantemente. De outro modo, todo o seu método criador será descalibrado, não terá relação alguma com a vida.

"Há pessoas dotadas pela natureza com poderes de observação. Sem esforço, formam uma nítida impressão de tudo o que for mais significativo, típico ou colorido. Ouvindo essa gente falar, ficamos impressionados com a quantidade de coisas que as criaturas pouco observadoras deixam escapar.

"Outros não conseguem desenvolver esse poder de observação sequer o bastante para proteger os seus mais simples interesses. Quão mais incapazes hão de ser, então, de fazê-lo para estudarem a vida!

"As pessoas, em média, não têm noção alguma de como observar a expressão facial, o aspecto do olhar, o tom de voz, a fim de entender o estado de espírito daqueles com quem conversam. São igualmente incapazes de captar ativamente as complexas verdades da vida e de escutar de modo a compreenderem o que ouvem. Se o pudessem fazer, a vida seria melhor e mais fácil para elas, e seu trabalho criador seria imensamente mais rico, nobre e profundo. Mas não se pode pôr numa pessoa aquilo que ela não tem; ela apenas pode tentar desenvolver o dom que acaso possua. Quanto à atenção, esse desenvolvimento exige uma tremenda quantidade de trabalho, tempo, vontade de vencer e exercícios sistemáticos.

"Como se pode ensinar às pessoas pouco observadoras a perceberem o que a natureza e a vida estão tentando mostrar-lhes? Antes de mais nada, é preciso ensinar-lhes a olhar e ouvir o que é belo. Esses hábitos elevam-lhes o espírito e despertam sentimentos que deixarão traços profundos na sua memória de emoções. Nada na vida é mais belo do que a natureza, e ela deve ser objeto de constante observação. Para começar, tomem uma pequena flor, ou uma pétala, ou uma teia de aranha, ou um desenho traçado pelo gelo na vidraça. Procurem expressar em palavras o que existe nessas coisas que nos dá prazer. Esse esforço fará com que observem o objeto mais de perto, mais eficazmente, a fim de apreciá-lo e definir-lhe as qualidades. E não evitem o lado mais sombrio da natureza. Procurem-no nos charcos, no limo do mar, no meio das pragas de insetos e lembrem-se de que atrás desses fenômenos há beleza, da mesma forma que no belo existe o feio. O que é belo não deve temer a desfiguração. Esta, com efeito, muitas vezes acentua a beleza e dá-lhe maior relevo.

"Busquem encontrar tanto a beleza quanto o seu oposto e defini-los; aprendam a conhecê-los e a enxergá-los. De outro modo, seu conceito de beleza será incompleto, açucarado, bonitinho, sentimental.

"Voltem-se depois para o que a raça humana produziu nas artes plásticas, na literatura e na música.

"No fundo de todo processo de obtenção de material criador para o nosso trabalho jaz a emoção. Mas o sentimento não substitui uma dose imensa de trabalho por parte do nosso intelecto. Vocês talvez receiem que os pequeninos toques que os seus cérebros possam acrescentar por conta própria venham estragar o material que extraíram da vida? Não há perigo. Frequentemente, esses acréscimos originais o realçam muito, quando acreditamos neles com real sinceridade.

"Permitam-me falar-lhes sobre uma velha que vi, certa vez, empurrando um carrinho de bebê por uma avenida. Dentro havia uma gaiola com um canarinho. A mulher, provavelmente, metera todos os seus embrulhos no carrinho a fim de levá-los mais facilmente para casa. Mas eu queria ver as coisas por um prisma diferente e assim decidi que a pobre velha tinha perdido todos os seus filhos e netos e a única criatura viva que restava era... aquele canário. Por isso o levava para um passeio na avenida, como fizera, não havia muito, com o netinho, agora perdido. Tudo isso é mais interessante e mais adequado ao teatro do que a verdade dos fatos. Por que não deveria eu guardar essa impressão no armazém da memória? Não sou nenhum agente do censo, responsável pela exatidão dos fatos que colige. Sou um artista, preciso de material capaz de tocar minhas emoções.

"Depois que aprenderem a observar a vida à sua volta e a explorá-la para o seu trabalho, vocês se voltarão para o estudo do material emocional mais necessário, importante e vivo, em que se baseia a sua principal criatividade. Refiro-me às impressões que vocês obtêm no intercâmbio direto e pessoal com os outros seres humanos. Esse material é difícil de conseguir porque é em grande parte intangível, indefinível e só perceptível no íntimo. É verdade que muitas experiências invisíveis, espirituais, se refletem na nossa expressão facial, nos nossos olhos, na voz, na palavra, nos gestos, mas ainda assim não é nada fácil sentir, perceber o âmago de um outro ser, porque as pessoas nem sempre abrem as portas de suas almas e deixam que outros as vejam como realmente são.

"Quando o mundo interior de alguém que estiverem observando evidenciar-se através dos atos, pensamentos e impulsos, sigam seus atos cuidadosamente e estudem as condições em que ela se encontra. Por que fez isto ou aquilo? O que é que tinha em mente?

"Muitas vezes não podemos, por meio de dados definidos, chegar a conhecer a vida interior da pessoa que estudamos e só podemos sondá-la através do sentimento intuitivo. Aí estamos tratando com o tipo mais delicado de concentração da atenção e com poderes de observação cuja origem é subconsciente. O nosso tipo comum de atenção não tem bastante alcance para efetuar o processo de penetração na alma de outra pessoa.

"Se lhes assegurasse que sua técnica pode ir tão longe, eu os estaria enganando. À medida que progredirem, irão aprendendo um número cada vez maior de meios de estimular os próprios subconscientes, fazendo-os participar dos seus processos de criação, mas temos de reconhecer que é impossível reduzir a uma técnica científica esse estudo da vida interior de outros seres humanos.

CAPÍTULO VI Descontração dos músculos

Quando o diretor entrou na sala, chamou-nos a Maria, Vânia, e a mim para representarmos a cena em que se queima o dinheiro.

Subimos ao palco e começamos.

A princípio as coisas iam bem. Mas quando chegamos ao momento trágico, senti que alguma coisa vacilava dentro de mim e, para proporcionar-me algum apoio exterior, premi, com toda a força, um objeto qualquer que estava sob a minha mão. De repente algo estalou. Ao mesmo tempo, senti uma dor aguda, um líquido morno molhou minha mão.

Não sei ao certo quando desmaiei. Recordo-me de uma confusão de sons. Depois disso uma crescente fraqueza, tontura e, depois, a inconsciência.

Meu infeliz acidente (esfolara uma artéria, perdendo tanto sangue que fiquei de cama alguns dias) levou o diretor a fazer uma alteração nos planos, dando início, antes da data programada, a uma parte do nosso treinamento físico. Paulo deu-me uma súmula das suas observações.

Tortsov dissera:

— Vai ser preciso interromper o desenvolvimento estritamente sistemático de nosso programa e explicar-lhes, um pouco antes da ordem habitual, um passo importante a que chamamos *libertar nossos músculos*. O momento em que eu lhes deveria falar sobre isso é quando chegássemos à parte exterior do nosso treinamento. Mas a situação de Kóstia força-nos a discutir agora esse tema.

"*Assim no início de nosso trabalho, vocês não podem conceber o mal que resulta dos espasmos musculares e da contração física.*

Quando essa condição ocorre nos órgãos vocais, uma pessoa, normalmente dotada de boas tonalidades naturais, fica rouca ou chega mesmo a perder a voz. Se a contração ataca as pernas, o ator anda como um paralítico; se está nas mãos, ficam dormentes e movem-se como pedaços de pau. O mesmo tipo de espasmo ocorre na espinha, no pescoço e nos ombros. Em cada um desses casos, eles tolhem o ator, impedindo-o de atuar. O pior, contudo, é quando essa condição lhe afeta o rosto, distorcendo-lhe as feições, paralisando-as, ou petrificando-lhe a expressão. Os olhos se esbugalham, os músculos tensos dão ao rosto um ar desagradável, fazendo-o exprimir exatamente o oposto do que vai dentro do ator, sem qualquer relação com suas emoções. Os espasmos podem atacar o diafragma e outros órgãos ligados à respiração, interferindo com o seu procedimento e encurtando o fôlego. Essa rigidez muscular também afeta outras partes do corpo e só pode exercer um efeito destruidor nas emoções que o ator experimenta, na sua forma de expressá-las e no seu estado geral de sensibilidade.

"Para convencê-los de como a tensão física paralisa nossas ações e está ligada à nossa vida interior, façamos uma experiência: ali está um piano de cauda. Procurem levantá-lo.

Cada um por sua vez, os alunos fizeram esforços tremendos e só conseguiram erguer uma quina do pesado instrumento.

— Enquanto mantém o piano erguido, multiplique, depressa, 37 vezes nove — disse o diretor a um dos alunos. — Não pode? Então, use a sua memória visual para recordar todos os armazéns que há na rua, desde a esquina até o teatro... Também não consegue? Então cante para mim a cavatina do *Fausto*... Está sem sorte? Bem, procure lembrar-se do sabor de um picadinho de rins, ou da sensação que dá ao toque o veludo de seda; ou do cheiro de queimado.

Para executar essas ordens, o estudante deixou cair o canto do piano, que segurava com grande esforço, descansou um instante, recapitulou as perguntas que lhe foram feitas, deixou-as penetrar na consciência e, então, começou a reagir a elas, evocando cada uma das sensações pedidas. Depois disso renovou seu esforço muscular e, com dificuldade, levantou uma quina do piano.

— Está vendo, portanto — disse Tortsov —, que para responder às minhas perguntas você teve de largar o peso, relaxar os músculos, e só depois pôde dedicar-se ao exercício dos seus cinco sentidos.

"Isto então não prova que a rigidez muscular interfere com a experiência emocional interior? Enquanto se tem essa tensão física é impossível sequer pensar em delicadas nuanças de sentimento ou na vida espiritual do papel. Por conseguinte, antes de tentar criar qualquer coisa, vocês têm de pôr os músculos em condição adequada, para que não lhes estorvem as ações.

"Aqui temos o convincente caso do acidente de Kóstia. Vamos esperar que o seu infortúnio sirva de lição eficaz, tanto a ele como a vocês todos, sobre o que não devem fazer em cena.

— Mas será possível a gente livrar-se dessa tensão? — perguntou alguém.

O diretor recordou o ator descrito em *Minha vida na arte*, que sofria de uma tendência extraordinariamente forte para os espasmos musculares. Com o auxílio de hábitos adquiridos e de constantes verificações, conseguiu chegar ao ponto em que os músculos, assim que ele pisava em cena, começavam a amolecer. O mesmo se dava nos momentos críticos da criação do papel: seus músculos, espontaneamente, tentavam despojar-se de toda tensão. Não é somente um forte espasmo muscular generalizado que impede o bom funcionamento; até mesmo a mais ínfima pressão, num determinado ponto, é capaz de entravar a faculdade criadora. Permitam-me citar-lhes um exemplo. Certa atriz, de esplêndido temperamento, só conseguia usá-lo em raros e casuais intervalos. Habitualmente suas emoções eram substituídas pelo puro esforço. Trabalhou-se com ela visando a afrouxar-lhe os músculos, mas o resultado foi apenas parcial. Por puro acaso, nos trechos dramáticos do papel, sua sobrancelha direita contraía-se, um quase nada. Eu então sugeri que, quando chegasse a essas transições difíceis do papel, procurasse livrar-se de toda a tensão no rosto, libertando-o completamente. Quando conseguiu fazer isto, todos os outros músculos do seu corpo relaxaram-se espontaneamente. Ela se transformou. O corpo ficou leve, o rosto móvel, exprimindo vivamente suas emoções interiores. Seus sentimentos ganharam livre acesso à superfície.

"Vejam só: a pressão de um músculo, num só ponto, conseguira desequilibrar-lhe o organismo todo, espiritual e fisicamente!

2

Nicolau, que me veio hoje, afirma que Tortsov disse ser impossível libertar o corpo inteiramente de toda tensão desnecessária. Além de ser impossível, é também supérfluo. Entretanto Paulo, das mesmas observações de Tortsov, concluiu que relaxar os músculos é uma obrigação imprescindível para nós, tanto em cena como na vida real.

Como conciliar essas contradições?

Como Paulo veio depois de Nicolau, reproduzo sua explicação:

— Como ser humano, o ator está inevitavelmente sujeito à tensão muscular. Sempre que se mostrar em público, ela entrará em ação. Pode livrar-se da pressão nas costas — e ela irá para o ombro; expulse-a daí e aparecerá no diafragma. Constantemente, num lugar ou em outro há de haver pressão.

"Nas pessoas nervosas da nossa geração, essa tensão muscular é inevitável. Destruí-la totalmente é impossível, mas temos de lutar com ela sem parar. O nosso método consiste em desenvolver uma espécie de controle, como se fosse um observador. Esse observador, em todas as circunstâncias, terá de impedir que haja, em qualquer ponto, a menor quantidade extra de contração. Esse processo de auto-observação e remoção da tensão desnecessária deve ser desenvolvido ao ponto de se transformar num hábito subconsciente, automático. E isto só não basta. Há de ser um hábito normal e uma necessidade natural não só nos trechos mais tranquilos do papel mas, principalmente, nas horas de mais alto voo nervoso e físico.

DESCONTRAÇÃO DOS MÚSCULOS

— O que é que você está dizendo? — exclamei. — Que a gente não deve ficar tenso nas horas de excitação?

— Você não só não deve ficar tenso — explicou Paulo —, como deve aumentar ainda mais o seu esforço para relaxar.

Prosseguindo, repetiu as palavras do diretor, dizendo que os atores geralmente se forçam nos trechos emocionantes. Portanto, nos trechos de grande tensão, é "particularmente necessário conseguir uma libertação muscular total". Com efeito, nos pontos culminantes do papel, a tendência para o relaxamento deveria tornar-se mais normal do que a tendência à contração.

— Será que isso é mesmo exequível? — perguntei.

— O diretor garante que é — disse Paulo. — É verdade que acrescenta que, embora seja impossível livrarmo-nos de toda a tensão num momento emocionante, podemos, entretanto, aprender a relaxar constantemente. "Deixe vir a tensão", diz ele, "se não puder evitá-la. Mas, imediatamente, deixe que o seu controle venha removê-la."

Até esse controle se transformar em hábito automático, será preciso dedicar-lhe muita atenção, e isso prejudicará nosso trabalho criador. Mais tarde, esse relaxamento dos músculos deverá tornar-se coisa normal. Esse hábito deve ser desenvolvido diariamente, constantemente, sistematicamente, tanto em nossos exercícios na escola como em casa. Deve prosseguir quando nos deitamos ou nos levantamos, comemos, andamos, trabalhamos, descansamos. Nos instantes de alegria e de sofrimento. O *controlador* dos nossos músculos deve tornar-se parte da nossa conformação física, uma segunda natureza. Só então deixará de interferir quando estivermos ocupados com o trabalho criador. Se relaxarmos os nossos músculos apenas em certas horas especialmente reservadas para isso, não alcançaremos resultados, pois esses exercícios não formam costume, não se podem transformar em hábitos mecânicos, inconscientes.

Quando manifestei minhas dúvidas sobre a possibilidade de fazer o que Paulo acabara de me explicar, ele citou como exemplo a experiência do próprio diretor. Parece que nos seus primeiros anos de atividade artística, a tensão muscular desenvolveu-se nele a ponto de quase lhe causar câimbra. Entretanto, desde que desenvolveu o controle mecânico, ele, nas horas de intensa excitação nervosa, tem antes necessidade de relaxar os músculos do que de endurecê-los.

3

Hoje recebi, também, uma visita de Rakhmanov, o assistente de direção, um homem muito agradável. Trouxe-me saudações de Tortsov e disse que este o enviara para instruir-me em alguns exercícios.

O diretor dissera:

— Kóstia não pode andar ocupado enquanto está lá, estendido na cama, por isso é bom que ele tente passar o tempo de modo convincente.

O exercício consiste em deitar-me de costas numa superfície dura e plana, como por exemplo o chão, e tomar nota de vários grupos musculares — em toda a extensão do meu corpo — que estiverem necessariamente tensos.

— Sinto uma contração no ombro, no pescoço, na omoplata, em volta da cintura...

Os lugares observados devem ser logo postos em relaxamento e outros devem ser procurados. Tentei executar este simples exercício diante de Rakhmanov, só que, em vez de me deitar no chão, permaneci deitado no meu leito macio. Depois de ter relaxado os músculos tensos, deixando apenas os que me pareciam necessários para suster o peso do corpo, citei os seguintes pontos: ambas as omoplatas e a base da coluna vertebral. Mas Rakhmanov fez objeção.

— Você deve fazer como as criancinhas e os animais — disse com firmeza.

DESCONTRAÇÃO DOS MÚSCULOS

Ao que parece, quando deitamos um nenezinho ou um gato sobre um pouco de areia para descansar ou dormir, e depois o erguemos cuidadosamente, achamos a impressão de seu corpo todo na superfície macia. Mas se fizermos a mesmíssima experiência com uma pessoa da nossa enervada geração, apenas veremos sobre a areia as marcas das suas omoplatas e ancas, enquanto que todo o resto do corpo, graças à tensão muscular crônica, jamais terá tocado na areia.

Para deixar uma impressão escultural em alguma superfície macia, temos, ao nos deitar, de libertar nosso corpo de toda e qualquer contração muscular. Isto dará ao corpo uma oportunidade melhor de descansar. Deitando-nos assim, podemos, em meia hora ou uma, restaurar-nos melhor do que se passássemos uma noite inteira deitados numa posição contraída. Não é à toa que os caravaneiros usam este processo. Não podem ficar muito tempo no deserto, por isso é limitado o tempo que podem conceder ao repouso. Em vez de um longo descanso, eles obtêm o mesmo resultado libertando seus corpos, inteiramente, da tensão muscular. O assistente de direção utiliza esse método constantemente nos seus curtos períodos de descanso entre o trabalho da tarde e o da noite. Após dez minutos desse tipo de descanso, sente-se completamente restaurado. Sem essa *pausa para respirar,* ser-lhe-ia de todo impossível dar conta do trabalho que lhe toca.

Assim que saiu Rakhmanov, fui procurar nosso gato e o deitei numa das macias almofadas do meu sofá. Deixou de seu corpo uma impressão completa. Resolvi aprender com ele a descansar.

O diretor diz: "O ator, como a criancinha, tem de aprender tudo desde o começo, a olhar, a andar, a falar etc. Nós todos sabemos fazer essas coisas na vida cotidiana. Mas, infelizmente, em nossa grande maioria, fazemo-las mal. Um motivo é que qualquer defeito surge muito mais perceptível sob a plena luz da ribalta, e outro é que o palco exerce uma influência má no estado geral do ator."

Evidentemente, essas palavras de Tortsov também se aplicam ao modo de deitar. É por isso que eu, agora, me deito no sofá junto com o gato. Vejo-o dormir e tento imitar sua maneira de o fazer. Mas não é coisa fácil deitar-se de modo que nenhum músculo fique tenso e todas as partes do corpo toquem a superfície. Não posso afirmar que seja difícil notar este ou aquele músculo contraído. Mas o problema é que, assim que a gente se livra de um músculo tenso, outro aparece e um terceiro, e assim por diante. Quanto mais os notamos, mais cresce o seu número. Por algum tempo consegui libertar-me da tensão localizada no pescoço e nas costas. Não posso afirmar se isso me deu qualquer sensação de vigor renovado, mas o fato é que esclareceu, para mim, como estamos sujeitos a tantas tensões supérfluas, prejudiciais, sem disso nos darmos conta. Quando se pensa na sobrancelha daquela atriz contraindo-se traiçoeira é que se começa, realmente, a temer a tensão física.

Parece que minha dificuldade maior é a de ficar perplexo em meio a uma variedade de sensações musculares. Isso multiplica por dez o número dos pontos de tensão, além de aumentar a intensidade de cada um deles. Acabo ficando sem saber onde tenho as mãos ou a cabeça.

Como os exercícios de hoje me cansaram! Não dá nenhum descanso esse jeito de deitar que andei tentando!

4

Hoje Leão passou por aqui e me falou sobre os exercícios praticados em aula. Rakhmanov, por ordem do diretor, mandava os estudantes ficarem imóveis e depois assumirem uma série de poses, tanto verticais como horizontais, sentando-se aprumados, semissentados, de pé, de joelhos, agacha dos, sozinhos, em grupos, com cadeiras, com uma mesa ou outro móvel. Em cada uma das posições tinham de notar os músculos tensos e enumerá-los. Está

DESCONTRAÇÃO DOS MÚSCULOS

claro que em cada pose determinados músculos ficavam tensos. Mas só os que estivessem diretamente envolvidos é que podiam continuar contraídos e nenhum outro ao redor deles. Era preciso lembrar, também, que há vários tipos de tensão: um músculo que fosse necessário para manter uma determinada posição podia contrair-se, mas apenas o mínimo indispensável para a pose.

Todos esses exercícios requeriam do *controlador* uma fiscalização intensificada. O troço não é tão simples como parece. Antes de tudo, requer uma capacidade de atenção altamente treinada, capaz de ajustar-se com rapidez e de estabelecer distinção entre várias sensações físicas. Numa pose complicada não é fácil saber quais são os músculos que se deve contrair e quais não se devem.

Assim que Leão saiu, recorri ao gato. Seja qual for a posição que eu invente para ele, quer o deite de cabeça para baixo, de lado, ou de costas, fica pendurado por uma pata de cada vez, ou pelas quatro juntas. Em todos os casos é fácil notar que ele primeiro se recurva como uma mola e depois, com uma facilidade extraordinária, ajeita os músculos, afrouxando aqueles de que não precisa e mantendo rijos os que está utilizando. Que adaptabilidade espantosa!

Durante minha sessão com o gato, quem é que havia de aparecer senão Gricha! Não era mais — de modo algum — a mesma criatura, sempre a discutir com o diretor, e fez-me um relatório interessantíssimo das aulas. Falando sobre o relaxamento dos músculos e a tensão necessária para sustentar uma atitude, Tortsov contara uma história, tirada de sua própria vida: em Roma, numa casa particular, tivera a oportunidade de assistir a uma demonstração de provas de equilíbrio, por uma senhora norte-americana, interessada na restauração de esculturas antigas. Recolhendo pedaços quebrados e reunindo-os, ela tentava reconstituir a pose original da estátua. Nessa tarefa teve de fazer um estudo minucioso do peso do corpo humano e descobrir, experimentando com o seu próprio corpo, onde se localiza o centro de gravidade em cada pose determinada. Adquiriu extraordinário tino para descobrir rapidamente em si mesma os centros que estabelecem o equilíbrio. Na ocasião referida, levou empurrões, foi atirada para todos os lados, forçada a tropeçar, posta em posições aparentemente insustentáveis, mas em cada um dos casos mostrou-se capaz de manter o equilíbrio. Mais ainda: com dois dedos, aquela senhora conseguiu derrubar um cavalheiro assaz imponente. Também isso ela aprendera estudando os centros de gravidade. Sabia encontrar os pontos que ameaçavam o equilíbrio do seu oponente e derrubá-lo, sem o menor esforço, apenas empurrando-o nesses pontos.

Tortsov não ficou sabendo o segredo da sua arte. Mas, contemplando-a, compreendeu a importância dos centros de gravidade. Viu até que ponto de agilidade, flexibilidade e adaptabilidade pode treinar-se o corpo humano e que nessa tarefa os músculos fazem o que for necessário por um senso de equilíbrio.

5

Hoje Leão veio contar-me o progresso do treinamento na escola. Parece que foram feitos substanciais acréscimos ao programa. Tortsov insistiu para que cada pose, deitada ou de pé, não só ficasse sujeita ao controle de auto-observação, como também se baseasse em alguma ideia imaginativa e fosse acentuada por *circunstâncias dadas*. Com isto, deixa de ser uma simples pose. Transforma-se em ação. Suponhamos que eu levante a mão acima da cabeça e diga para mim mesmo: "*Se* eu estivesse assim, de pé, e acima de mim, num galho elevado, houvesse um pêssego, o que eu deveria fazer para apanhá-lo?"

Basta acreditar nessa ficção e imediatamente uma pose sem vida vira um ato real, vivo, com um objetivo definido: colher o pêssego. Basta sentirmos a veracidade desse ato, e nossa intenção e subconsciente virão socorrer-nos. A tensão supérflua logo desaparecerá, os músculos necessários entrarão em jogo e tudo isto se passará sem a interferência de qualquer técnica consciente.

DESCONTRAÇÃO DOS MÚSCULOS

Nunca deve haver em cena uma pose sem base. Na verdadeira arte criadora, e em qualquer arte séria, não há lugar para convencionalismos teatrais. Se for necessário usar uma pose convencional é preciso dar-lhe fundamento, para que possa servir a um propósito interior.

Leão prosseguiu contando certos exercícios que foram feitos hoje e depois demonstrou-os. Era engraçado ver sua gorda figura estendida em meu sofá, na primeira pose que lhe ocorreu. Metade do corpo caía para fora, o rosto perto do chão, e um braço estendido para a frente. Sentia-se que estava pouco à vontade e não sabia que músculos devia flexionar e quais relaxar.

De repente exclamou:

— Lá vai uma mosca enorme! Veja só como a esmago!

Nesse instante, esticou-se em direção a um ponto imaginário para aplastar o inseto e logo todas as partes do seu corpo, todos os seus músculos, assumiram a posição certa e funcionaram como deviam. Sua atitude tinha um motivo, era crível.

A natureza maneja um organismo vivo melhor do que a nossa decantada técnica!

Os exercícios que o diretor usou hoje visavam a tornar os alunos cônscios do fato de que, em cena, em qualquer pose ou posição corporal, há três momentos: *Primeiro: tensão supérflua, que vem, inevitavelmente, a cada nova pose adotada e com a excitação de executá-la em público. Segundo: o relaxamento automático dessa tensão supérflua, sob a ação do controlador. Terceiro: a justificação da pose, quando por si mesma ela não convence o ator.*

Depois que Leão se foi, coube ao gato ajudar-me a pôr à prova esses exercícios para descobrir-lhes o sentido.

Para torná-lo bem-disposto, pus o gato ao meu lado e alisei-lhe o pelo, mas em vez de ficar ali pulou para o chão, por cima de mim, e se esgueirou suavemente até um canto, onde parecia pressentir uma presa.

Segui-lhe cada meneio com a máxima atenção. Para fazê-lo tive de curvar-me, dando uma volta com o corpo, e isso era difícil por causa da minha mão enfaixada. Utilizei meu novo *controlador* de músculos para conferir meus próprios movimentos. A princípio as coisas foram bem, só se flexionaram os músculos que o tinham de fazer. Isso porque eu tinha um objetivo vivo. Mas no momento em que transferi minha atenção do gato para mim mesmo, tudo se transformou. A minha concentração evaporou-se, senti a pressão dos músculos em todos os pontos possíveis e os que eu tinha de usar para manter minha atitude ficaram tensos a ponto de quase provocarem espasmos. Também os músculos contíguos viram-se envolvidos, desnecessariamente.

"Agora vou repetir essa pose", disse comigo mesmo. E repeti. Mas, como o meu objetivo real desaparecera, a pose ficou sem vida. Conferindo o trabalho dos músculos, verifiquei que, quanto mais cônscio eu ficava em minha atitude para com eles, maior era a tensão extra acrescentada e mais difícil tornava-se desemaranhar a sua utilização supérflua da necessária.

A essa altura fiquei interessado numa mancha escura no assoalho. Estendi a mão para apalpá-la a fim de ver o que era. Era um defeito da madeira. Ao fazer o movimento, todos os meus músculos funcionaram natural e adequadamente — o que me levou a concluir que *um objetivo vivo e uma ação real (pode ser real ou imaginária, desde que esteja adequadamente baseada em circunstâncias dadas em que o ator possa crer) fazem, natural e inconscientemente, funcionar a natureza. E só a natureza pode controlar plenamente os nossos músculos, distendê-los adequadamente ou relaxá-los.*

6

Segundo Paulo, o diretor passou hoje das poses para os gestos.

A aula foi numa grande sala. Os estudantes ficaram em fila, como para uma inspeção. Tortsov ordenou-lhes que erguessem a mão direita. Isso fizeram como se fossem uma só pessoa.

DESCONTRAÇÃO DOS MÚSCULOS

Seus braços foram lentamente erguidos, como as barras numa passagem de nível. Enquanto o faziam, Rakhmanov apalpava-lhes os músculos e tecia comentários:

— Não está certo, relaxe o pescoço e as costas. Seu braço está todo tenso.

Dir-se-ia que a tarefa pedida era simples. Entretanto, nem um só aluno foi capaz de executá-la certo. Pediram-lhes que executassem um "ato isolado", que usassem apenas o grupo de músculos envolvidos nos movimentos do ombro e nenhum dos outros, nenhum do pescoço, das costas e, principalmente, nenhum músculo da região da cintura. Estes, muitas vezes, desviam o corpo inteiro na direção oposta à do braço erguido, para compensar o movimento.

Esses músculos contíguos que se contraem lembram as claves quebradas de um piano, as quais, ao batermos numa, baixam várias, velando o som da nota desejada. Não é de admirar, portanto, que as nossas ações careçam de nitidez. Elas devem ser claras, como as notas de um instrumento. De outro modo, o desenho de movimentos do papel se emaranha e tanto a sua exposição interior como a exterior só se podem tornar indefinidas e inartísticas. Quanto mais delicado é o sentimento, mais exige precisão, clareza e qualidade plástica para se exprimir fisicamente.

Paulo continuou, dizendo:

— A impressão que conservo da aula de hoje é que o diretor desmontou a todos, como se fôssemos maquinismos, desaparafusou-nos, separou cada ossinho, lubrificou, remontou-nos e desaparafusou-nos outra vez. Depois desse processo, sinto-me decididamente mais maleável, mais ágil e mais expressivo.

— E que mais aconteceu? — perguntei.

— Ele insistiu que quando se usa um grupo "isolado" de músculos, sejam eles do ombro, do braço, da perna ou das costas, todas as outras partes do corpo têm de permanecer livres e sem qualquer tensão. Por exemplo, ao erguer o braço com o auxílio dos músculos do ombro e contraindo os que forem necessários ao movimento, deve deixar-se o resto do braço, o cotovelo, o pulso, os dedos, todas essas juntas, completamente moles.

— Vocês conseguiram fazer isso?

— Não — reconheceu Paulo. — Mas conseguimos fazer uma ideia do que vamos sentir quando tivermos praticado até chegarmos a esse ponto.

— É assim tão difícil? — perguntei, intrigado.

— A princípio parece fácil. E no entanto, nenhum de nós conseguiu fazer direito o exercício. Parece que não podemos fugir a uma transformação completa se quisermos adaptar-nos às exigências da nossa arte. Defeitos passáveis na vida cotidiana ficam patentes ao fulgor das gambiarras e, definitivamente, impressionam o público.

O motivo é fácil de descobrir: a vida no palco é mostrada dentro de um ângulo reduzido, como na lente de uma câmera. As pessoas olham-na de binóculos, como quem examina uma miniatura com uma lente de aumento. Por isso, nenhum detalhe escapa ao público, nem o mais ínfimo. Esses braços tesos podem ser meio suportáveis na vida real, mas em cena são simplesmente intoleráveis. Fazem o corpo humano parecer de madeira, semelhante a um manequim. Resulta a impressão de que, provavelmente, a alma do ator é tão empertigada quanto os seus braços. Se acrescentarmos a isso costas inflexíveis, que só se dobram pela cintura e em ângulos retos, teremos o retrato exato de uma bengala. Que emoções poderia essa bengala refletir?

Parece — segundo Paulo — que eles hoje em aula não conseguiram absolutamente fazer essa coisa única e simples: erguer um braço empregando apenas os músculos necessários, os dos ombros. Tiveram igual insucesso com exercícios semelhantes para o cotovelo, o pulso e as diversas juntas da mão. De cada vez, a mão inteira se envolvia. E fizeram pior os exercícios de mover cada parte do braço por sua vez, do ombro até a ponta dos dedos, e vice-versa. Era natural. Como não o tinham conseguido em parte, não podiam consegui-lo no exercício completo, que era proporcionalmente mais difícil. Aliás, Tortsov não demonstrou esses exercícios com a ideia de que os poderíamos fazer logo de uma vez. Estava delineando o trabalho que seu assistente executará conosco no seu curso de *treino e disciplina*. Demonstrou também exercícios relativos ao pescoço, em todos os ângulos, às costas, à cintura, às pernas etc.

Depois chegou Leão. Teve a bondade de fazer os exercícios que Paulo descrevera, principalmente curvar e endireitar as costas, junta por junta, começando com a mais alta, na base do crânio e daí para baixo. Mesmo isso não é assim tão simples. Só consegui sentir três lugares em que dobrei as costas, e no entanto temos 24 vértebras.

Depois que Paulo e Leão se foram, o gato entrou. Continuei minha observação do bichano em poses variadas e incomuns, indescritíveis. Quando ergue a pata ou descobre as unhas, tenho a impressão de que está usando grupos de músculos especialmente adaptados àquele movimento. Eu não sou feito assim. Não posso sequer mexer só com o meu quarto dedo. Tanto o terceiro como o quinto mexem-se com ele.

É para nós inatingível um desenvolvimento e grau de acabamento no cultivo da técnica muscular como existe em certos animais. Nenhuma técnica pode atingir tal perfeição de controle muscular. Quando este gato avança no meu dedo, ele passa, instantaneamente, do repouso total para um movimento relâmpago, difícil de acompanhar. E, entretanto, que economia de energia! Com que cuidado ela é distribuída! Ao se preparar para fazer um movimento, para saltar, ele não perde força alguma em contrações supérfluas! Poupa toda a força para lançá-la, num dado momento, sobre o ponto onde dela precisa. É por isso que seus movimentos são tão bem recortados, tão definidos e poderosos.

Para pôr-me à prova, comecei a recapitular os movimentos de tigre que usara ao interpretar *Otelo*. Ao primeiro passo que dei, todos os meus músculos se apertaram, lembrando-me, enérgicos, exatamente como eu me sentira na prova de atuação e compreendi qual tinha sido o meu erro principal daquela vez. Uma criatura entorpecida, cujo corpo todo é preso de contrações musculares, não pode absolutamente sentir qualquer liberdade em cena, nem pode ter, propriamente, vida. Se já é difícil fazer uma simples multiplicação enquanto erguemos a quina de um piano, quão menos possível será exprimir as delicadas emoções de um papel complicado. Que boa lição nos deu o diretor com aquela prova, quando fizemos, com total segurança, tudo o que era errado.

Foi um modo sábio e convincente de demonstrar sua tese.

CAPÍTULO VII Unidades e objetivos

Entrando hoje no auditório do teatro, defrontamo-nos com um grande cartaz em que havia estas palavras: UNIDADES E OBJETIVOS.

O diretor cumprimentou-nos por chegarmos a uma nova e importante etapa em nosso trabalho e explicou o que entendia por unidades, dizendo-nos como se decompõe uma peça e um papel em seus elementos. Tudo o que disse, como sempre, foi claro e interessante. Entretanto, antes de escrever sobre isto, quero anotar o que se passou depois de acabada a aula, pois ajudou-me a apreciar mais plenamente o que ele dissera.

Fui convidado, pela primeira vez, para jantar em casa do tio de Paulo, o célebre ator Chustov. Perguntou-me o que fazíamos na escola. Paulo disse-lhe que acabávamos de chegar ao estudo das "unidades e objetivos". Naturalmente Chustov e os seus filhos já estão familiarizados com os nossos termos técnicos.

— Meninos! — disse rindo, enquanto a criada colocava diante dele um peru enorme. — Suponham que isto não é um peru, mas uma peça em cinco atos, *O inspetor geral*. Podem liquidá-la de uma bocada? Não. É tão impossível reduzir a uma só bocada um peru inteiro, quanto uma peça em cinco atos. Temos, portanto, de trinchá-la, primeiro, em pedaços grandes, assim... — disse, cortando as pernas, asas e as partes macias do assado e pondo-as num prato vazio.

"Aí têm as primeiras grandes divisões. Mas é impossível engolir até mesmo estes pedaços. Tenho, portanto, de cortá-los em pedaços menores, assim... — e desmembrou ainda mais o peru.

— Agora, passe-me seu prato — disse o Sr. Chustov ao filho mais velho. — Aí tem um pedação. É a primeira cena.

Ao que o rapazinho citou as primeiras palavras de *O inspetor geral*, numa voz de *baixo*, um tanto insegura:

— Cavalheiros, convoquei-os a esta reunião para lhes dar uma notícia sumamente desagradável.

— Eugênio — disse o Sr. Chustov ao seu segundo filho —, aqui está a cena com o diretor dos Correios. E agora, Igor e Teodoro, eis a cena entre Bobchinski e Dobchinski. Vocês duas, meninas, podem fazer o trecho entre a mulher e a filha do prefeito.

— Engulam — ordenou, e eles se atiraram à comida, metendo na boca pedações enormes e quase se engasgando. Vendo isso, o Sr. Chustov advertiu-lhes que cortassem os pedaços em porções menores e, se preciso, menores ainda.

— Que carne dura e seca — exclamou de repente para sua mulher.

— Dê-lhe sabor — disse um dos filhos —, acrescentando-lhe *um invento da imaginação*.

— Ou — disse outro, passando-lhe o molho — com um molho feito de *ses* mágicos. Deixe que o autor apresente as suas *circunstâncias dadas*.

— E aqui — acrescentou uma das filhas, dando-lhe um pouco de raiz-forte — está algo do diretor.

— Mais tempero, do próprio ator — interpôs um dos rapazes, sacudindo pimenta na carne.

— Um pouco de mostarda, de um artista da esquerda? — disse a mais nova das moças.

Chustov cortou a carne em pedacinhos, no molho feito com as ofertas dos filhos.

— Assim está bom — disse. — Até esta sola de sapato chega quase a parecer carne. É isto o que têm de fazer com os pedacinhos do papel: ensopá-los cada vez mais no molho das *circunstâncias dadas*. Quanto mais seco for o papel, mais molho será necessário.

UNIDADES E OBJETIVOS

Saí da casa dos Chustov com a cabeça cheia de ideias sobre unidades. Assim que minha atenção foi chamada para esse setor, comecei a buscar meios de pôr em execução essa nova ideia.

Ao lhes dar boa-noite, disse comigo: "Uma unidade."

Descendo a escada, fiquei na dúvida: "Devo contar cada degrau como uma unidade?" Os Chustov moram no terceiro andar; sessenta degraus, sessenta unidades. Nessa base, cada passo da calçada teria de ser contado. Decidi que o ato total de descer a escada seria uma parte e a caminhada para casa, outra.

E abrir a porta da rua? Seria uma unidade, ou várias? Decidi-me por várias. Portanto, desci a escada, duas unidades; segurei a maçaneta da porta, três; fi-la girar, quatro; abri a porta, cinco; transpus o limiar, seis; fechei a porta, sete; soltei a maçaneta, oito; fui para casa, nove.

Esbarrei em alguém — não, isso não foi uma unidade, foi um acidente. Parei diante de uma livraria. E isso? A leitura de cada título deve contar, ou devo embolar toda a inspeção sob um só rótulo? Decidi-me por isto, o que elevou meu total para dez.

Quando me vi em casa, despido e pegando o sabonete para lavar as mãos, já contava duzentos e sete. Lavei as mãos, duzentos e oito; recoloquei o sabonete no lugar, duzentos e nove; enxaguei a pia, duzentos e dez. Finalmente meti-me na cama e puxei as cobertas: duzentos e dezesseis.

Mas e agora? Minha cabeça estava repleta de pensamentos. Seria cada um deles uma unidade? Se fôssemos repassar assim uma tragédia em cinco atos, como *Otelo*, seria preciso marcar uma tabela de milhares de unidades. Seria uma confusão. Deve haver, portanto, um meio de limitá-las. Mas como?

2

Hoje falei ao diretor sobre isso. Respondeu-me:

— Perguntaram a um certo piloto como conseguia lembrar-se, numa longa viagem, de todos os mínimos pormenores de uma costa, com as suas curvas, seus bancos de areia e recifes. E respondeu: "Não me preocupo com eles, sigo sempre pelo canal."

"Assim também deve guiar-se o ator, não por uma infinidade de detalhes, mas por aquelas unidades importantes que, como sinais, demarcam o canal para ele e o conservam na linha criadora certa. Se você tivesse de encenar sua saída da casa dos Chustov, deveria perguntar-se: 'antes de mais nada, o que estou fazendo?' Sua resposta *'Indo para casa'* dá-lhe a chave do motivo principal.

"Mas no caminho houve paradas. Você ficou imóvel, a certa altura, e fez alguma outra coisa. Portanto, *olhar a vitrina da livraria* é uma unidade independente. Depois, prosseguindo, você voltou à unidade inicial.

"Finalmente, você chegou a seu quarto e despiu-se. Isto foi mais um pedaço. Quando *deitou* e *começou a pensar,* você iniciou mais uma unidade.

"Reduzimos o seu total de unidades de mais de duzentas para quatro. Estas marcam o seu *canal*. Reunidas, criam um grande objetivo: *ir para casa*.

"Suponhamos que você esteja encenando o primeiro trecho. Está indo para casa e anda, anda, sem fazer nenhuma outra coisa. Ou, então, o segundo: ficar defronte da livraria. Você apenas fica e fica. Para o terceiro, você se lava e, para o quarto, deita-se e fica deitado. Fazendo assim, a sua atuação será cacete, monótona. Seu diretor insistirá por um desenvolvimento mais detalhado de cada pedaço. Assim, você terá de decompor cada unidade em detalhes menores e de reproduzi-los clara e minuciosamente.

"Se essas subdivisões ainda forem monótonas demais, você terá de subdividi-las ainda, até que a sua caminhada pela rua reflita os detalhes típicos de tal ação: o encontro de amigos, uma saudação, a observação do que se passa ao seu redor, esbarros nos transeuntes etc.

O diretor, em seguida, discutiu as coisas mencionadas pelo tio de Paulo. Trocamos sorrisos marotos, lembrando-nos do peru.

— Os pedaços maiores vocês reduzem a médios e a menores ainda e até a pedacinhos minúsculos apenas para, eventualmente, inverter o processo, recompondo o todo.

"Lembrem-se sempre — advertiu — de que a divisão é provisória. O papel e a peça não podem permanecer em pedaços. Uma estátua quebrada ou um quadro estraçalhado não é uma obra de arte, por mais belas que sejam as suas partes. É só na preparação do papel que usamos unidades pequenas. Durante a criação, propriamente, elas se fundem em unidades maiores. Quanto maiores forem as divisões e menor o seu número, quanto menos coisas vocês tiverem para cuidar, mais fácil lhes há de ser o manejo do papel inteiro.

"Os atores dominam facilmente essas divisões maiores quando elas estão cabalmente preenchidas. Enfileiradas ao longo de uma peça, servem de boias, marcando o canal. Esse canal indica o verdadeiro rumo da criatividade, permitindo evitar os conexos. Tantos, que eles se confundem e perdem *qualquer noção do todo maior.*

"Não tomem esses atores por modelo. *Não decomponham uma peça mais do que o necessário, não usem detalhes como guia. Criem um canal, delineado por divisões amplas, que tenham sido minuciosamente elaboradas e preenchidas até o último detalhe.*

"A técnica da divisão é relativamente simples. Vocês se perguntam: *'Qual é o cerne da peça — a coisa sem a qual ela não pode existir?' Depois repassem os pontos principais, sem entrar em detalhes.* Digamos que estejamos estudando o *inspetor geral,* de Gogol. O que é essencial a essa peça?

— O inspetor geral — disse Vânia.

— Ou, antes, o episódio com Khlestakov — corrigiu Paulo.

— Concordo — disse o diretor —, mas não é o bastante. É preciso haver um fundo adequado para essa ocorrência tragicômica imaginada por Gogol. Esse fundo é fornecido pelos patifes do tipo do prefeito, os superintendentes de várias instituições públicas, o par de fuxiqueiras etc. Temos de concluir, portanto, que a peça não poderia existir sem Khlestakov e os simplórios habitantes da cidadezinha.

— E o que mais é necessário à peça? — prosseguiu.

— O *romantismo estúpido* e as *namoradeiras provincianas,* como a mulher do prefeito, que precipitou o noivado da filha e revirou a cidade inteira de pernas para o ar — sugeriu alguém.

— A curiosidade do diretor dos Correios e o juízo de Ossip — acrescentaram outros alunos. — O suborno, a carta, a chegada do inspetor de verdade.

— Vocês dividiram a peça em seus principais episódios orgânicos, suas unidades maiores. Agora extraiam de cada uma dessas unidades o conteúdo essencial e terão o contorno interior de toda a peça. Cada grande unidade é, por sua vez, subdividida nas partes médias e pequenas que, reunidas, a compõem. Ao amoldar essas divisões é necessário, muitas vezes, combinar várias unidades pequenas.

"Vocês têm, agora, uma noção geral de como dividir uma peça em suas unidades componentes e como demarcar um canal que os guie por ela — concluiu Tortsov.

3

— A divisão de uma peça em unidades, para estudar sua estrutura, tem um propósito — explicou hoje o diretor. — Existe outra razão, interior, muito mais importante. Na cerne de cada unidade há um *objetivo criador*. Cada objetivo é parte orgânica da unidade ou, em outros termos, ele cria a unidade que o rodeia.

"É tão impossível injetar numa peça objetivos estranhos como lhe pôr unidades que não tenham relação com ela, porque os objetivos devem formar uma cadeia lógica e coerente. Dado este elo direto, orgânico, tudo o que se disse acerca das *unidades* também se aplica aos *objetivos*.

— Isso quer dizer — perguntei — que eles também se subdividem em passos maiores e menores?

— Nem há dúvida — disse ele.

— E o canal? — perguntei.

— O objetivo será o farol que aponta o caminho certo — explicou o diretor.

"O erro cometido pela maioria dos atores é o de pensar no resultado, em vez de apenas na ação que o deve preparar. Evitando a ação e visando diretamente ao resultado, obtemos um produto forçado que só pode levar à canastronice. Evitem fazer força atrás do resultado. Atuem com sinceridade, plenitude e integridade de propósitos. Podem desenvolver esse tipo de ação escolhendo objetivos cheios de vida. Agora, proponham a vocês mesmos um problema desses e o executem — sugeriu.

Enquanto Maria e eu pensávamos no assunto, Paulo veio procurar-nos com a seguinte proposta:

— Suponhamos que ambos nos apaixonamos por Maria e pedimo-la em casamento. O que faríamos?

Primeiro traçamos um esquema geral e depois dividimo-lo em várias unidades e objetivos, cada um dos quais por sua vez dava origem à ação.

Quando nossa atividade amortecia, adicionávamos novas suposições e tínhamos novos problemas a resolver. Sob a influência dessa constante pressão, ficamos tão envolvidos no que fazíamos que nem notamos quando subiu o pano e o palco, vazio, apareceu. O diretor sugeriu que continuássemos lá nosso trabalho, o que fizemos. Quando terminamos, perguntou:

— Lembram-se de uma de nossas primeiras aulas, quando lhes pedi que subissem ao palco vazio e atuassem? Ficaram sem saber o que fazer, debatendo-se desamparadamente com formas e paixões exteriores. Mas hoje, apesar do palco vazio, vocês se sentiram perfeitamente livres e movimentaram-se com facilidade. O que os ajudou nisso?

— Objetivos interiores ativos — dissemos eu e Paulo.

— Sim — concordou. — Porque eles orientam o ator no rumo certo e o impedem de atuar de modo falso. O objetivo é que lhe dá confiança em seu direito de entrar em cena e lá permanecer.

"Infelizmente, a experiência de hoje não chegou a convencer: os objetivos que alguns de vocês marcaram foram escolhidos em função deles mesmos e não por causa da sua fonte interior de ação. O resultado disto são os truques e os faróis. Outros adotaram objetivos puramente externos, relacionados com o exibicionismo. Quanto a Gricha, o objetivo dele foi, como sempre, fazer brilhar sua técnica. Isso é ser apenas espetacular, não pode produzir nenhum legítimo estímulo à ação. O objetivo de Leão era aceitável, mas muito exclusivamente literário e intelectual.

"Achamos em cena inúmeros objetivos e nem todos são necessários ou bons. Muitos são até prejudiciais. O ator deve aprender a distinguir a qualidade, a evitar o inútil e selecionar objetivos essencialmente certos.

— E como se pode conhecê-los? — perguntei.

Ele replicou:

— Eu definiria assim os objetivos certos.

"1. Devem estar do nosso lado da ribalta. Devem dirigir-se aos outros atores, e não aos espectadores.

2. Devem ser pessoais, porém análogos aos do personagem que estivermos interpretando.

3. Hão de ser criadores e artísticos, pois sua função deve ser a de cumprir o principal objetivo da nossa arte: criar a vida de uma alma humana e transmiti-la sob forma artística.

4. Devem ser verdadeiros, para que vocês mesmos, os atores que contracenam com vocês e o público possam acreditar neles.

5. Devem ser reais, vivos e humanos, e não mortos, convencionais ou teatrais.

6. Devem ter a qualidade de atraí-los e comovê-los.

7. Devem ser claramente definidos e típicos do papel que vocês estiverem representando. Não devem tolerar indefinição alguma. Devem estar claramente entretecidos no estofo dos seus papéis.

8. Devem ter valor e conteúdo, para corresponderem ao corpo inteiro do papel. Devem ter profundidade, e não apenas escumar à superfície.

9. Devem ser ativos, para impelir o papel à frente e não deixar que fique estagnado.

"Permitam-me adverti-los contra um tipo perigoso de objetivo, puramente motor, prevalecente no teatro e que conduz a uma atuação mecânica.

"Admitimos três tipos de objetivos: o exterior ou físico, o interior ou psicológico, e o tipo psicológico rudimentar.

Vânia manifestou desalento diante dessas palavras imponentes, e o diretor esclareceu com um exemplo:

— Suponhamos que você entre na sala e me cumprimente, acenando com a cabeça e me apertando a mão. Esse é um objetivo *mecânico* comum. Não tem nada a ver com a psicologia.

— E isso é errado? — interrompeu Vânia.

O diretor apressou-se a desenganá-lo:

— Naturalmente pode dizer-se como vai, mas não se pode amar, sofrer, odiar ou viver qualquer tipo de vida, de um modo puramente mecânico, sem experimentar sentimento algum.

"Outra coisa — prosseguiu — é estender sua mão e tentar exprimir sentimentos de amor, respeito, gratidão, com o olhar e o aperto de mão. Assim é que executamos um *objetivo comum*, mas existe nele um elemento psicológico e, portanto, em nosso jargão nós o definimos como do tipo rudimentar.

"Eis agora um terceiro modo. Ontem você e eu tivemos uma briga. Insultei-o em público. Hoje, quando nos encontramos, eu quero me aproximar, oferecer-lhe a minha mão, indicando assim que desejo pedir desculpa, reconhecer que errei e implorar-lhe que esqueça o incidente. Estender minha mão ao meu inimigo de ontem não é um problema simples. Terei de refletir com cuidado, sentir e vencer muitas emoções antes de poder fazê-lo. É isto o que chamamos de um objetivo *psicológico*.

"Outro ponto importante num objetivo é que ele, além de ser crível, deve exercer atração sobre o ator, dar-lhe vontade de executá-lo. Esse magnetismo é um desafio à sua vontade criadora.

"Os objetivos que contêm essas qualidades necessárias, nós chamamos de objetivos criadores. É difícil selecioná-los. Os ensaios se realizam principalmente com a função de encontrar os objetivos certos, conseguir controlá-los e viver com eles.

O diretor voltou-se para Nicolau.

— Qual é o seu objetivo naquela sua cena predileta de *Brandi*? — perguntou.

— Salvar a humanidade — replicou Nicolau.

— Grande propósito! — exclamou o diretor, meio risonho. — É impossível apreendê-lo todo de uma só vez. Não crê que seria melhor escolher algum objetivo simples, físico?

— Mas um objetivo físico será... interessante? — perguntou Nicolau, com um sorriso tímido.

— Interessante para quem? — perguntou o diretor.

— Para o público.

— Esqueça o público. Pense em você mesmo — aconselhou. — Se você estiver interessado, o público o seguirá.

— Mas eu também não estou interessado nele. Preferiria alguma coisa de psicológico.

— Vai ter tempo para isso. Ainda é muito cedo para se envolver com a psicologia. Por enquanto, restrinja-se ao que é simples e físico. Em todo objetivo físico, há alguma psicologia, e vice-versa. É impossível separá-los. Por exemplo: a psicologia de um homem prestes a suicidar-se é extremamente complicada. É-lhe difícil resolver-se a ir até a mesa, tirar a chave do bolso, abrir a gaveta, tirar de lá o revólver, carregá-lo e meter uma bala na cabeça. Esses são atos físicos e, no entanto, quanta psicologia contêm! Talvez fosse até mais certo dizer que são, todos, atos psicológicos complicados e, no entanto, quanto de físico contêm!

"Tomemos agora um exemplo do tipo mais simples de ação corporal: você vai até outra pessoa e a esbofeteia. No entanto, para fazê-lo com sinceridade, pense nas complicadas sensações psicológicas que você terá de trazer a fruto antes de agir. Aproveite-se do fato de que as divisões entre elas são vagas. Não tente traçar uma linha demarcatória fina demais entre a natureza física e espiritual. Guie-se por seus instintos, inclinando-se sempre um pouco mais para o físico.

"Façamos um acordo de que, por enquanto, nós nos limitaremos aos objetivos físicos. São mais fáceis, mais acessíveis e mais possíveis de executar. Fazendo assim, vocês diminuirão o perigo de cair na falsa atuação.

4

Hoje a pergunta importante foi: como extrair um objetivo de uma unidade de trabalho. O método é simples. Consiste em descobrir o nome mais adequado para a unidade, um nome que caracterize a sua essência interior.

— Para que esses batismos todos? — perguntou Gricha, com ironia.

O diretor respondeu:

— Você tem alguma noção do que representa para uma unidade um nome verdadeiramente bom? Representa a sua qualidade essencial. Para consegui-lo, terá de submeter a unidade a um processo de cristalização. E para esse cristal encontrará um nome. "*O nome certo, que cristaliza a essência de uma unidade, descobre o seu objetivo fundamental.*"

"A fim de demonstrá-lo a vocês de um modo prático — disse —, tomemos as duas primeiras unidades da cena das roupas do bebê, de *Brand*.

"Agnes, a mulher do pastor Brand, perdeu o único filho. Em seu sofrimento, põe-se a lidar com as roupas, os brinquedos e outras relíquias preciosas da criança. Cada objeto ela banha em lágrimas. As lembranças partem-lhe o coração. A tragédia foi causada pelo fato de morarem numa localidade úmida, insalubre. Quando o filho adoeceu, a mãe implorou ao marido que deixasse a paróquia, mas Brand, um fanático, não consente em sacrificar seu dever de pastor à salvação da família. Essa decisão tirou a vida do filho.

"A segunda unidade resume-se nisto: entra Brand. Também ele está sofrendo, por causa de Agnes. Mas seu conceito de dever impõe-lhe severidade e o faz tentar convencer a mulher a dar as sagradas relíquias do filhinho a uma pobre cigana, alegando que elas a impedem de entregar-se inteiramente ao Senhor e de pôr em prática o princípio básico da vida deles: servir o próximo.

"Agora sumarizem esses dois pedaços. Achem para cada um deles o nome correspondente à sua qualidade essencial.

— Vemos uma mãe extremosa conversar com as coisas do filho como se fosse com ele. A morte de uma criatura amada é o motivo fundamental de unidade — disse eu, decisivo.

— Procurem afastar-se do sofrimento da mãe e fazer um apanhado coerente das partes principais e secundárias dessa cena — disse o diretor. — É este o modo de atingir seu sentido interior. Quando os seus sentimentos e sua consciência o tiverem dominado, procure uma palavra que abarque o sentido mais íntimo de toda a unidade. Essa palavra dirá o seu objetivo.

— Não vejo nisso nenhuma dificuldade — disse Gricha. — Não há dúvida de que o nome do primeiro objetivo é *amor de mãe* e o do segundo é *dever do fanático*.

— Em primeiro lugar — corrigiu o diretor —, você está tentando dar nome a toda a unidade, e não ao objetivo. São duas coisas totalmente diversas. Segundo, *você não deve tentar exprimir o significado de seu objetivo em função de um substantivo*. Isto pode usar-se para uma unidade, mas o objetivo deve sempre empregar um verbo.

Manifestamos surpresa, e o diretor disse:

— Ajudá-los-ei a achar a resposta. Mas, antes, executem os objetivos que acabam de ser descritos pelos substantivos: primeiro: *amor de mãe*; e segundo: *o dever do fanático*.

UNIDADES E OBJETIVOS

Vânia e Sônia se encarregaram disso. Ele assumiu uma expressão zangada, esbugalhando os olhos e empertigando rigidamente a espinha. Atravessou a sala com muita firmeza, batendo os calcanhares. Falou em voz áspera, eriçou-se, na esperança de dar uma impressão de força e decisão, para exprimir o dever. Sônia fez um grande esforço no sentido oposto, para exprimir ternura e amor *em geral*.

— Vocês não acham — perguntou o diretor, depois de observá-los — que os substantivos que usaram como nomes para os seus objetivos tendem a fazê-los representar a imagem de um homem forte e a imagem de uma paixão: o amor de mãe?

"Mostram o que são a energia e o amor, mas vocês mesmos não são energia nem amor. Isto porque substantivo evoca um conceito intelectual de um estado de espírito, uma forma, um fenômeno, mas só pode definir o que é apresentado por uma imagem, sem indicar movimento ou ação. *Cada objetivo deve trazer dentro de si a semente da ação.*

Gricha começou a argumentar que os substantivos podem ser ilustrados, descritos, retratados, o que é ação.

— Sim — concordou o diretor —, isso é ação, mas não é plena, integrada. O que você descreve é teatral e representacional e, portanto, não é arte do nosso sentido.

Depois prosseguiu, explicando:

— Se em vez de um *substantivo* usarmos um verbo, vejamos o que acontece. Acrescentem apenas: *eu quero* ou *eu quero fazer isto* ou *aquilo*. Tomemos, por exemplo, a palavra *poder*. Ponham diante dela *eu quero* e terão: *Eu quero poder*. Se introduzirem algo de mais definitivamente ativo, se formularem uma pergunta de modo que exija uma resposta, isso os levará a exercer alguma atividade frutífera, para executar tal propósito. Por conseguinte, vocês dirão: "Quero fazer assim ou assado a fim de obter poder." Ou podem dizer: "Que devo querer a fim de ganhar poder?" Quando responderem a isto, saberão que ação devem executar.

— Eu quero ser poderoso — sugeriu Vânia.

— O verbo *ser* é estático. Não contém a semente ativa necessária a um objetivo.

— Eu quero alcançar poder — aventurou Sônia.

— Isto já está mais perto da ação — disse o diretor. — Infelizmente, é muito geral e não pode ser executado de uma vez. Tente sentar-se numa cadeira e desejar poder *em geral*. Precisa de algo mais concreto, mais real, mais próximo, mais possível de fazer. Como estão vendo, nem todos os verbos servem, nem toda palavra pode dar ímpeto à ação plena.

— Eu quero alcançar poder, a fim de proporcionar ventura à humanidade toda — sugeriu alguém.

— É uma linda frase — observou o diretor —, mas é difícil crer na sua exequibilidade.

— Quero conseguir poder para gozar a vida, ser alegre, distinto, satisfazer meus desejos, realizar minha ambição — disse Gricha.

— Isso é mais realista e mais fácil e executar, mas para fazê-lo você terá de dar uma série de passos preliminares. Não se pode alcançar de uma vez esse objetivo final. Você se encaminhará para ele gradativamente. Recapitule esses passos e enumere-os.

— Quero parecer bem-sucedido e sábio em meus negócios; inspirar confiança. Quero conquistar a afeição do público para que me considerem poderoso. Quero distinguir-me, subir de categoria, fazer-me notar.

O diretor voltou à cena de *Brand* e mandou cada um de nós fazer um exercício semelhante. Sugeriu:

— Suponhamos que todos os rapazes se ponham na situação de Brand. Poderão apreciar mais prontamente a psicologia do paladino de uma ideia. E as moças façam o papel de Agnes. A delicadeza do amor feminino e materno fica-lhes mais chegada.

"Um, dois, três! Está iniciado o torneio entre os homens e as mulheres!

— Quero alcançar poder sobre Agnes para persuadi-la a fazer um sacrifício, para salvá-la, para pô-la no bom caminho — mal pronunciei estas palavras e as mulheres vieram com isto:

— Quero lembrar-me do meu filho que morreu.
— Quero ficar perto dele, comunicar-me com ele.
— Quero cuidar dele, acariciá-lo, atendê-lo.
— Quero trazê-lo de volta! Quero segui-lo! Quero senti-lo perto de mim! Quero vê-lo com os seus brinquedos! Quero chamá-lo de volta da sepultura! Quero trazer de volta o passado! Quero esquecer o presente, afogar minha mágoa!

Mais alto que todas, ouvi Maria exclamar:
— Quero ficar tão perto dele, que nunca nos possam apartar!
— Nesse caso — interromperam os homens —, lutaremos! Quero fazer com que Agnes me ame! Quero atraí-la a mim! Quero fazê-la sentir que compreendo o seu sofrimento! Quero pintar-lhe a grande alegria que há de emanar de um dever cumprido! Quero que ela compreenda o destino maior do homem!
— Então — disseram as mulheres —, quero comover meu marido com meu sofrimento! Quero que veja as minhas lágrimas!

E Maria exclamou:
— Quero agarrar meu filho com mais força do que nunca, e não soltá-lo mais!

Os homens retrucaram:
— Quero instilar-lhe um sentimento de responsabilidade para com a humanidade! Quero ameaçá-la com o castigo e a separação! Quero manifestar desespero ante a impossibilidade de nos compreendermos!

Durante todo esse intercâmbio, os *verbos* provocaram pensamentos e sentimentos que eram, por sua vez, provocações à ação.

— Cada um dos objetivos que escolheram é, de certo modo, verdadeiro, e pede certo grau de ação — disse o diretor. — Os de temperamento vivo talvez achassem pouca coisa para lhes atrair as emoções em "Quero lembrar-me do meu filho que morreu".

"Talvez prefiram: 'Quero agarrá-lo e nunca mais soltar!' O quê? As coisas, as lembranças, os pensamentos da criança morta. Outros ficariam impassíveis a isto. Portanto, é essencial que o objetivo tenha o poder de atrair e emocionar o ator.

"Parece-me que vocês mesmos responderam à pergunta: por que é que se tem de usar um *verbo* em vez de um substantivo ao escolher um objetivo?

"E por enquanto é tudo, sobre *unidades e objetivos*. Mais tarde aprenderão mais coisas sobre a técnica psicológica. Quando tiverem uma peça e papéis que de fato possamos subdividir em unidades e objetivos.

CAPÍTULO VIII Fé e sentimento da verdade

Fé e sentimento da verdade estava escrito, hoje, num grande cartaz, numa parede da sala de aula.

Antes de começar o trabalho, estávamos no palco, às voltas com uma das nossas buscas periódicas para achar a bolsa que Maria tinha perdido. De repente ouvimos a voz do diretor, que, sem que o notássemos, ficara nos espiando, da plateia.

— Que excelente moldura é proporcionada pelo palco e pela ribalta para qualquer coisa que vocês queiram apresentar! — disse.
— Vocês foram inteiramente sinceros no que faziam. Havia em tudo uma sensação de veracidade e um sentimento de que vocês acreditavam em todos os objetivos físicos a que se propunham. Eram bem definidos e claros, e a atenção de vocês estava nitidamente concentrada. Todos esses elementos necessários atuavam adequada e harmoniosamente para criar... podemos dizer arte? Não! Aquilo não era arte. Era fato. Portanto, repitam o que estavam fazendo ainda agora.

Recolocamos a bolsa onde estava antes e começamos a busca. Só que dessa vez não tínhamos de procurar, pois o objeto já fora encontrado uma vez. O resultado é que não conseguimos nada.

— Não. Não vi nem objetivos, nem atividade, nem verdade no que vocês fizeram — foi a crítica de Tortsov. — E por quê? Se o que fizeram da primeira vez era um fato real, por que não puderam repeti-lo? É de se supor que, para fazer só isso, não se tem de ser ator, mas apenas um ente humano qualquer.

Tentamos explicar a Tortsov que, da primeira vez, *era preciso* encontrar a bolsa perdida, enquanto que da segunda nós sabíamos que não havia essa necessidade. O resultado é que da primeira vez tínhamos a realidade, e da segunda, uma falsa imitação da realidade.

— Pois então, vamos! Representem a cena com veracidade ao invés de falsidade — sugeriu.

Protestamos, dizendo que não era assim tão fácil. Insistimos que era preciso preparar a cena ensaiá-la, vivê-la!

— Vivê-la? — exclamou o diretor. — Mas vocês a viveram, ainda agora!

Passo a passo, com o auxílio de perguntas e explicações, Tortsov levou-nos a concluir que há dois tipos de verdade e sentimento de crença naquilo que se está fazendo. *Primeiro: o que é criado automaticamente e no plano dos fatos reais* (como foi o caso da nossa busca pela bolsa de Maloletkova quando Tortsov nos observou pela primeira vez) e, *segundo:* há o *tipo cênico, que é igualmente verdadeiro, mas que tem origem no plano da ficção imaginativa e artística.*

— Para alcançar este segundo sentimento da verdade e reproduzi-lo na cena da procura da bolsa, vocês têm de usar uma alavanca que os eleve ao plano da vida imaginária — explicou o diretor. — Lá, preparem uma ficção, análoga à que acabaram de fazer na realidade. As devidas *circunstâncias dadas* ajudá-los-ão a sentir e criar uma verdade cênica na qual poderão crer enquanto estiverem em cena. Por conseguinte, *na vida comum, a verdade é aquilo que existe realmente, aquilo que uma pessoa realmente sabe. Ao passo que, em cena, ela consiste em algo que não tem existência de fato, mas poderia acontecer.*

— Desculpe-me mas não compreendo como se pode falar em verdade no teatro, quando tudo nele é fictício, a começar pelas próprias peças de Shakespeare e acabando com o punhal de *papier maché* com que Otelo se apunhala — argumentou Gricha.

— Não se preocupe demais com o fato de esse punhal ser de papelão em vez de aço — disse Tortsov, em tom conciliatório. — Você tem todo o direito de considerá-lo uma impostura. Mas se for mais longe e tachar de mentira toda a arte e de indigna de crédito toda a vida no teatro, então terá de mudar seu ponto de vista. O que importa no teatro não é o material de que é feito o punhal de Otelo, quer de aço, quer de papelão, mas, sim, o sentimento íntimo do ator capaz de justificar seu suicídio. O importante é como o ator, um ser humano, *teria agido,* se as circunstâncias e condições que envolviam Otelo fossem reais e se o punhal com que ele se feriu fosse de metal. Para nós tem importância: *a realidade da vida interior de um espírito humano* em um papel e a fé nessa realidade. Não nos interessa a existência *propriamente naturalística do que nos rodeia em cena, a realidade do mundo material!* Esta só nos é útil na medida em que fornece um fundo geral para os nossos sentimentos.

"O que chamamos *verdade* no teatro é a verdade cênica, da qual o ator tem de servir-se em seus momentos de criatividade. Procurem sempre começar o trabalho por dentro, tanto nos aspectos factuais da peça e do cenário como nos seus aspectos imaginários. Instilem vida em todas as circunstâncias e ações imaginadas, até conseguirem satisfazer plenamente o seu *senso da verdade* e até terem despertado um *sentimento de crença* na realidade das suas sensações. Este processo é o que chamamos de justificação do papel.

Como queria estar absolutamente certo do que ele pretendia dizer, pedi a Tortsov que resumisse em poucas palavras o que tinha dito. A resposta foi:

— *A verdade em cena é tudo aquilo em que podemos crer com sinceridade, tanto em nós mesmos como em nossos colegas.* Não se pode separar a verdade da *crença,* nem a *crença* da verdade. Uma não pode existir sem a outra, e sem ambas é impossível viver o papel ou criar alguma coisa. Tudo que acontece no palco deve ser convincente para o ator, para os seus associados e para os espectadores. Deve inspirar a *crença* de que na vida real seriam possíveis emoções análogas às que estão sendo experimentadas pelo ator em cena. Cada momento deve estar saturado de crença na veracidade da emoção sentida e na ação executada pelo ator.

2

O diretor iniciou a nossa aula hoje dizendo:

— Já lhes expliquei, em termos gerais, o papel que a *verdade* representa no processo criador. Falemos agora do seu oposto.

"O sentido da verdade inclui em si, também, um senso do que não é verdadeiro. Vocês devem ter ambos. Entretanto, em proporções variadas. Alguns têm, digamos, 75% de senso da verdade e apenas 25% de senso da falsidade. Ou o inverso dessas proporções. Ou 50% de cada um. Surpreendem-se porque faço diferenciação e estabeleço contraste entre esses dois sentidos? Eis por que o faço — acrescentou.

Voltando-se para Nicolau, Tortsov disse:

— Há atores que, como você, se impõem uma obediência tão severa à verdade que, muitas vezes, sem o saberem, levam essa atitude a tais extremos que chegam a constituir falsidade. Você não deve exagerar sua preferência pela verdade e sua aversão pelas mentiras, porque isso o leva a exagerar sua atuação da verdade, apenas pela verdade, e isto, por si só, já é a pior das mentiras. Procure, portanto, ser frio e imparcial. Precisamos da verdade no teatro até o ponto em que podemos acreditar nela.

"Pode-se até extrair alguma utilidade do falso, abordando-o razoavelmente. Serve de diapasão, mostrando-nos o que não devemos fazer. Nessas condições, um pequeno erro pode ser utilizado pelo ator para traçar-lhe o limite além do qual não deve passar.

"Este método de autofiscalização é absolutamente indispensável quando nos dedicamos a uma atividade criadora. Devido à presença de uma grande plateia, o ator, quer queira, quer não, sente-se obrigado a produzir uma quantidade desnecessária de esforço e de movimentações que pretendem representar sentimentos. Entretanto, por mais que faça, enquanto estiver ante as luzes da ribalta, isso lhe parecerá ainda insuficiente. E a consequência é vermos um excesso de atuação que chega a 90%. Por isto mesmo, durante os meus ensaios vocês me ouvirão muitas vezes repetir: 'Cortem 90%.'

"Se soubessem como é importante o processo de estudar-se a si próprio! Deveria prosseguir incessantemente, sem que o ator sequer o notasse, e deveria pôr à prova todos os seus passos. Quando nós lhe apontamos o absurdo palpável de alguma ação falsa que ele tenha praticado, mostra-se mais do que pronto a eliminá-lo. Mas que poderá fazer se os próprios sentimentos não forem capazes de convencê-lo? Quem há de garantir que, uma vez livre de uma mentira, não virá outra, imediatamente, ocupar o lugar vago? Não. A atitude deve ser outra. É preciso plantar, sob a falsidade, um grão de verdade, que eventualmente a suplantará, assim como a segunda dentição expulsa a primeira.

A esta altura o diretor foi chamado a cuidar de um assunto relativo ao teatro e os alunos, portanto, foram entregues ao assistente para um período de treino.

Quando Tortsov voltou, pouco depois, falou-nos de um artista dotado de refinadíssimo senso de verdade para criticar o trabalho dos outros atores. Entretanto, quando ele mesmo atua, perde completamente esse dom. É difícil acreditar, disse Tortsov, que a mesma pessoa, num momento, demonstre possuir tão agudo senso de discriminação entre o verdadeiro e o falso na atuação de seus colegas e, um momento depois, suba ao palco para perpetrar erros piores.

No caso dele, a sua sensibilidade para a verdade e a falsidade, como espectador, está completamente separada dessa mesma capacidade como ator. É um fenômeno muito difundido.

3

Hoje inventamos um jogo novo: decidimos controlar, reciprocamente, a falsidade das nossas ações, tanto em cena como na vida real. Aconteceu que ficamos à espera num corredor, porque o palco da escola não estava preparado. Esperávamos ali, quando, de repente, Maria causou um alvoroço, porque tinha perdido a chave. Todos nos precipitamos em sua busca.

Gricha começou a criticá-la:

— Você está-se curvando, e eu não creio que haja uma base para isto. É para nós que o faz e não para encontrar sua chave.

Suas censuras foram duplicadas pelas observações de Leão, Vassili, Paulo e algumas que eu fiz, e em pouco tempo a busca se imobilizou.

— Crianças tolas! Como se atrevem! — exclamou o diretor. Seu aparecimento, pegando-nos de surpresa em pleno jogo, deixou-nos consternados.

— Agora sentem nos bancos ao longo da parede, e vocês duas — ordenou bruscamente a Maria e Sônia — andem pelo corredor de um extremo ao outro.

"Não, assim não. Já imaginaram alguém andando dessa maneira? Virem os calcanhares para dentro, a ponta dos pés para fora! Por que não dobram os joelhos? Por que não balançam mais as cadeiras? Cuidado com os centros de equilíbrio! Não sabem caminhar? Por que estão cambaleando? Olhem aonde vão!

Quanto mais andavam, mais as censurava. Quanto mais censurava, menos podiam controlar-se. Reduziu-as finalmente a tal estado, que já não sabiam distinguir a cabeça dos calcanhares e ficaram paralisadas no meio do corredor.

Quando olhei para o diretor, espantei-me ao vê-lo abafar o riso com um lenço. E então ocorreu-me de súbito o que ele estava fazendo.

— Estão convencidas, agora — perguntou às duas moças —, de que um crítico implicante pode deixar maluco um ator e reduzi-lo à impotência? Procurem a falsidade apenas até o ponto em que isto os ajude a encontrar a verdade. Não se esqueçam de que o crítico ranzinza pode criar mais falsidade em cena do que qualquer outra pessoa, porque o ator criticado deixa, involuntariamente, de seguir seu rumo certo e exagera a própria verdade ao ponto de falseá-la.

"O que devem cultivar é um crítico sensato, calmo, ponderado e compreensivo, que é o melhor amigo do ator. Esse crítico não os atormentará por ninharias, mas ficará de olho vivo na substância do trabalho de vocês.

"Mais um conselho ao observarem o trabalho criador de outrem: comecem a exercitar o seu senso da verdade procurando antes de tudo os pontos bons. Estudando o trabalho alheio, limitem-se a fazer o papel de um espelho e digam honestamente se acreditam ou não no que viram e ouviram, assinalando, sobretudo, os momentos que lhes pareceram mais convincentes.

"Se os frequentadores teatrais fossem tão exigentes quanto à verdade cênica como vocês o foram hoje aqui na vida real, nós atores, coitados, jamais ousaríamos exibir o rosto em público.

— Mas a plateia não é severa? — perguntou alguém.

— Não senhor! Não é implicante como vocês foram. Pelo contrário, a plateia quer, primordialmente, acreditar em tudo o que se passa no palco.

4

— Chega de teorias — disse o diretor, começando hoje o trabalho.
— Ponhamos algumas em prática. — E mandou que eu e Vânia subíssemos ao palco e representássemos o exercício de queimar o dinheiro.

"Vocês não dominam este exercício porque, em primeiro lugar, estão ansiosos por acreditar em todas as coisas terríveis com que recheei o enredo. Mas não tentem fazer tudo de uma vez. Avancem pouco a pouco, recorrendo, no caminho, ao auxílio de pequenas verdades. Firmem suas ações nas bases físicas mais simples possíveis. Não lhes darei dinheiro nem de verdade nem cênico. Trabalhando com o ar, evocarão, forçosamente, mais detalhes, construindo uma sequência melhor. Se cada pequeno ato auxiliar for executado com veracidade, a ação total desenvolver-se-á corretamente.

Comecei a contar as notas inexistentes.

— Não acredito — disse Tortsov, interrompendo-me no instante em que eu ia pegar o dinheiro.

— No que é que o senhor não acredita?

— Você nem olhou para o objeto em que tocava.

Eu lançara os olhos para as pilhas de notas imaginárias, não vira nada; apenas estendera o braço e o trouxera de volta.

— Ao menos para salvar as aparências, podia ter juntado os dedos, para que o pacote de notas não lhe caísse da mão. Não o atire na mesa, coloque-o. E quem é que desfaria um embrulho daquele jeito? Procure primeiro a ponta do barbante. Não, assim não. Não pode ser feito assim, de repente. As pontas estão cuidadosamente enfiadas para dentro, para evitar que se desatem. Não é fácil desembaraçá-las. Assim está certo — aprovou finalmente.

— Agora, conte primeiro as de cem; há geralmente dez em cada pacote. Santo Deus, como você fez tudo isso voando! Nem o mais perito de todos os caixas seria capaz de contar nesse ritmo aquelas notas velhas, sujas, amarrotadas.

"Está vendo, agora, até que ponto tem de chegar, nos pormenores realísticos, a fim de convencer as nossas naturezas físicas da veracidade do que faz em cena?

Passou então a dirigir minhas ações físicas, movimento após movimento, segundo por segundo, até alcançarmos uma sequência coerente.

Enquanto contava o dinheiro imaginário, lembrei-me do modo exato como se faz na vida real. E depois todos os detalhes lógicos sugeridos pelo diretor desenvolveram, da minha parte, uma atitude completamente nova em relação ao ar que eu manejava como dinheiro. Uma coisa é mexer com os dedos no ar vazio. Outra, muito diferente, é manusear notas sujas e amarrotadas que vemos, nítidas, com os olhos do espírito.

No instante em que me convenci da veracidade dos meus atos físicos, fiquei perfeitamente à vontade em cena. E depois, também, verifiquei que iam surgindo uma porção de improvizaçõezinhas adicionais. Enrolei o barbante com cuidado e coloquei-o ao lado da pilha de notas sobre a mesa. Esse pedacinho encorajou-me e provocou muitos outros. Por exemplo, antes de pôr-me a contar os pacotes, bati com eles sobre a mesa algumas vezes, para obter pilhas bem-feitas.

— É claro que chamamos de uma ação física plenamente, completamente justificada. É aquilo em que o artista pode depositar toda a sua fé orgânica — resumiu Tortsov, e com isso visava concluir o trabalho do dia. Mas Gricha queria discutir.

— Como é que o senhor pode chamar de *física* ou de *orgânica* uma atividade baseada no ar tênue?

Paulo concordava. Insistiu que as ações relacionadas com objetos materiais e as que se relacionavam com objetos imaginários pertenciam, por força, a dois tipos diversos.

— Beber água, por exemplo — disse. — Isso desencadeia todo um processo de atividade realmente física e orgânica: levar o líquido à boca, a sensação do gosto, deixar a água escorrer língua abaixo e depois a engolir...

— Exatamente — interrompeu o diretor —, todos esses pequenos detalhes devem ser repetidos, mesmo sem água, porque senão será impossível engolir.

— Mas como se pode repeti-los sem ter nada na boca? — insistiu Gricha.

— Engula a saliva, ou ar! Acaso faz diferença? — perguntou Tortsov. — Você insistirá que não é o mesmo que beber água ou vinho. Concordo. Há diferença. Mas, mesmo assim, existe no que fazemos uma dose de verdade física suficiente para os nossos propósitos.

5

— Hoje passaremos à segunda parte do exercício que fizemos ontem, e trabalharemos nela tal como fizemos na primeira — disse o diretor, no início da aula.

— Este problema é muito mais complicado.

— Aposto que não conseguiremos resolvê-lo — observei, reunindo-me a Maria e Vânia para subirmos ao palco.

— Não faz mal — disse Tortsov, reconfortante. — Não lhes dei este exercício porque os achasse capazes de interpretá-lo. Foi antes porque, fazendo alguma coisa acima da sua capacidade, vocês poderiam compreender melhor quais são as suas deficiências e que pontos precisam ser trabalhados. Por enquanto, tentem fazer apenas aquilo que estiver ao alcance de vocês. Criem para mim a sequência da ação externa, física. Façam-me sentir a veracidade dela.

"Para começar, você pode acaso deixar um instante o trabalho para atender ao chamado de sua mulher na outra sala e vê-la banhar o bebê?

— Isso não é difícil — disse eu, levantando-me e caminhando para a sala contígua.

— Isso é que não — disse o diretor, detendo-me. — Creio que é justamente isso o que você não pode propriamente fazer. Além do mais, você diz que entrar no palco, numa sala, e sair outra vez é coisa fácil de fazer. Se for, será unicamente porque acaba de consentir que sua ação seja invadida por um monte de incoerências e de descontinuidade lógica.

"Confira por si próprio quantos movimentos e verdades físicas, pequenos, quase imperceptíveis, mas essenciais, você acaba de omitir. Por exemplo: antes de sair da sala, você não se ocupava com assuntos sem importância. Fazia um trabalho importantíssimo, separando contas da comunidade e conferindo fundos. Como seria capaz de largar tudo isso, assim de repente, e precipitar-se para fora da sala como se achasse que o teto ia cair? Nada de horrível aconteceu. Era apenas sua mulher, chamando. Além disso, na vida real, você seria capaz, mesmo em sonhos, de ir, com um cigarro aceso na boca, espiar um recém-nascido? E acha por acaso provável que a mãe do guri consinta sequer na simples ideia de que um homem, de cigarro aceso, entre no quarto onde ela o está banhando? Portanto, você, antes de mais nada, tem de achar um lugar para pôr seu cigarro, deixá-lo aqui, nesta sala, e depois pode ir. Cada um desses pequenos atos auxiliares, por si só, é fácil de fazer.

Fiz como ordenou: deixei meu cigarro na sala de estar e saí de cena para os bastidores, a fim de esperar minha entrada seguinte.

— Aí está — disse o diretor. — Você executou, detalhadamente, cada pequeno ato e com todos eles construiu uma ação maior: a de ir para o quarto ao lado.

Depois disto, minha volta à sala de estar foi submetida a inúmeras correções. Desta vez, entretanto, foi porque me faltou simplicidade e porque eu tendia a esticar cada coisinha. Tanto excesso de ênfase também fica falso. Chegamos, por fim, ao trecho mais interessante e dramático. Quando entrei na sala e me encaminhei ao trabalho, vi que Vânia queimara o dinheiro para se divertir e que disso tirava um prazer estúpido e mentecapto. Pressentindo uma possibilidade trágica, atirei-me avante e, dando rédea solta ao meu temperamento, chafurdei no exagero.

— Pare! Entrou na curva errada! — gritou Tortsov. — Enquanto a trilha ainda está quente, repasse o que fez ainda agora.

Tudo o que eu tinha a fazer era, simplesmente, correr à lareira e arrancar das chamas um pacote de dinheiro incendiado. Para fazê-lo, entretanto, tinha de calcular meu caminho e empurrar para um lado o meu cunhado imbecil. O diretor não se convenceu de que esse violento empurrão pudesse acarretar uma morte e uma catástrofe.

Fiquei sem saber como produzir e justificar ação tão rude.

— Está vendo este pedaço de papel? — perguntou. — Vou atear fogo nele e atirá-lo neste grande cinzeiro. Você fique ali e, assim que vir a chama, procure impedir que o resto do papel se queime. — Assim que acendeu o papel, precipitei-me com tamanha violência que, de passagem, quase quebrei o braço do pobre Vânia.

— E agora, ainda vê alguma semelhança entre o que acaba de fazer e a sua atuação precedente? Ainda agora poderíamos de fato ter tido uma catástrofe. Mas antes foi só exagero.

— Não concluam que lhes recomendo quebrarem os braços e se mutilarem em cena uns aos outros. O que eu gostaria que compreendesse é que se esqueceu de uma coisa importante: o dinheiro arde instantaneamente. Portanto, para salvá-lo, você tem de agir instantaneamente. Foi o que não fez. É natural que em suas ações faltasse verdade. — Depois de uma pequena pausa, disse: — Continuemos agora.

— Quer dizer que não se faz mais nada nesta parte? — exclamei.

— E o que mais quereria fazer? — perguntou Tortsov. — Você salvou tudo que podia, e o resto queimou-se.

— Mas e a morte?

— Não houve assassinato — disse ele.

— Quer dizer que ninguém foi morto? — perguntei.

— Claro que foi. Mas para a pessoa cujo papel você interpretava, não há nenhum assassinato. Você está tão deprimido pela perda do dinheiro que nem se dá conta de que derrubou o irmão retardado. Se o tivesse notado, provavelmente não ficaria ali, arraigado, mas iria correndo acudir o moribundo.

E então chegamos ao trecho mais difícil para mim. Teria de ficar de pé, como que petrificado, num estado de *inação trágica*. Fiquei todo gelado por dentro e até eu mesmo percebi que atuava com exagero.

— Sim, aí estão todos eles, os velhos clichês familiares que remontam aos nossos avós — disse Tortsov.

— E como os reconhece? — perguntei.

— Os olhos saltados de horror, o trágico enxugar da fronte, a cabeça agarrada com as suas mãos, os cinco dedos correndo pelos cabelos, a mão premida contra o peito. Qualquer um deles tem, pelo menos, trezentos anos.

"Vamos jogar fora esse lixo todo. Eliminar todo esse jogo com a testa, o coração e o cabelo. Dê-me, nem que seja a mais íntima, alguma ação que contenha fé.

— Como posso lhe dar movimento quando devo ficar num estado de inação dramática? — perguntei.

— O que é que você pensa? — contestou. — Pode haver atividade na inação dramática ou de qualquer outra espécie? Se houver, em que consiste?

Essa pergunta fez-me sondar a memória, buscando evocar o que uma pessoa poderia estar fazendo num período de inação dramática. Tortsov lembrou-me de certas passagens de *Minha vida na arte* e acrescentou um episódio pessoal.

— Era preciso — recordou — dar a uma mulher a notícia da morte do marido. Depois de longo e cuidadoso preparativo, pronunciei, finalmente, as palavras fatais. A pobre mulher ficou aturdida. Em seu rosto, entretanto, não havia o menor traço dessa trágica expressão que os atores gostam de exibir em cena. A completa ausência de expressão na sua face, quase mortal em sua imobilidade extrema, era o que impressionava tanto. Tive de ficar inteiramente imóvel perto dela por mais de dez minutos, a fim de não interromper o processo que se desenvolvia em seu íntimo. Esbocei afinal um gesto que a tirou do estupor. E logo caiu desmaiada.

"Muito tempo depois, quando já era possível falar-lhe do passado, perguntaram o que lhe passara pelo espírito naqueles minutos de trágica imobilidade. Parece que, momentos antes de receber a notícia da morte do marido, ela se aprontava para fazer algumas compras para ele... Mas, como estava morto, teria de fazer alguma outra coisa. O que haveria de ser? Pensando em suas ocupações passadas e presentes, seu cérebro recapitulara as lembranças de sua vida até o impasse daquele momento exato, com a sua grande interrogação. Perdera os sentidos por um sentimento de total impotência.

"Creio que hão de concordar que aqueles dez minutos de inação trágica estavam suficientemente repletos de atividade. Imaginem só, comprimir toda a sua vida passada em dez pequenos minutos. Isso não é ação?

— Claro que é — repliquei. — Mas não é física.

— Muito bem, talvez não seja física. Não temos de nos aprofundar demais nos rótulos, nem ser por demais concisos. Em todo ato físico há um elemento psicológico, e um elemento físico em todo ato psicológico — retorquiu Tortsov.

As cenas seguintes, quando sou despertado de meu estupor e tento reanimar meu cunhado, foram-me infinitamente mais fáceis de interpretar do que aquela imobilidade com a sua atividade psicológica.

— Agora devemos recapitular o que aprendemos nas duas últimas aulas — disse o diretor. — Os jovens, tão impacientes, procuram agarrar de uma vez toda a verdade interior de uma peça ou de um papel e acreditar nela.

"Como é impossível controlar o todo de uma só vez, temos de fragmentá-lo e de absorver cada porção separadamente. Para atingir a verdade essencial de cada pedacinho e poder acreditar nela, temos de usar o mesmo processo que utilizamos na escolha das nossas unidades e objetivos. Quando não se consegue crer na ação maior, há que reduzi-la a proporções cada vez menores até se poder crer. Não pensem que é pouca coisa. É um trabalho enorme. Vocês não perderam o tempo que passaram, tanto nas minhas aulas, como nos treinos de Rakhmanov, com a atenção concentrada em pequeninas ações físicas. Talvez ainda nem compreendam que, da crença na veracidade de uma pequena ação, o ator pode chegar a sentir-se integrado em seu papel e a depositar fé na realidade de uma peça inteira.

"Poderia citar inúmeros exemplos da minha própria experiência, em que algo de inesperado se infiltrou na representação rotineira e estagnada de uma peça. Tomba uma cadeira, uma atriz deixa cair o lenço e é preciso apanhá-lo, ou o jogo de cena repentinamente se altera. Estas coisas exigem, infalivelmente, ações pequenas mas verdadeiras, pois são intromissões emanadas da vida real. Assim como um sopro de ar fresco purifica o ambiente numa sala abafada, assim também essas ações reais instilam vida numa atuação estereotipada. Podem lembrar a um ator o tom justo que perdeu. Têm a capacidade de produzir um ímpeto interior e podem impelir toda uma cena para uma senda mais criadora.

"Por outro lado, não podemos relegar as coisas ao acaso. É importante que o ator saiba o que deve fazer nas circunstâncias normais. Quando um ato inteiro é grande demais para ser manejado, subdividam-no. Se um detalhe só não basta para convencê-los da veracidade do que estão fazendo, acrescentem-lhe outros, até que alcancem a esfera de ação mais ampla capaz de convencê-los.

"Um *senso de medida* também pode ajudá-los nisso. A essas verdades, simples mas importantes, é que dedicamos nosso trabalho nas recentes aulas.

6

— Neste último verão — disse o diretor — voltei pela primeira vez, em muitos anos, a um lugar, no campo, onde costumava passar férias. A casa em que me hospedava era a certa distância da estação ferroviária. Havia um atalho, passando por uma ravina, umas colmeias e um bosque. Antigamente eu ia e vinha tantas vezes por esse atalho, que cheguei a calcar uma trilha. Depois a relva alta cobriu-a inteiramente. Este verão, voltei a passar por lá. A princípio não foi tão fácil achar o caminho; errei muitas vezes a direção e fui sair numa estrada central, toda esburacada e sulcada pelo tráfego pesado. Aliás, essa estrada me conduziria justamente ao lado oposto à estação, por isso tive de refazer meus passos e procurar meu atalho. Guiaram-me velhas lembranças de marcos familiares, árvores, tocos, leves altos e baixos na trilha. Estas recordações tomaram corpo e orientaram minha busca. Pude, finalmente, reconstituir a linha certa e chegar, por ela, à estação. Como tinha de ir sempre à cidade, usava o atalho quase todos os dias, e ele logo voltou a ser uma trilha visível.

"Durante essas nossas últimas aulas estivemos demarcando uma linha de *ações físicas,* no exercício do dinheiro queimado. É mais ou menos análoga à minha trilha no campo. Reconhecêmo-la na vida real, mas no palco temos de repisá-la toda outra vez. A linha certa para vocês também está recoberta pelos maus hábitos que ameaçam desviá-la a cada passo, extraviando-os para a estrada sulcada e gasta da atuação estereotipada e mecânica. Para evitar que isso aconteça, vocês têm de fazer como eu fiz, determinando a direção certa por meio de uma série de ações físicas semeadas no caminho. Terão de repisá-las até que vejam, permanentemente fixada, a verdadeira trilha do papel. Agora subam ao palco e repitam várias vezes as ações físicas pormenorizadas que da última vez elaboramos.

"Atenção! Somente ações físicas, verdades físicas e, nelas, uma crença física! Mais nada!

Interpretamos o exercício do começo ao fim.

— Vocês notaram sensações novas, como resultado de terem feito uma sequência inteira de atos físicos, sem interrupção? — perguntou Tortsov. — Se notaram, os momentos isolados estão correndo, como devem, para períodos maiores e assim criando uma corrente contínua de verdade. Experimentem-na, interpretando o exercício todo do começo ao fim, várias vezes, apenas com as ações físicas.

Seguimos suas instruções e de fato sentimos que os pedaços detalhados se encaixavam, formando um todo contínuo. Essa sequência reforçava-se a cada repetição e sentíamos que a ação ia avante com ímpeto cada vez maior.

Enquanto repetíamos o exercício, persisti num erro que acho bom descrever com pormenores. Cada vez que saía de cena e ia para os bastidores, eu parava de representar. A consequência foi que a linha lógica da minha ação física ficava interrompida. E não devia interromper-se. Nem em cena nem sequer nos bastidores o ator pode tolerar essas rupturas na continuidade da vida de seu papel. Elas criam lacunas. Estas, por sua vez, deixam-se preencher com pensamentos e sentimentos alheios ao papel.

— Se não estiver habituado a atuar para si mesmo fora de cena, pelo menos restrinja seus pensamentos ao que a pessoa que você está interpretando faria se fosse colocada em circunstâncias semelhantes. Isto o ajudará a conservar-se dentro do papel.

Depois de fazer algumas correções e após repassarmos o exercício ainda algumas vezes, Tortsov perguntou-me:

— Compreende agora que conseguiu estabelecer, de modo sólido e permanente, a longa sequência de momentos individuais da verdadeira ação física deste exercício?

"Em nossa linguagem teatral chamamos a esta sequência contínua *a vida de um corpo humano*. É feita, como viu, de ações físicas vivas, motivadas por um sentimento íntimo de verdade e pela crença no que o ator está fazendo. Esta vida do corpo humano, num papel, não é pouca coisa. É uma das metades da imagem a ser criada, embora não seja a metade mais importante.

7

Depois de termos repassado mais uma vez o mesmo exercício, o diretor nos disse:

— Agora que criaram o *corpo* do papel, podemos começar a pensar no passo seguinte, ainda mais importante, que é a *criação da alma humana* no papel.

"Na realidade, isso já aconteceu dentro de vocês, sem que o soubessem. A prova é que quando executaram, ainda agora, todas as ações físicas da cena, não o fizeram de modo seco, formal, e sim com íntima convicção.

— Como se deu essa mudança?

— Naturalmente. Porque o elo entre o corpo e a alma é indivisível. A vida de um dá vida ao outro. Todo ato físico, exceto os puramente mecânicos, tem uma fonte interior de sentimento. Por conseguinte, temos em cada papel um plano interior e um plano exterior, entrelaçados; um objetivo comum liga-os em parentesco e lhes reforça os elos.

O diretor fez-me repassar a cena do dinheiro. Quando o contava, olhei, por acaso, para Vânia, o irmão corcunda de minha mulher, e, pela primeira vez, perguntei a mim mesmo: por que é que ele está sempre à minha volta? A essa altura, senti que não poderia prosseguir antes de esclarecer minhas relações com esse cunhado.

Foi isto o que, auxiliado pelo diretor, fabriquei, como base para a relação: a beleza e saúde de minha mulher foram pagas à custa da deformidade daquele irmão gêmeo. Ao nascerem, fora preciso fazer uma operação de emergência, arriscando-se a vida do menino para salvar a mãe e sua filhinha. Sobreviveram todos, mas o garoto ficou retardado e corcunda. Esta sombra sempre pesara e se fizera sentir sobre a família. A invenção mudou completamente minha atitude para com o infeliz pateta. Enchi-me de um sincero sentimento de ternura por ele e até mesmo tive certo remorso do passado.

Isto logo deu vida à cena em que a infeliz criatura encontra alguma alegria no incêndio das notas. De pena dele, fiz tolices para diverti-lo: bati com os pacotes na mesa, fiz caretas e gestos cômicos ao tirar-lhes os invólucros de cor e jogá-los ao fogo. Vânia foi sensível a essas improvisações e reagiu bem. Sua sensibilidade instigou-me a prosseguir com outras invenções do mesmo gênero. Toda uma nova cena se criou. Era viva, cálida e alegre. A plateia reagiu instantaneamente. Isso nos animou e impeliu. Chegou então o instante de ir para a sala anexa. Ao encontro de quem? De minha mulher? Quem era ela? E ali estava mais uma pergunta a exigir resposta. Não poderia continuar enquanto não soubesse tudo sobre essa criatura com a qual devia estar casado. Minha história sobre ela foi sentimental ao extremo. Ainda assim, eu sentia que, se as circunstâncias fossem as que imaginara, então, essa mulher e esse filho ser-me-iam infinitamente caros.

Com toda essa vida nova, imaginada para o exercício, os nossos métodos antigos de representá-lo pareciam indignos.

Como me era fácil e agradável contemplar o bebê no banho! Agora não tinham de advertir-me sobre o cigarro aceso. Com o maior cuidado apaguei-o, antes de sair da sala.

Minha volta à mesa com o dinheiro é agora clara e necessária. É um trabalho que faço por minha mulher, meu filho e pelo infeliz corcunda. O incêndio do dinheiro adquiriu aspecto inteiramente novo. Bastou dizer a mim mesmo: "O que faria eu, se isso de fato acontecesse?" Fico horrorizado com a perspectiva do meu futuro. A opinião pública tachar-me-á não só de ladrão, mas, também, de assassino do meu próprio cunhado. Além disso, serei visto como um infanticida! Ninguém pode reabilitar-me aos olhos do público. E nem sei, sequer, o que minha mulher pensará de mim depois de lhe ter matado o irmão.

Durante todas essas conjecturas, foi absolutamente indispensável conservar-me imóvel, mas a minha imobilidade era plena de ação. A cena seguinte, a tentativa de reanimar o rapaz morto, desenvolveu-se por si só. Era natural, devido à minha nova atitude para com ele.

Agora, o exercício, que se tornara tedioso, despertava-me vivas sensações. O método de criar tanto a vida física quanto a vida espiritual de um papel parecia notável. Não obstante, sentia que a base do êxito desse método estava toda nos mágicos *ses* e circunstâncias dadas.

Eram eles que produziam o impulso em mim e não a criação dos detalhes físicos. Por que não seria mais simples trabalhar tomando-os diretamente como ponto de partida, em vez de perder tanto tempo com os objetivos físicos?

Perguntei ao diretor sobre isto e ele concordou.

— Naturalmente — disse. — E foi isso que lhes propus há mais de trinta dias, quando interpretaram esse exercício pela primeira vez.

— Mas, naquele tempo, eu tinha dificuldade em despertar minha imaginação e ativá-la — observei.

— Sim, e agora ela está bem acordada. Você acha fácil não só inventar ficções como também vivê-las, sentir-lhes a realidade. Por que se deu essa mudança? Porque antes você plantava as sementes da imaginação em solo estéril. As contorções externas, a tensão física e a vida física incorreta são mau terreno para o cultivo da verdade e do sentimento. Agora sua vida física é correta, sua crença nela está baseada em sentimentos da sua própria natureza. Você já não imagina no ar, no espaço, ou em geral; não se trata mais de uma abstração. Agrada-nos recorrer às ações físicas reais e à nossa crença nelas, porque estão ao alcance do nosso apelo.

"Usamos a técnica consciente de criar o corpo físico de um papel e, com o seu auxílio, alcançamos a criação da vida subconsciente do espírito do papel.

8

Prosseguindo na descrição do seu método, o diretor ilustrou hoje suas observações com uma analogia entre representar e viajar.

— Vocês já fizeram uma viagem longa? — começou. — Se fizeram, devem lembrar-se das muitas alterações sucessivas que ocorrem, tanto no que veem como no que sentem. No palco, é o mesmo. Avançando ao longo de linhas físicas, vemo-nos constantemente em novas e diferentes situações, estados de ânimo, ambientes imaginativos e aspectos exteriores de produção. O ator entra em contato com pessoas novas e compartilha a vida delas.

"O tempo todo sua linha de ações físicas vai guiando-o pelas entradas e saídas da peça. Sua pista é tão bem construída que ele não pode extraviar-se. Entretanto, não é propriamente a trilha que atrai o artista no palco. Seu interesse está nas circunstâncias interiores e nas condições de vida a que a peça o levou. Aprecia os belos e imaginativos ambientes de seu papel e os sentimentos que nele despertam.

"Os atores, como os viajantes, acham muitos meios diversos para chegarem ao seu destino: há os que experimentam realmente, fisicamente, seus papéis, os que lhes reproduzem a forma exterior, os que se adornam com os truques do ofício e atuam como se representar fosse uma profissão qualquer. Outros transformam o papel numa conferência seca e literária, e há os que se servem dele para se exibir vantajosamente aos seus admiradores.

"Que pode o ator fazer para impedir-se de tomar a direção errada? Em cada entroncamento da estrada, deve contar com um sinaleiro bem treinado, atento, disciplinado. *Esse sinaleiro é o seu senso da verdade, que colabora com o seu senso-de-fé-no-que-está-fazendo, para mantê-lo na trilha certa.*

"A pergunta seguinte é: que material usamos para construir nossa trilha? A princípio, poderia parecer que seria impossível usar material melhor do que as emoções reais. Mas as coisas do espírito não são suficientemente substanciais. É por isso que recorremos à *ação física*.

"No entanto, mais importante do que as ações, propriamente ditas, é a sua veracidade e a nossa crença nelas. Eis o motivo: sempre que se tem verdade e fé, tem-se sentimento e experiência. Pode-se pô-lo à prova, executando até mesmo o ato mais ínfimo em que acreditem. Verão que instantânea, intuitiva e naturalmente despertar-se-á uma emoção.

"Esses movimentos, por mais breves que sejam, merecem o maior apreço. Têm no palco a máxima importância, tanto nos trechos mais tranquilos de uma peça como naqueles em que se está vivendo alto drama e tragédia. Não precisam ir longe para ter um exemplo: em que é que você se ocupava ao interpretar a segunda parte daquele exercício?

"Correu até a lareira e arrancou de lá um maço de notas; tentou reanimar o retardado; correu para salvar a criança que se afogava. É este o arcabouço das suas simples ações físicas, dentro do qual construiu, natural e logicamente, a vida física do papel.

"Eis aqui outro exemplo: Com que se ocupava Lady Macbeth no ponto culminante da sua tragédia? Com o simples ato físico de lavar da mão uma mancha de sangue.

Aí Gricha interrompeu, pois não estava disposto a acreditar "que um grande escritor como Shakespeare criaria uma obra-prima só para fazer sua heroína lavar as mãos ou executar algum ato natural semelhante"

— É mesmo. Que desilusão! — disse o diretor, com ironia. — Não ter pensado em tragédia! Como é que ele se foi descuidar de toda a tensão, do esforço *patético* e *inspiração!* Que dificuldade abrir mão de toda a maravilhosa arca dos truques e contentar-se com movimentozinhos físicos, verdadezinhas, e uma fé sincera na realidade deles!

"Com o tempo, há de aprender que essa concentração é necessária se quiser possuir sentimentos verdadeiros. Virá a saber que, também na vida real, muitos dos grandes momentos emocionais são assinalados por algum movimento comum, pequeno, natural. Isso o espanta? Deixe que eu lhe recorde os tristes momentos que acompanham a enfermidade e a morte iminente de alguém que nos é caro. Com que se ocupa a esposa ou o amigo íntimo do moribundo? Ocupa-se em manter o silêncio no quarto, em executar as prescrições do médico, tomar a temperatura, aplicar compressas. Todos estes pequenos atos adquirem uma importância crítica na luta com a morte.

"Nós artistas temos de compreender a verdade que até mesmo os pequenos movimentos físicos, quando injetados em 'circunstâncias dadas', adquirem grande significação pela influência que exercem sobre a emoção. Limpar o sangue na verdade ajudara Lady Macbeth a executar seus ambiciosos desígnios. Não é por acaso que, durante todo o seu monólogo, vemos em sua memória a mancha de sangue, evocada em relação ao assassinato de Duncan. Um ato pequeno, físico, assume enorme significação interior. O grande conflito íntimo busca, numa ação assim exterior, sua válvula de escape.

"Por que é que esse elo recíproco tem para nós, em nossa técnica, uma importância capital? Por que acentuo com tanta ênfase este processo elementar de influir nos nossos sentimentos?

"Se dissermos a um ator que seu papel está cheio de ação psicológica, profundidades trágicas, começará logo a se contorcer e exagerar sua paixão, fazê-la em pedaços, escavar a alma e violentar seus próprios sentimentos. Mas se lhe dermos algum simples problema físico para resolver e envolvermos esse problema em condições interessantes, comovedoras, ele tratará de executá-lo, sem se alarmar ou sequer preocupar-se muito em saber se o que faz resultará em psicologia, tragédia ou drama.

"Abordando assim a emoção, evita-se qualquer violência, e o resultado é natural, intuitivo e completo. Nas obras dos grandes poetas, até mesmo os atos mais simples estão cercados de circunstâncias subordinadas importantes, e nelas se esconde toda sorte de engodos para excitar os nossos sentimentos.

"Há ainda outra versão, simples e prática, para abordar as experiências emocionais delicadas e os fortes momentos de tragédia por intermédio da veracidade das ações físicas. Para galgar os píncaros da tragédia, o ator deve distender ao máximo seu poder criador. Isto é dificílimo. Como chegar ao estado necessário, se não tiver algo que naturalmente convoque a sua vontade? Esse estado só é provocado pelo fervor criador, e este não podemos facilmente forçar. Usando meios inaturais, arriscar-nos-emos a enveredar por algum falso rumo. O caminho fácil é familiar, habitual e mecânico. É a lei do menor esforço.

"Para evitar esse erro, temos de nos apegar a qualquer coisa substancial, tangível. A importância dos atos físicos nos momentos intensamente trágicos ou dramáticos é acentuada pelo fato de que, quanto mais simples eles são, mais fácil de aprendê-los, deixá-los guiar-nos até o nosso objetivo verdadeiro, longe da tentação de atuar mecanicamente.

"Cheguem à parte trágica do papel sem estremeções dos nervos, sem sufocações nem violências, e, sobretudo, não o façam de repente. Encaminhem-se para ela gradual e logicamente, por meio da execução correta de sua sequência de ações físicas exteriores e acreditando nessas ações. Quando tiverem aperfeiçoado essa técnica de abordagem dos sentimentos, sua atitude em relação ao momento trágico mudará inteiramente, e ele não mais os assustará.

A atitude em relação ao drama e à tragédia ou à comédia e o *vaudeville* difere apenas quanto às circunstâncias dadas que envolvem as *ações* da pessoa que estão interpretando. A principal força e o sentido dessas ações estão nas circunstâncias. Por conseguinte, quando forem chamados a passar por uma tragédia não pensem de modo algum nas suas emoções: pensem naquilo que têm de *fazer*.

Quando Tortsov acabou de falar, houve silêncio por alguns momentos, até que Gricha, como sempre disposto a discutir, o rompeu:

— Mas eu acho que os artistas não *andam* pela terra afora; na minha opinião, eles voam por sobre as nuvens.

— Gosto da sua comparação — disse Tortsov, com um leve sorriso. — Examinaremos este assunto um pouco mais adiante.

9

Na aula de hoje fiquei plenamente convencido da eficiência do nosso método de psicotécnica. Mais adiante, fiquei profundamente comovido ao vê-lo em ação. Uma de nossas colegas, Dacha, representou uma cena de *Brand,* a cena com a criança abandonada. No essencial, é o seguinte: uma jovem chega em casa e verifica que alguém abandonou uma criança à sua porta. A princípio, fica preocupada, mas logo depois resolve adotá-la. A enferma criaturinha, entretanto, morre em seus braços.

A razão por que Dacha se deixa atrair tanto pelas cenas desse tipo, com crianças, é que não há muito tempo ela perdeu um filhinho, ilegítimo. Contaram-me isto confidencialmente, como fofoca. Mas vendo-a interpretar a cena hoje, já não tenho a menor dúvida quanto à veracidade da história. Durante toda a sua atuação, as lágrimas corriam-lhe pela face e sua ternura transformou completamente, para nós, o pedaço de madeira que carregava numa criança viva. Podíamos senti-la dentro do pano que a envolvia. Chegado o instante da morte da criança, o diretor a mandou parar, temendo as consequências para as emoções de Dacha, ferida fundo demais.

Estávamos todos com os olhos marejados. Para que examinar vidas, objetivos e ações físicas, quando podíamos contemplar, ali no seu rosto, a própria vida?

— Estão vendo o que a inspiração pode criar — disse Tortsov encantado. — Não precisa de técnica, funciona estritamente de acordo com as leis da nossa arte, porque elas foram formuladas pela própria natureza. Mas não se pode contar todos os dias com um fenômeno destes; numa outra ocasião elas podem não funcionar e então...

— Funcionam sim! — disse Dacha.

E logo, como temendo que a sua inspiração esmaecesse, pôs-se a repetir a cena que acabara e interpretar. De início, Tortsov sentiu-se inclinado a proteger-lhe o jovem sistema nervoso detendo-a, mas não tardou muito e ela mesma se interrompeu, pois não conseguia fazer coisa alguma.

— E como vai se arranjar? — perguntou Tortsov. — Você sabe que o empresário que a contratar para sua companhia insistirá em que represente igualmente bem não só na *estreia,* como em todos os espetáculos seguintes. Senão a peça fará sucesso na estreia e depois fracassará.

— Não. É só eu sentir e representarei bem — disse Dacha.

— Compreendo que queira chegar logo às suas emoções. Claro que é ótimo. Seria maravilhoso se conseguíssemos um método permanente para repetir as experiências emocionais bem-sucedidas. Mas os sentimentos não podem ser fixados. Escorrem como a água pelos nossos dedos. É por isso que, quer você queira, quer não, terá de achar um meio mais substancial de afetar e estabelecer suas emoções.

Mas a nossa entusiasta de Ibsen dispensou qualquer sugestão de empregar meios físicos no trabalho criador. Repassou todas as abordagens possíveis: pequenas unidades, objetivos interiores, invenções imaginativas. Nenhuma lhe parecia bastante atraente. Para onde quer que se voltasse, por mais que fizesse por evitá-la, teve de aceitar, finalmente, a base física, e Tortsov ajudou a orientá-la. Não tentou achar para ela novas ações físicas. Seus esforços visavam a reconduzi-la às próprias ações que ela usara intuitiva e brilhantemente.

Desta vez atuou bem e no seu desempenho havia não só veracidade, como também crença. Entretanto, não se podia comparar com a primeira representação.

O diretor disse-lhe, então:

— Atuou lindamente, mas não era a mesma cena. Você mudou de objetivo. Pedi-lhe que interpretasse esse trecho com uma criança viva, real, e você me deu uma cena com um pedaço inerte de madeira, enrolado numa toalha de mesa. Todas as suas ações estavam ajustadas a isso. Você manejou habilmente o pedaço de pau, mas uma criança viva exigiria um mundo de movimentos detalhados que, desta vez, você omitiu inteiramente. Da primeira vez, antes de pôr as fraldas no bebê imaginário, você estendeu-lhe os bracinhos e perninhas, sentiu-os de fato, beijou-o carinhosamente, murmurou ao bebê palavras ternas, sorriu-lhe entre as lágrimas. Foi muito tocante. Mas, agora, você pôs de lado todos esses pormenores importantes. Naturalmente porque um pedaço de madeira não tem braços nem pernas.

"Da outra vez, ao passar o pano em volta da cabeça dele, teve todo cuidado em evitar que encostasse nas faces do bebê. Quando estava todo embrulhadinho, pôs-se a observá-lo com alegria e orgulho. Agora, procure corrigir o seu erro. Repita a cena com um bebê e não com um *pedaço de pau*.

Depois de fazer muitos esforços, Dacha conseguiu evocar, por fim, conscientemente, o que sentira inconscientemente ao fazer a cena da primeira vez. Assim que acreditou na criança, as lágrimas correram, livres. Quando terminou, o diretor teceu elogios ao trabalho, como exemplo eficaz do que ele vinha ensinando. Mas eu ainda estava desiludido e insisti que Dacha não nos conseguiu comover depois daquela primeira explosão de sentimentos.

— Não faz mal — disse ele. — Preparado o terreno e os sentimentos do ator começando a crescer, ele tocará seu público assim que encontrar para eles uma saída adequada, em alguma sugestão imaginativa.

"Não quero ferir os jovens nervos de Dacha, mas suponhamos que ela tenha tido um lindo filhinho, seu mesmo. Era-lhe ardorosamente dedicada e eis que, de súbito, com alguns meses apenas, a criança morre. Nada neste mundo pode trazer-lhe alívio até que, de repente, o destino se compadece e ela encontra, na soleira da sua porta, um bebê ainda mais encantador que o seu.

A flecha acertou em cheio. Mal acabou de falar e Dacha pôs-se a soluçar sobre o pedaço de madeira, com o dobro do sentimento que manifestara até mesmo da primeira vez.

Corri para Tortsov, a fim de explicar-lhe que, sem querer, ele dera com a trágica e verdadeira história da jovem. Horrorizado, ia-se atirando ao palco, para cortar a cena, mas ficou fascinado com a interpretação de Dacha e não teve ânimo para interrompê-la. Depois, fui falar-lhe.

— Não é verdade — perguntei — que, desta vez, Dacha estava sentindo a sua própria e verdadeira tragédia pessoal? Neste caso, o senhor não pode atribuir seu êxito a nenhuma técnica ou arte criadora. Foi simples coincidência casual.

— E agora você me diga se o que ela fez da primeira vez era arte — retorquiu Tortsov.

— Claro que era — reconheci.

— Por quê?

— Porque ela, intuitivamente, evocou sua tragédia pessoal e se comoveu com ela — expliquei.

— Então parece que a dificuldade está no fato de que eu lhe sugeri um novo *se,* em vez de ela o escolher por si mesma? Não vejo nenhuma diferença real entre o ator revi ver suas lembranças pessoais por iniciativa própria ou fazê-lo com o auxílio de outra pessoa. O importante é que a memória retenha esses sentimentos e, perante um certo estímulo, os evoque. Então é impossível deixar de crer neles com todo o corpo e a alma.

— Concordo com isso, mas ainda penso que Dacha não foi movida por nenhum conjunto de ações físicas, mas sim pela sugestão que o senhor lhe fez — argumentei.

— Absolutamente não o nego — interrompeu o diretor —, tudo depende da sugestão imaginativa. Mas é preciso saber a hora certa para fazê-la. Suponhamos que você procure Dacha e lhe pergunte se ela se teria comovido com a minha sugestão se eu a fizesse antes do que fiz, quando estava representando a cena pela segunda vez, embrulhando o pedaço de madeira sem manifestar nenhum sentimento, antes que sentisse os bracinhos e pernas do enjeitadinho e os beijasse, antes que a transformação ocorresse em seu próprio espírito e a madeira fosse trocada por uma criança encantadora, viva. Estou convencido de que, àquela altura, a sugestão de que esse pedaço de madeira envolto num farrapo sujo era seu filhinho só poderia ofender-lhe a sensibilidade. Evidentemente, ela poderia chorar ante a coincidência da minha sugestão com a tragédia de sua própria vida. Mas esse pranto por alguém que se foi não é o choro que queremos na cena, em que a mágoa pelo bem perdido é substituída pela alegria do achado.

"Mais ainda, creio que Dacha sentiria repulsa pelo pedaço de pau e tentaria afastar-se dele. Suas lágrimas correriam livremente, mas muito alheias ao bebê de teatro e teriam sido causadas pela lembrança do filho morto — o que não é o que nós queríamos nem o que ela nos proporcionou da primeira vez que interpretou a cena. Só depois de ter feito uma imagem mental do bebê é que pôde outra vez chorar sobre ele como fizera antes.

Conseguiu calcular o momento oportuno e lançar a sugestão que, por acaso, coincidiu com as suas recordações mais tocantes. O resultado foi profundamente comovedor.

Havia, entretanto, um outro ponto que eu queria defender, por isso indaguei:

— Dacha, enquanto atuava, não estaria realmente num estado de alucinação?

— Claro que não — contestou o diretor, enfático. — O que se passou não foi que ela acreditasse que o pedaço de madeira se transformou numa criança viva, mas sim na probabilidade do acontecimento da peça que, se ocorresse com ela, na vida real, seria a sua salvação. Acreditava em suas próprias ações maternais, em seu amor e em todas as circunstâncias que a cercavam.

"Você compreende, portanto, que esta forma de encarar as emoções é valiosa não só quando criamos o papel, mas também quando temos de reviver um papel já criado. Dá-nos um meio de evocar sensações já provadas. Se não fosse por elas, os momentos inspirados de atuação do ator reluziriam por uma vez aos nossos olhos e desapareceriam, depois, para sempre.

10

Nossa aula de hoje, consagrou-se a pôr à prova o *senso da verdade* de diversos alunos. O primeiro a ser chamado foi Gricha. Pediram-lhe que representasse alguma coisa, o que quer que lhe agradasse. Assim, escolheu sua comparsa habitual, Sônia, e quando terminaram o diretor lhes disse:

— O que fizeram ainda agora foi admirável e certo, do ponto de vista de vocês mesmos, que é o de técnicos habilíssimos, unicamente interessados na perfeição da atuação. Mas meus sentimentos não puderam acompanhá-los, pois o que eu procurava em arte é algo natural, algo de organicamente criador, capaz de instilar vida humana em um papel inerte.

"A sua verdade de faz de conta ajuda-os a representar imagens e paixões; o meu gênero de verdade ajuda a criar as próprias imagens e a mover paixões verdadeiras. A diferença entre a arte de vocês e a minha é a mesma que há entre as palavras *parecer* e *ser*. Eu exijo a verdade real; vocês se contentam com a sua *aparência*. Eu exijo uma crença verdadeira; vocês estão dispostos a se limitarem à confiança que seu público tem em vocês. Olhando-os, ele tem a certeza de que executarão perfeitamente todas as formas estabelecidas. Confia na habilidade de vocês como na de um acrobata exímio. Do ponto de vista de vocês, o espectador é um mero observador. Para mim, ele se torna, involuntariamente, testemunha e participante em meu trabalho criador; é atraído para o próprio centro da vida que vê no palco e acredita nela.

Em vez de replicar com qualquer argumento, Gricha causticamente citou o poeta Puchkin, como tendo um ponto de vista diferente sobre a verdade na arte:

"Preferem punhado de baixas verdades
À ficção que nos ergue acima de nós mesmos."

— Concordo com você e com Puchkin também — disse Tortsov —, porque ele se refere a ficções nas quais podemos crer. O que nos eleva é a fé que temos nelas. É uma forte confirmação do ponto de vista de que em cena *tudo deve ser real na vida imaginária do ator.* Isto eu não senti na atuação de vocês.

E pôs-se a repassar a cena detalhadamente e a corrigi-la, tal como fizera comigo no exercício do dinheiro queimado. Então aconteceu algo que resultou numa alocução prolongada e muitíssimo instrutiva. Gricha, de repente, parou de representar. A raiva lhe escurecia o rosto, os lábios e as mãos tremiam. Depois de lutar algum tempo com suas emoções, explodiu finalmente:

— Há meses que estamos empurrando cadeiras de um lado para o outro, fechando portas, acendendo lareiras. Isso não é arte. Teatro não é circo. No circo as ações físicas têm o seu lugar. É importantíssimo poder-se agarrar o trapézio ou pular em cima do cavalo. Nossa vida depende da nossa destreza física. Mas o senhor não pode me dizer que os grandes escritores do mundo produziram suas obras-primas só para que seus heróis pudessem entregar-se a exercícios de ações físicas. A arte é livre! Precisa de espaço, e não das suas verdadezinhas físicas. Temos de estar livres para grandes voos em vez de nos arrastarmos no chão como baratas.

Quando acabou, o diretor lhe disse:

— Seu protesto me espanta. Até o momento, eu o julgava um ator que se distinguia pela técnica exterior. Hoje, de súbito, verificamos que suas aspirações dirigem-se todas para as nuvens! As convenções e as mentiras exteriores, isto é o que lhe corta as asas. O que sobe alto é a imaginação, o sentimento, o pensamento. No entanto, seus sentimentos e sua imaginação parece que estão acorrentados bem aqui, na plateia.

"A menos que seja envolvido por uma nuvem de inspiração e carregado por ela, em turbilhão, para o alto, você, mais do que qualquer outro aqui, sentirá necessidade de todo o trabalho de base que temos feito. No entanto, é justamente isto que parece temer e considera os exercícios como se fossem degradantes para um artista.

"Uma *ballerina* ofega, bufa e sua enquanto executa os exercícios diários indispensáveis, antes de poder realizar seus voos graciosos no espetáculo da noite. Um cantor tem de passar suas manhãs mugindo, entoando pelo nariz, sustentando notas, desenvolvendo o diafragma e buscando nova ressonância dos seus tons de cabeça, se quiser, à noite, despejar a alma em canto. Nenhum artista está acima da necessidade de manter em ordem seu aparelhamento físico por meio dos exercícios técnicos necessários.

"Por que é que você se erige em exceção? Enquanto procuramos estabelecer o mais estreito dos elos diretos entre a nossa natureza física e a espiritual, por que é que você busca livrar-se totalmente do lado físico? Mas a natureza recusou-se a dar-lhe justamente o que você almeja: sentimentos e experiências exaltados. Em vez disso, dotou-o da técnica física necessária para exibir seus dotes.

"As pessoas que mais falam de coisas elevadas são, na maioria, justamente as que carecem de atributos capazes de transportá-las aos planos superiores. Com falsas emoções, falam de arte e criação de modo confuso e arrevesado. Os verdadeiros artistas, pelo contrário, falam em termos simples e compreensíveis. Reflita nisso e também no fato de que, em certos papéis, você ainda pode tornar-se um ótimo ator e útil contribuinte para a arte.

Depois de Gricha, Sônia foi submetida à prova. Surpreendeu-me constatar que fazia muitíssimo bem todos os exercícios simples. O diretor elogiou-a e deu-lhe depois uma espátula, sugerindo-lhe que se apunhalasse com ela. Assim que sentiu cheiro de tragédia no ar, ela subiu logo nas andas e, quando chegou ao clímax, aprontou tamanho escarcéu que caímos na gargalhada.

O diretor lhe disse:

— Na parte cômica você teceu um padrão encantador, acreditei no que fez. Mas nos pontos dramáticos, fortes, soou falso. É evidente que o seu senso da verdade é unilateral: sensível à comédia, ainda não se formou no setor dramático. Tanto você como Gricha devem procurar sua verdadeira situação no teatro. Em nossa arte, é importantíssimo que cada ator descubra o seu tipo particular.

11

Hoje foi a vez de Vânia passar pela prova. Representou comigo e com Maria o exercício do dinheiro queimado. Senti que ele nunca havia feito a primeira parte tão bem como agora. Espantou-me com o seu senso de proporção e mais uma vez convenceu-me do seu verdadeiríssimo talento.

O diretor louvou-o, mas prosseguiu dizendo:

— Por que é que você exagera a verdade até um grau indesejável, na cena da morte? Tem câimbra, náusea, geme, faz caretas medonhas e ainda tem paralisia progressiva. A essa altura, parece que está fazendo naturalismo simplesmente pelo próprio naturalismo. Você estava mais interessado nas lembranças exteriores da dissolução de um corpo humano.

"Ora, na peça de Hauptmann, *Hannele,* o naturalismo tem seu lugar, serve para dar grande relevo ao tema básico da peça, que é espiritual. Como meio para se chegar a um fim, podemos aceitá-lo. De outra forma, não há necessidade de arrastar para a cena coisas da vida real que seria muito melhor dispensar.

"Disto podemos concluir que nem toda espécie de verdade pode transferir-se ao palco. O que lá usamos é *a verdade, transformada em um equivalente poético, pela imaginação criadora.*

— E, exatamente, como define isso? — perguntou Gricha com um certo azedume.

— Não me encarregarei de formular uma definição — disse o diretor. — Os sábios que o façam. *Posso apenas ajudá-lo a sentir o que é. E mesmo isto requer muitíssima paciência, pois dedicarei todo o nosso curso à tarefa. Ou, para ser mais preciso, surgirá por si mesmo, depois que tiverem estudado todo o nosso sistema de atuação e depois que vocês mesmos tenham feito a experiência de iniciar, clarificar, transformar realidades humanas simples, cotidianas, em cristais de verdade artística.* Tudo isso não acontece num minuto. Absorva o que for essencial e rejeite todo o supérfluo. Encontre uma bela forma e expressão, adequadas ao teatro. Assim fazendo, com o auxílio de sua intuição, seu talento e bom gosto, alcançará um resultado simples, compreensível.

A estudante seguinte a passar pela prova foi Maria. Interpretou a cena que Dacha fizera, com o bebê. Fê-lo de modo lindo e muito diferente.

Primeiro demonstrou extraordinária sinceridade na alegria de encontrar o menino. Era como ter uma boneca viva, de verdade, para brincar. Dançou com ele pelo palco, embrulhou-o, desembrulhou-o, beijou-o, acariciou-o, esquecendo completamente que tinha nos braços somente um pedaço de madeira. E então, de repente, o bebê parou de reagir. Ela primeiro olhou-o fixamente por muito tempo, tentando saber por quê. A expressão de seu rosto mudava. Enquanto gradativamente a surpresa ia sendo substituída pelo terror, ficou mais concentrada, recuando cada vez mais para longe da criança. A uma certa distância, petrificou-se — uma imagem de trágica expectativa. Só isso. E, entretanto, quanta fé, juventude, feminilidade e drama verdadeiro havia ali. Como era delicadamente sensível o seu primeiro embate com a morte!

— Cada pequeno detalhe era artisticamente verdadeiro — exclamou o diretor, com emoção. — Podia crer-se em tudo, porque tudo se baseava em elementos cuidadosamente selecionados, extraídos da vida real. Não pegou nada por atacado, usou apenas o que era necessário. Nem mais, nem menos. Maria sabe ver o que é bom e tem senso de proporção. São ambas qualidades importantes.

Quando lhe perguntamos como se explicava que uma atriz tão jovem, inexperiente, tivesse dado uma interpretação tão perfeita, sua resposta foi:

— Isto decorre, principalmente, do talento natural, mas, sobretudo, de um senso da verdade extraordinariamente agudo.

No fim da aula, resumiu:

— Já lhes disse tudo o que posso, por enquanto, sobre o *sentido da verdade, da falsidade, e sobre a fé em cena*. A questão, agora, é saber como desenvolver e regular este importante dom da natureza.

"Haverá muitas oportunidades, porque ele nos acompanha a cada passo e em cada fase de nosso trabalho, quer em casa, no palco, no ensaio, ou em público. Este sentido deve penetrar e verificar tudo que o ator fizer e o espectador assistir. Cada pequeno exercício, seja interior, seja exterior, deve ser executado sob a sua supervisão e com a sua aprovação.

"Nosso único cuidado é o de orientar tudo o que fizermos com o fito de desenvolver e fortalecer este sentido. É uma tarefa difícil, já que é tão mais fácil mentir quando se está em cena do que dizer a verdade e traduzi-la em atos. Vão precisar de muita atenção e concentração para auxiliar o desenvolvimento do seu senso da verdade e fortalecê-lo.

"Evitem a falsidade, evitem tudo o que for contrário à natureza, à lógica e ao bom-senso. É o que gera a deformação, a violência, o exagero e as mentiras. Quanto mais eles tiverem vez, mais desmoralizado ficará o senso da verdade que possuem. Evitem, portanto, o hábito de falsear. Não consintam que os juncos entravem o tenro curso da verdade. Arranquem de vocês mesmos, sem dó, qualquer tendência à atuação mecânica, exagerada. Dispensem os estertores.

"Uma constante eliminação destas superfluidades estabelecerá um processo especial, e é a ele que me estarei referindo quando vocês me ouvirem gritar: 'Cortem 90%.'

CAPÍTULO IX Memória das emoções

Nosso trabalho hoje começou com uma repassagem do exercício com o louco. Ficamos encantados, porque não vínhamos fazendo exercícios assim.

Representamo-lo com maior vitalidade, o que não era surpresa, pois cada um tinha aprendido o *que* fazer e *como* fazer. Estávamos tão seguros de nós mesmos que chegamos a fanfarronear um pouquinho. Quando Vânia nos assustou, precipitamo-nos na direção oposta, como antes. Mas a diferença agora é que estávamos preparados para o súbito alarma. Por esse motivo, nossa corrida geral foi muito mais bem definida, e o seu efeito, mais forte.

Repeti exatamente o que costumava fazer: fui para debaixo da mesa, só que agarrando um grande livro, em vez de um cinzeiro. Os outros fizeram mais ou menos o mesmo. Sônia, por exemplo, da primeira vez que fizemos essa cena, esbarrara em Dacha, deixando cair, por acaso, uma almofada. Desta vez não esbarrou, mas deixou cair a almofada assim mesmo, para ter de apanhá-la.

Imaginem o nosso espanto quando tanto Tortsov quanto Rakhmanov nos disseram que a nossa atuação neste exercício, que, antes, era direta, sincera, fresca e verdadeira, tornara-se, hoje, falsa, insincera e afetada. Ficamos desalentados com uma crítica tão inesperada. Insistimos que tínhamos sentido realmente tudo o que fizemos.

— Está claro que sentiram alguma coisa — disse o diretor. — Senão, estariam mortos. A questão é: *O que* estavam sentindo? Tentemos desemaranhar as coisas e comparar a interpretação anterior deste exercício com a atual.

"Não há dúvida que conservaram toda a marcação, os movimentos, as ações exteriores, a sequência e cada mínimo detalhe dos agrupamentos, com uma exatidão espantosa. Podia-se facilmente pensar que vocês fotografaram a montagem. Provaram, portanto, que possuem memórias excepcionalmente alertas para o lado exterior, factível, de uma peça.

"Entretanto, seria assim tão importante a maneira de se agruparem e se postarem em cena? Para mim, como espectador, o que se passava dentro de vocês tinha muito mais interesse. Esses sentimentos, tirados da nossa experiência real e transferidos para o papel, é que dão vida à peça. Vocês não nos deram esses sentimentos. Toda produção exterior é formal, fria e sem sentido quando não tem motivação interior. Aí está a diferença entre as duas atuações. No começo, quando lhes fiz a sugestão sobre o louco, todos, sem exceção, se concentraram, cada qual com seu próprio problema de segurança íntima, e só depois é que começaram a atuar. Era esse o processo lógico: a experiência interior vinha antes e, depois, se incorporava numa forma exterior. Hoje, pelo contrário, vocês estavam tão satisfeitos com seus desempenhos que nem pensaram em coisíssima alguma a não ser subir logo ao palco e copiar todos os detalhes externos do exercício. Da primeira vez havia um silêncio mortal; hoje, tudo era excitação e jovialidade, vocês todos se ocupavam aprontando coisas: Sônia com sua almofada, Vânia com o abajur dele, Kóstia com um livro, em vez de um cinzeiro.

— O contrarregra esqueceu o cinzeiro — declarei.

— E da primeira vez que representou o exercício você, acaso, o tinha preparado *de antemão*? Sabia que Vânia ia gritar e assustá-lo? — perguntou o diretor, com certa ironia. — É muito esquisito! Como é que você previu, hoje, que ia precisar daquele livro? Ele devia cair em suas mãos por acaso. É pena que essa qualidade acidental não se tenha podido repetir hoje. Mais um detalhe: originalmente, vocês não tiravam os olhos da porta, atrás da qual supunha-se que estava o louco; hoje, ficaram logo tomados pela nossa presença. Em vez de se esconderem do doido, vocês se exibiam a nós. Da primeira vez foram impelidos a agir pelos seus sentimentos íntimos e pela intuição, por sua experiência humana. Mas ainda agora repassaram esses movimentos quase mecanicamente. Em vez de recorrerem à sua memória da vida, foram extrair material nos arquivos teatrais dos seus cérebros. O que se passou dentro de vocês, no começo, resultou naturalmente em ação. Hoje, essa ação foi inflada e exagerada para fazer efeito.

"Acontece com vocês o mesmo que se deu com o moço que veio perguntar a V. V. Samoilov se devia ou não entrar para o teatro. 'Saia', disse ele ao jovem. 'Depois volte e repita isso tudo que acaba de me dizer.' O moço veio e repetiu o que tinha dito da primeira vez, mas não foi capaz de reviver os mesmos sentimentos.

"Seja como for, nem a minha comparação com o rapaz, nem o seu insucesso de hoje devem deixá-los preocupados. Tudo faz parte do nosso trabalho e vou-lhes dizer por quê. Muitas vezes o *inesperado* é uma alavanca eficientíssima no trabalho criador. Durante a sua primeira representação do exercício, essa qualidade era evidente. Vocês ficaram deveras excitados com a injeção da ideia de um possível lunático. Nesta repetição de agora, o imprevisto já estava gasto, pois vocês sabiam tudo de antemão, tudo lhes era familiar e claro, até mesmo a forma exterior em que verteram sua atividade. Nessas circunstâncias, parece que não valia a pena reconsiderar, de novo, toda a cena, deixando-se guiar pelas emoções. Uma forma exterior já pronta é uma tentação terrível para o ator. Não era de surpreender que novatos como vocês se deixassem tentar, provando, ao mesmo tempo, que têm boa memória para a ação exterior. Quanto à *memória emocional,* desta não houve hoje um vestígio sequer.

Quando lhe pediram que explicasse a expressão, respondeu:

— Creio que a melhor forma de ilustrá-la é contar-lhes uma história, como fez Ribot, que foi o primeiro a definir esse tipo de lembranças:

"Dois viajantes ficaram encalhados em uns rochedos por causa da maré alta. Depois que foram salvos narraram suas impressões.

Um deles lembrava-se de tudo o que *fizera*, nos menores detalhes: como, por que e aonde fora; onde subira e onde descera; onde pulara para cima e onde pulara para baixo. O outro homem não tinha a menor lembrança do lugar. Só se recordava das *emoções* que sentira. Sucessivamente, surgiram: *encantamento, apreensão, medo, esperança, dúvida* e, por último, pânico.

"Foi justamente este segundo caso que se passou com vocês da primeira vez que representaram este exercício. Lembro-me claramente da sua consternação, do seu pânico, quando apresentei a sugestão sobre o louco. Posso ainda vê-los, pregados no chão, enquanto tentavam planejar o que fariam. Toda a sua atenção estava galvanizada pelo objetivo fictício atrás da porta e, assim que se ajustaram a ele, vocês irromperam numa real excitação e em real atividade.

"Se hoje tivessem podido fazer como o segundo homem da história de Ribot — reviver todos os sentimentos que experimentaram daquela primeira vez e atuar sem esforço, involuntariamente —, eu teria dito, então, que vocês possuem excepcionais memórias de emoção.

"Infelizmente, é coisa que pouco acontece. Sou forçado, portanto, a moderar minhas exigências. Admito que comecem o exercício deixando-se levar pelo seu plano exterior; mas, depois disso, terão de deixar que ele lhes recorde os seus sentimentos anteriores e de se entregarem a eles, como força condutora, durante todo o resto da cena. Se o puderem fazer, direi que as suas memórias de emoção, embora não sendo excepcionais, são boas.

"Se tiver de reduzir ainda mais as minhas exigências, direi: interpretem o esquema físico do exercício, ainda que não lhes recorde suas sensações antigas e ainda que não sintam o impulso de encarar com novos olhos as circunstâncias dadas no enredo. Mas, neste caso, deixem que eu os veja utilizar sua psicotécnica, apresentando novos elementos imaginativos que lhes despertem os sentimentos adormecidos.

"Se o conseguirem, poderei reconhecer provas de que há em vocês memória de emoção. Até agora, hoje, ainda não me ofereceram nenhuma dessas possíveis alternativas.

— Isso quer dizer que não temos memória emocional? — perguntei.

— Não. Não é isto o que devem concluir. Faremos alguns testes em nossa próxima aula — disse Tortsov, calmamente, levantando-se e preparando-se para deixar a sala.

2

Hoje fui eu o primeiro a ter conferida a memória emocional.

— Lembra-se de que me falou certa vez sobre a grande impressão produzida em você por Moskvin quando visitou sua cidade numa *tournée*? Seria capaz de evocar a sua atuação com suficiente nitidez para que a simples ideia seis anos depois, lhe evoque o entusiasmo que sentiu naquela oportunidade? — perguntou-me o diretor.

— Talvez os sentimentos não sejam tão penetrantes como já o foram, mas não resta dúvida que, mesmo hoje, me comovem muito — repliquei.

— Serão bastante fortes para fazê-lo enrubescer e sentir o coração batendo?

— Talvez, se eu me entregasse inteiramente.

— O que sente, física ou espiritualmente, quando se lembra da morte trágica daquele amigo íntimo de que me falou?

— Procuro evitar essa lembrança, porque me deprime muito.

— Esse tipo de memória, que faz com que você reviva as sensações que teve outrora, vendo Moskvin representar ou quando o seu amigo morreu, é o que chamamos de memória das emoções ou memória afetiva. Do mesmo modo que sua memória visual pode reconstruir uma imagem interior de alguma coisa, pessoa ou lugar esquecido, assim também sua memória afetiva pode evocar sentimentos que você já experimentou. Podem parecer fora do alcance da evocação e eis que, de súbito, uma sugestão, um pensamento, um objeto familiar os traz de volta em plena força. Algumas vezes as emoções têm a mesma pujança de sempre, às vezes são mais fracas, às vezes os mesmos fortes sentimentos retornam, mas sob aspecto um pouco diverso.

"Como você ainda é capaz de corar ou empalidecer à lembrança de uma experiência, como ainda receia evocar um certo acontecimento trágico, podemos concluir que possui uma memória das emoções. Mas não está bastante treinada para, sem auxílio, levar a bom termo um combate contra o estado teatral em que você se deixa cair quando entra em cena.

Depois Tortsov estabeleceu a distinção entre a memória das sensações, baseada nas experiências, ligada aos nossos cinco sentidos, e a memória emocional. Disse que, ocasionalmente, iria falar nelas como se corressem paralelamente uma à outra. Esta, disse ele, é uma descrição conveniente, embora não científica, da relação que existe entre as duas.

Quando lhe perguntaram até que ponto o ator utiliza as lembranças de sensações e qual era o diferente valor de cada um dos cinco sentidos, ele disse:

— Para responder, tomemos cada um deles por sua vez. Dos nossos cinco sentidos, o da vista é o mais receptivo às impressões. O ouvido também é extremamente sensível. Por isso é que as impressões depressa se fazem, por intermédio dos nossos olhos e ouvidos.

"É sabido que alguns pintores têm o dom da visão interior em tão alto grau que podem pintar retratos de pessoas que eles já viram mas não estão mais vivas.

"Alguns músicos têm igual capacidade de reconstruir, interiormente, os sons. Repetem mentalmente a execução de uma sinfonia inteira recém-ouvida. Os atores também possuem esse mesmo tipo de capacidade visual e auditiva. Utilizam-nas para imprimir em si mesmos — e mais tarde evocar — toda sorte de imagens visuais e auditivas; o rosto de uma pessoa, sua expressão, a linha do corpo, o andar, os maneirismos, movimentos, voz, entonações, traje, características raciais.

"Mais ainda, certas pessoas, principalmente os artistas, são capazes de recordar e reproduzir não só coisas que viram e ouviram na vida real como, também, nas suas imaginações, coisas não vistas nem ouvidas. Os atores do tipo que têm memória visual gostam de ver o que se quer deles e então as suas emoções reagem com facilidade. Outros acham muito preferível ouvir o som da voz, ou a entonação da pessoa que devem interpretar. Com eles, o primeiro impulso para o sentimento vem das suas memórias auditivas.

— E os outros sentidos? — perguntou alguém. — Precisamos deles também?

— Está claro que sim — disse Tortsov. — Pense na cena inicial, com os três glutões, no *Ivanov*, de Tchekhov, ou numa em que seja preciso desenvolver em nós mesmos um verdadeiro êxtase perante um ragu de papelão supostamente preparado, com impressionante arte culinária, pela *Locandiera* de Goldoni. Você terá de interpretar essa cena de modo a dar água, tanto na sua boca quanto na nossa. Para fazê-lo será forçado a ter uma lembrança vivíssima de algum manjar delicioso. Senão, vai exagerar a cena e não sentirá prazer gustativo algum.

— Onde utilizaríamos o sentido do tato? — perguntei.

— Numa cena tal como a temos no *Édipo*, em que o rei cegou-se e usa o sentido do tato para reconhecer as filhas. Entretanto, nem mesmo a técnica mais perfeitamente desenvolvida pode comparar-se à arte da Natureza. Em meu tempo, já vi muitos atores técnicos famosos, de muitas escolas e países, e nenhum deles podia galgar as culminâncias que a intuição artística, guiada pela natureza, consegue atingir. Não devemos esquecer o fato de que muitos aspectos importantes das nossas complexas naturezas são-nos desconhecidos e não estão sujeitos à nossa direção consciente. Só a natureza tem acesso a eles. A menos que conquistemos o auxílio dela, teremos de contentar-nos em exercer domínio apenas parcial sobre o nosso complicado aparelho criador.

"Embora os nossos sentidos do olfato, paladar e tato sejam úteis e até mesmo importantes algumas vezes, seu papel em nossa arte é simplesmente auxiliar, e tem por objetivo influenciar nossa memória das emoções.

3

Nossas aulas com o diretor foram interrompidas provisoriamente, porque ele partiu em *tournée*. Por enquanto, vamos trabalhando na dança, ginástica, esgrima, impostação de voz e dicção. Enquanto isso, uma coisa importante aconteceu comigo, projetando uma grande luz sobre o próprio tema que vínhamos estudando: a memória emocional.

Não faz muito tempo eu ia andando para casa em companhia de Paulo. Numa avenida, demos com uma grande aglomeração. Como gosto das cenas de rua, enfiei-me por ela adentro e chegando ao meio dei com os olhos num horrível quadro. Jazia aos meus pés um velho, pobremente vestido, com a mandíbula esmagada e ambos os braços decepados. Seu rosto era medonho; os velhos dentes amarelos projetavam-se para fora do bigode ensanguentado. Um bonde se agigantava sobre sua vítima. O condutor agitava-se em torno do maquinismo para mostrar o que estava atrapalhando e por que a culpa não era dele. Um homem uniformizado de branco, o sobretudo jogado nos ombros, umedecia negligentemente as narinas do morto com um chumaço de algodão sobre o qual despejava um líquido qualquer de uma garrafa. Era de uma farmácia próxima. Não muito longe, umas crianças brincavam. Uma delas deu com um pedaço de osso da mão do velho. Sem saber o que fazer com aquilo, jogou-o numa lata de lixo. Uma mulher chorava, mas o resto da turba olhava, com indiferença e curiosidade.

Esse quadro causou-me profunda impressão. Que contraste entre aquele horror no chão e o céu azul-pálido, claro, sem nuvens. Retirei-me deprimido e só muito mais tarde pude libertar-me desse estado de espírito. Despertei, noite alta, e a lembrança visual era ainda mais apavorante do que o fora a visão do próprio acidente com certeza porque à noite tudo parece mais assustador. Atribuí-o à minha memória emocional e ao seu poder de aprofundar impressões.

Alguns dias depois, passei pela cena do desastre e, sem querer, detive-me para evocar o que sucedera ainda tão recentemente. Todos os vestígios tinham-se obliterado. Havia no mundo uma vida humana a menos — eis tudo. Entretanto, uma pequena pensão seria paga à família do morto, satisfazendo, assim, o sentimento de justiça de todos. Por conseguinte, estava tudo como devia. No entanto, talvez a mulher e os filhos estivessem morrendo de fome.

Enquanto eu pensava, minha lembrança da catástrofe pareceu transformar-se. A princípio fora crua e naturalística, com todos os medonhos detalhes físicos, a mandíbula espatifada, os braços decepados, as crianças brincando com o riacho de sangue. Agora eu estava igualmente abalado com a lembrança de tudo isso, mas de outro modo. Invadiu-me, repentinamente, a indignação contra a crueldade, a injustiça e a indiferença humanas.

São sete dias apenas desde o acidente, e eu tornei a passar pelo local, a caminho da escola. Parei por alguns momentos para refletir sobre ele. A neve, então, estava branca, como está agora. Assim é... a vida. Lembrei-me da forma escura, estendida no chão — isto é... a morte. O rio de sangue, esse era a torrente das transgressões humanas. Em volta, por toda parte, num contraste luminoso, vejo o céu, o sol, a natureza. Isto é... a eternidade. Os bondes passando, repletos de passageiros, representam as gerações que passam, rumo ao desconhecido. O quadro inteiro, que era tão horrível, tão aterrador, tornou-se agora majestoso, austero...

4

Hoje dei, por acaso, com um fenômeno estranho. Rememorando aquele acidente da avenida, verifico que o bonde, agora, parece dominar a cena. Mas não é o bonde desse recente acontecimento

— é um bonde que remonta a uma experiência pessoal minha mesmo. Neste outono passado, uma noite, já tarde, eu voltava de um subúrbio para a cidade no último *trolley*. Passando por um campo deserto, o *trolley* descarrilhou. Os passageiros tiveram de unir esforços para ajudar a repô-lo nos trilhos. Como me pareceu grande e pesado, então, e como éramos fracos e insignificantes, comparados com ele!

Por que essa velha lembrança sensória ficou mais funda e fortemente marcada em mim do que a mais recente? E eis ainda outro ângulo: quando começo a pensar no velho mendigo estendido no chão com o farmacêutico inclinado sobre ele, vejo que minha memória se volta para um outro acontecimento, muito diferente. Foi há muito tempo. Deparei com um italiano curvado sobre um macaco morto na calçada. Chorava e tentava enfiar um pedaço de casca de laranja na boca do animal. Dir-se-ia que esta cena afetara mais os meus sentimentos do que a morte do mendigo. Enterrara-se mais fundamente na minha memória. Creio que se tivesse de encenar o acidente da avenida, eu iria antes buscar matéria emocional para meu papel na recordação da cena do italiano com o macaco morto do que na própria tragédia. Pergunto-me por que será isto?

5

Nossas aulas com o diretor recomeçaram hoje e eu lhe falei sobre o processo de evolução dos meus sentimentos a propósito do acidente da rua. Primeiro elogiou minha capacidade de observação e depois disse:

— Esta é uma ilustração excelente do que de fato se passa em nós. Cada um de nós já presenciou muitos acidentes. Retemo-lhes a lembrança — mas somente as características notáveis que nos impressionaram e não os detalhes. Dessas impressões, forma-se uma memória de sensações vasta, condensada, mais ampla e mais profunda, de experiência correlata. É uma espécie de síntese da memória, em grande escala. É mais pura, mais condensada, compacta, substancial e cortante do que os acontecimentos de fato.

"*O tempo é um esplêndido filtro para os nosso sentimentos evocados. Além disto, é um grande artista. Ele não só purifica, mas também transmuta em poesia até mesmo as lembranças dolorosamente realistas.*

— Entretanto, os grandes poetas e artistas recorrem à natureza.

— Concordo. Mas não a fotografam. Seu produto passa através das próprias personalidades e o que ela lhes dá é suplementado por material vivo, extraído das suas reservas de lembranças emocionais.

"Shakespeare, por exemplo, muitas vezes tirou seus heróis e vilões, como Iago, das histórias alheias e transformou-os em criaturas vivas acrescentando ao quadro suas próprias lembranças emocionais cristalizadas. O tempo de tal modo clarificara e poetificara suas impressões que elas se tornaram esplêndido material para as suas criações.

Quando falei a Tortsov sobre a troca de pessoas e coisas ocorrida nas lembranças, ele observou:

— Isto não tem nada de surpreendente. Não pode esperar que as suas lembranças de sensação possam ser utilizadas como se faz com os livros nas bibliotecas.

"Você é capaz de imaginar como é realmente, a nossa memória emocional? Imagine um certo número de casas, com muitos quartos em cada casa, em cada quarto inúmeros armários, prateleiras, caixas, e, em algum lugar, numa delas, uma pequena miçanga. É bem fácil achar a casa certa, o quarto, o armário e a prateleira. Mas já é mais difícil encontrar a caixa exata. E onde estará o olhar penetrante, capaz de descobrir aquela pequenina conta que se desprendeu hoje e rolou, por um momento lampejou e, depois, perdeu-se de vista? Só a sorte a encontrará de novo.

"E é isto o que se passa nos arquivos da memória. Eles têm todas essas divisões e subdivisões. Umas são mais acessíveis do que as outras. O problema é recapturar a emoção que certa vez lampejou, como um meteoro. Se ela permanecer junto à superfície e voltar-se, pode dar graças à sua estrela. Mas não espere recuperar sempre a mesma impressão. Amanhã pode surgir, em lugar dela, alguma coisa muito diferente. Dê graças por esta e não fique esperando a outra. Se aprender a ter receptividade para essas lembranças recorrentes, então, as novas lembranças, à medida que se formarem, serão mais capazes de mover repetidamente seus sentimentos. Sua alma, por sua vez, tornar-se-á mais responsiva e reagirá com um calor novo às partes do seu papel cuja atração se tiver desgastado pela repetição constante.

"Quando as reações do ator são mais poderosas, a inspiração pode surgir. Por outro lado, não perca tempo correndo atrás de uma inspiração que por acaso lhe ocorreu uma vez. É tão irrecuperável como o ontem, como as alegrias da infância, como o primeiro amor. Dirija seus esforços no sentido de criar uma inspiração nova e fresca para o dia de hoje. Não há motivo algum para supor que será pior do que a de ontem. Pode não ser tão brilhante. Mas você tem a vantagem de possuí-la hoje. Ergueu-se, naturalmente, das profundezas de sua alma para acender em você a fagulha criadora. Quem poderia dizer qual das manifestações da verdadeira inspiração é a melhor? Todas são esplêndidas, cada qual a seu modo — se mais não fosse, pelo simples fato de serem *inspiradas*.

Quando insisti com Tortsov para que afirmasse que, como essas sementes de inspiração guardam-se dentro de nós e não nos vêm de fora, devemos concluir que a inspiração é de origem antes secundária do que primária, ele se recusou a comprometer-se.

— Não sei. As coisas do subconsciente não são meu terreno. Além disso, não creio que se deva tentar destruir o mistério em que nos habituamos a envolver nossos momentos de inspiração. O mistério tem beleza própria e é, por si só, um grande estímulo à criatividade.

Mas eu não estava disposto a ficar nisso e perguntei-lhe se tudo o que sentíamos enquanto estávamos em cena não seria de origem secundária.

— Aliás, será que se sente sempre, em cena, as coisas pela primeira vez? Eu queria saber, também, se é bom ou mau que nos venham sentimentos originais, frescos, quando estamos em cena, sentimentos nunca experimentados por nós, de modo algum, na vida real.

— Depende do tipo — foi a resposta. — Suponha que você está representando, no último ato de *Hamlet,* a cena em que se atira com sua espada sobre o amigo aqui, Paulo, que faz o papel de rei e, de repente, pela primeira vez na sua vida, você é avassalado por uma sede de sangue. Embora sua espada seja apenas uma arma cênica, sem gume, incapaz de tirar sangue, poderia precipitar uma luta medonha, obrigando o pano a baixar. Acha que seria sensato um ator entregar-se a emoções assim tão espontâneas?

— Isto quer dizer que elas nunca são desejáveis? — perguntei.

— Pelo contrário, são muitíssimo desejáveis — disse Tortsov.
— Mas essas emoções diretas, poderosas e vívidas não fazem sua entrada em cena assim como você supõe. Sua duração não se estende por longos períodos ou sequer por um ato. Lampejam em breves episódios, momentos individuais. Deste modo, são sumamente desejáveis. Só podemos esperar que ocorram com frequência, aguçando a sinceridade do trabalho criador. A qualidade inesperada dessas erupções espontâneas de sentimento é uma força irresistível e comovedora.

Aí, acrescentou uma advertência:

— O que elas têm de mau é que não podemos controlá-las. Elas é que nos controlam. Portanto, não podemos fazer outra coisa senão deixar agir a natureza e dizer: "Se elas quiserem vir, que venham. Só esperamos que ajam a favor do papel e não contra ele." Está claro que uma instilação de sentimentos inesperados, inconscientes, é coisa muito tentadora. Com isso é que sonhamos e é um dos aspectos favoritos da criatividade em nossa arte. Isso, entretanto, não deve levá-lo a concluir que tem o direito de subestimar a importância dos *sentimentos repetidos*, sacados da memória emocional. Pelo contrário, deve dedicar-se inteiramente a eles, pois são o único meio pelo qual poderá exercer qualquer grau de influência na inspiração. Permitam-me recordar-lhes o nosso princípio cardeal: "Por meios conscientes alcançamos o subconsciente."

"Outra razão por que devem apresar essas emoções repetidas é que um artista não constrói seu papel com a primeira coisa que lhe está à mão. Seleciona com o máximo cuidado dentre suas lembranças e elege das experiências vivas as mais sedutoras. Para tecer a alma da pessoa que vai retratar, utiliza emoções que lhe são mais caras do que suas sensações cotidianas. Podem imaginar campo mais fértil para a inspiração? O artista toma o que de melhor existe nele e leva-o para o palco. A forma há de variar, conforme as necessidades da peça, mas as emoções humanas do artista permanecerão vivas e estas não podem ser substituídas por nenhuma outra coisa.

— Quer dizer, então, que em todos os tipos de papel, desde Hamlet até Açúcar, em *O pássaro azul*, nós temos de usar os nossos próprios, velhos, mesmos sentimentos? — interrompeu Gricha.

— E que mais podem fazer? — disse Tortsov. — Você acaso espera que um ator invente toda sorte de sensações novas ou até mesmo uma alma nova para cada papel que interpreta? Quantas almas teria de abrigar? Por outro lado, pode ele acaso arrancar fora a sua própria alma e substituí-la por outra, alugada, por julgá-la mais adequada a determinado papel? Onde é que irá buscá-la? Podemos tomar de empréstimo roupas, um relógio, toda espécie de *coisas*, mas é impossível tomar de outra pessoa *sentimentos*. Os meus sentimentos são meus, inalienavelmente, e os seus lhe pertencem da mesma forma. É possível compreender um papel, simpatizar com a pessoa retratada e pôr-se no lugar dela, de modo a agir como essa pessoa agiria. Isso despertará no ator sentimentos que são *análogos* aos que o papel requer. Mas esses sentimentos pertencerão não à pessoa criada pelo autor da peça, mas ao próprio ator.

"*Nunca se perca no palco. Atue sempre em sua própria pessoa, como artista. Nunca se pode fugir de si mesmo. O instante em que você se perde no palco marca o ponto em que deixa de verdadeiramente viver seu papel e o início de uma atuação exagerada, falsa.* Assim, por mais que atue, por mais papéis que interprete, nunca conceda a si mesmo uma exceção à regra de usar sempre os próprios sentimentos. Quebrar essa regra é o mesmo que matar a pessoa que você estiver interpretando, pois a estará privando de uma alma humana, viva, palpitante, que é a verdadeira fonte da vida do papel.

Gricha não podia convencer-se de que temos sempre de interpretar nós mesmos.

— É exatamente isso que se tem de fazer — afirmou o diretor. — *Sempre e eternamente, quando estiver em cena, você terá de interpretar a si mesmo. Mas isto será numa variedade infinita de combinações de objetivos e circunstâncias dadas que você terá preparado para seu papel e que foram fundidos na fornalha da sua memória de emoções.* É este o melhor e o único material verdadeiro para a criatividade interior. Utilize-o e não confie em nenhuma outra fonte para abastecer-se.

— Mas eu não posso, absolutamente, conter todos os sentimentos para todos os papéis deste mundo! — argumentou Gricha.

— Os papéis para os quais você não possui os sentimentos adequados são os que nunca interpretará bem — explicou Tortsov. — Serão excluídos do seu repertório. Os atores não são classificados principalmente por seus tipos. As diferenças se estabelecem devido às suas qualidades interiores.

Quando lhe perguntamos como uma pessoa podia *ser* duas personalidades amplamente contrastantes, respondeu:

— Para começar, o ator não *é* nem uma nem outra. Ele tem, em sua própria pessoa, uma individualidade interior e exterior que pode ser vividamente ou indistintamente desenvolvida. É possível que não haja, em sua natureza, nem a vilania de um personagem nem a nobreza de outro. Mas as sementes dessas qualidades lá estarão, porque temos em nós os elementos de todas as características humanas, boas e más. O ator deve usar sua arte e sua técnica para descobrir, por métodos naturais, os elementos que precisa desenvolver para seu papel. Deste modo, a alma da pessoa que ele interpreta será uma combinação dos elementos vivos do seu próprio ser.

"Você deve preocupar-se, primordialmente, em encontrar um meio de recorrer ao seu material emocional; depois, em descobrir métodos para criar um número infinito de combinações de almas humanas, caracteres, sentimentos, paixões, para os seus papéis.

— Onde vamos achar esses meios e esses métodos?

— Antes de mais nada, aprendam a usar suas memórias emocionais.

— Como?

— Por meio de uma série de estímulos interiores e exteriores. Mas isto é uma questão complicada e, assim, cuidaremos dela da próxima vez.

6

Hoje tivemos nossa aula no palco, com o pano descido. Devia passar-se no *apartamento de Maria,* mas não o podíamos reconhecer. A sala de jantar estava onde era a de visitas. A antiga sala de jantar fora transformada em quarto de dormir. A mobília toda era barata e pobre. Assim que os alunos se refizeram da surpresa, clamaram pela volta do apartamento original, pois diziam que o novo deixava-os deprimidos e que não podiam trabalhar nele.

— Sinto não poder fazer nada a respeito — disse o diretor. — Precisavam da outra mobília para uma peça em cartaz, por isso nos deram em troca tudo o que podiam dispensar e arrumaram as coisas da melhor forma que sabiam. Se não gostaram do arranjo assim como está, mudem o que quiserem para torná-lo mais confortável.

Isto desencadeou uma mudança geral e o lugar foi logo feito em pedaços.

— Parem! — exclamou Tortsov. — E digam-me quais são as lembranças de sensações que todo este caso faz vir à tona em vocês.

— Quando há um terremoto — disse Nicolau, que fora um dos supervisores —, as pessoas mudam os móveis de lugar desse jeito.

— Eu não sei como defini-lo — disse Sônia —, mas, de certo modo, recorda-me a época de consertar os assoalhos.

Enquanto seguíamos empurrando a mobília, surgiram várias discussões. Alguns procuravam um estado de alma, alguns, outro, conforme o efeito produzido em suas memórias de emoção por este ou aquele agrupamento dos objetos na sala. Afinal o arranjo ficou passável. Mas pedimos mais luz. E aí nos deram uma exibição de luzes e efeitos sonoros.

Tivemos, primeiro, a luz de um dia ensolarado e ficamos animadíssimos. Fora de cena havia uma sinfonia de ruídos, buzinas de automóvel, campainhas de bondes, apitos de fábricas e o som distante de uma máquina — todos os testemunhos auditivos de um dia numa cidade.

Gradualmente, foram diminuindo as luzes. Era agradável, calmo, mas um pouquinho triste. Sentíamo-nos pensativos, nossas pálpebras pesavam. Um grande vento soprou e, logo, uma tempestade. As vidraças estremeciam nos caixilhos, o vendaval silvava e ululava. Seria chuva, ou neve, batendo nas vidraças? Era um som deprimente. Os rumores da rua tinham-se desvanecido. Um relógio na sala vizinha tiquetaqueava, forte. Alguém pôs-se a tocar piano, a princípio fortíssimo e depois mais suave, mais tristemente. Os rumores da lareira aumentavam a sensação da melodia. Com o anoitecer acenderam-se as luzes, o piano emudeceu. A certa distância, um relógio bateu doze vezes. Meia-noite. Reinou silêncio. Um camundongo roía o assoalho. Podíamos ouvir, de vez em quando, a buzina de um carro, o apito de um trem. Finalmente todos os sons cessaram, a escuridão e a calma fizeram-se absolutas. Pouco depois sombras cinzentas anunciavam a aurora. Quando os primeiros raios de luz solar penetraram na sala, senti um grande alívio.

Vânia foi quem mais se entusiasmou com os efeitos.

— Foi melhor do que na vida real — garantiu-nos.

— Nela as mudanças são tão graduais — acrescentou Paulo — que a gente não nota a mudança de ânimo. Mas quando 24 horas são cumpridas em uns poucos minutos, sentimos sobre nós todo o poder dos variáveis tons de luz.

— Como notaram o ambiente exerce grande influência nos nossos sentimentos. E isso se dá em cena, tanto quanto na vida real. Nas mãos de um diretor talentoso, todos esses recursos e efeitos transformam-se em meios criativos e artísticos — disse o diretor.

"Quando a produção exterior de uma peça está interiormente ligada à vida espiritual dos atores, ela muitas vezes adquire mais significação no palco do que na vida real. Se corresponder às necessidades da peça e produzir o clima certo, ajudará o ator a formular o aspecto interior de seu papel, influenciando todo o seu estado psíquico e toda a sua capacidade de sentir. Nestas condições a cena é, definitivamente, um estímulo para as nossas emoções. Portanto, quando uma atriz vai interpretar o papel de Margarida, tentada por Mefistófeles enquanto está orando, o diretor deve proporcionar-lhe os meios de criar a impressão de que está na igreja. Isto lhe ajudará a sentir o papel. Para o intérprete de Egmont no cárcere, deve criar um clima sugestivo de reclusão solitária e forçada.

— Que acontece quando um diretor cria uma esplêndida produção exterior que, entretanto, não se enquadra com as necessidades interiores da peça? — perguntou Paulo.

— Infelizmente, isto acontece muito e o resultado é sempre ruim, porque o erro do diretor faz com que os atores enveredem pelo atalho errado e ergue barreiras entre eles e seus papéis — respondeu Tortsov.

— E se a produção exterior é, pura e simplesmente, ruim? — perguntou alguém.

— O resultado é pior ainda. Os artistas que trabalham com o diretor por trás das cenas conseguirão o efeito diametralmente oposto ao que seria certo. Em vez de atrair a atenção dos atores para o palco, far-lhes-á repulsa, lançando-os em poder da plateia, para lá da ribalta. Portanto, a montagem exterior de uma peça é uma faca de dois gumes na mão do diretor. Pode fazer bem ou mal.

"Vou propor-lhes agora um problema — prosseguiu o diretor. — Será que todo bom cenário ajuda o ator e fala-lhe à memória emocional? Por exemplo: imaginem um belo cenário, desenhado por algum artista sumamente dotado no emprego da cor, das linhas e da perspectiva. Vocês, do auditório, olham para o cenário e ele produz completa ilusão. No entanto, se chegarem perto, ficarão desiludidos, sentindo-se pouco à vontade em relação a ele. Por quê? Porque quando um cenário é feito do ponto de vista do pintor, em duas dimensões e não três, não serve para o teatro. Tem altura e largura, mas falta-lhe a profundidade, sem a qual, no que concerne ao teatro, é um cenário sem vida.

"Vocês sabem, por experiência própria, como o ator se sente num palco vazio, nu. Como é difícil concentrar nele a atenção e como é duro representar sequer um pequeno exercício ou um simples esquete.

"Experimentem só ficar num espaço desses e despejar o papel de Hamlet, Otelo ou Macbeth! Como é difícil fazê-lo sem o auxílio de um diretor, sem um esquema dos movimentos, sem objetos de cena em que se possam apoiar, sentar, encaminhar-se a eles ou se agruparem ao seu redor! Porque cada situação que é preparada para vocês os ajuda a dar uma forma exterior plástica ao seu estado de ânimo interior. Por isto precisamos, absolutamente, daquela terceira dimensão, uma profundidade de forma, em que possamos mover-nos, viver e atuar.

7

— Por que está escondida aí num canto? — perguntou o diretor a Maria, entrando hoje no palco.

— Eu... quero fugir... Eu... não suporto... — resmungou ela, tentando afastar-se cada vez mais do desvairado Vânia.

— Por que estão aí sentados, tão aconchegadinhos? — perguntou Tortsov a um grupo de alunos amontoados no sofá perto da mesa.

— Nós... estávamos ouvindo umas piadas — gaguejou Nicolau.

— O que é que você e Gricha estão fazendo aí perto da lâmpada? — perguntou a Sônia.

Ela ficou encabulada, sem saber o que replicar, mas, finalmente, saiu-se com algo a respeito de estarem lendo juntos uma carta.

Ele, então, voltou-se para mim e Paulo e indagou:

— Por que vocês dois ficam aí andando de um lado para o outro?

— Estávamos apenas discutindo as coisas — retruquei.

— Numa palavra, vocês todos escolheram formas adequadas de repercutir o estado de alma em que se achavam. Arranjaram o cenário adequado e usaram-no para seus fins. Ou acaso será possível que o cenário que encontraram lhes tenha sugerido o estado de alma e a ação? — concluiu.

Sentou-se perto da lareira e ficamos de frente para ele. Muitos puxaram as cadeiras para chegar mais perto, ouvir melhor. Ajeitei-me na mesa para tomar notas. Gricha e Sônia sentaram-se à parte, para cochichar.

— E agora digam-me, precisamente, porque cada um de vocês está sentado nesse lugar exato — exigiu.

E, mais uma vez, fomos forçados a prestar contas dos nossos movimentos. Ele convenceu-se que cada um utilizara o cenário de acordo com o que tinha de fazer, com seu estado de alma e com seus sentimentos.

A medida seguinte foi dispersar-nos por vários pontos da sala, com os móveis ajudando a formação dos grupos. Pediu-nos, depois, que notássemos os estados de ânimo, as lembranças emocionais ou as sensações repetidas que acaso o arranjo nos sugerisse. Tivemos também de dizer em que circunstâncias utilizaríamos esse arranjo de cena. Depois disso, o diretor dispôs uma série de arranjos de cena e em cada caso tivemos de dizer em que circunstâncias emocionais, em que condições ou em que estado de alma acharíamos que estava de acordo com a nossa necessidade interior o uso dos diferentes arranjos de cena, segundo as suas indicações — noutras palavras, ao passo que antes havíamos escolhido o nosso arranjo de cena para que correspondesse ao nosso estado de alma e ao nosso objetivo, agora ele se encarregava de escolher para nós, competindo-nos apresentar o objetivo certo e induzir os sentimentos adequados.

O terceiro teste foi o de reação a um arranjo de cena feito por outra pessoa. Muitas vezes o ator se defronta com este problema e tem de resolvê-lo. Portanto, é preciso estar apto a fazê-lo.

Depois, começou uns exercícios em que nos punha em posições que entravam em conflito direto com os nossos propósitos e estados de alma. E esses exercícios todos nos levaram a apreciar um ambiente bom, confortável, pleno, preparado em função das sensações que desperta. Resumindo o que tínhamos alcançado, o diretor disse que o ator procura uma *mise-en-scène* adequada, que corresponda ao seu estado de alma, ao seu objetivo, e que esses mesmos elementos também criam a cena. Além disso, são um estímulo para a memória das emoções.

— A impressão mais comum é a de que o diretor usa todos os seus recursos materiais, como o cenário, a iluminação, os efeitos sonoros e outros acessórios, com o fito primordial de impressionar o público. Pelo contrário. Usamos esses recursos mais pelo efeito que exercem nos atores. Tentamos por todos os meios facilitar que concentrem a atenção no palco.

"Ainda há muitos atores — prosseguiu — que, desafiando qualquer ilusão que possamos criar por meio da luz, do som, das cores, ainda sentem que seu interesse está mais focalizado na plateia do que no palco. Nem mesmo a peça e o seu sentido essencial conseguem trazer-lhes de volta a atenção para o nosso lado da ribalta. Para que isto não aconteça com vocês, procurem aprender a olhar e ver as coisas no palco, a reagir e se entregar ao que se passa em torno de vocês. Numa palavra: a usar tudo que lhes estimule os sentimentos.

"Até aqui — prosseguiu o diretor, depois de uma pequena pausa —, temos trabalhado a partir do estímulo para o sentimento. Muitas vezes, entretanto, o processo oposto se impõe. Usamo-lo quando queremos fixar experiências interiores acidentais.

"Como exemplo, vou contar-lhes o que me aconteceu numa das primeiras representações de O Bas-Fond, de Gorki. O papel de Satin fora-me relativamente fácil, com exceção do seu monólogo do último ato. Este exigia de mim o impossível: dar à cena uma significação universal, dizer a fala com insinuações tão profundas de um sentido mais fundo, que ele se tornasse o ponto central, o desenlace de toda a peça.

"Cada vez que eu chegava a esse ponto perigoso, parecia que impunha freios aos meus sentimentos. E essa hesitação paralisava o livre curso da alegria criadora em meu papel. Depois do monólogo eu me sentia, invariavelmente, como o cantor que falhou no agudo. Para minha surpresa, essa dificuldade sumiu na terceira ou quarta atuação. Quando tentei descobrir a razão desse fato, decidi que teria de examinar detalhadamente tudo o que me acontecera durante o dia inteiro, antes da representação noturna.

"O primeiro item é que eu recebera do meu alfaiate uma conta escandalosamente alta e me aborrecera. Depois, perdi a chave da minha escrivaninha. Com o pior dos humores, sentei-me para ler a crítica da peça e verifiquei que elogiaram o que estava mal e deixaram de apreciar os bons momentos. Isso me deprimiu. Passei o dia todo remoendo a peça, cem vezes tentei analisar sua significação interior. Evoquei cada sensação que tinha em todos os pontos do meu papel e fiquei tão absorto que, ao chegar a noite, em vez de me enervar todo, como de costume, fiquei inteiramente alheio ao público e indiferente a qualquer ideia de sucesso ou fracasso. Apenas segui meu caminho, logicamente e na direção exata, e descobri que tinha ultrapassado o ponto perigoso do monólogo sem sequer percebê-lo.

"Consultei um ator experiente, que é também ótimo psicólogo, e pedi-lhe que me ajudasse a esclarecer o ocorrido, para que eu pudesse fixar a experiência daquela noite. Foi esta a sua atitude:

"— Você não pode repetir uma sensação acidental que lhe venha a ocorrer em cena, assim como não pode ressuscitar uma flor que morreu. Mais vale tentar criar alguma coisa nova do que desperdiçar esforço em coisas mortas. Como fazê-lo? Antes de mais nada, não se preocupe com a flor; basta regar as raízes ou plantar sementes novas. A maioria dos atores trabalha no sentido oposto. Quando conseguem algum sucesso casual num papel, querem repeti-lo e vão logo, diretamente, aos seus sentimentos. Mas isso é o mesmo que cultivar flores sem a colaboração da natureza — o que é impossível, a menos que estejamos dispostos a nos contentar com flores artificiais.

— E daí, então?

— Não pense no sentimento, propriamente, mas ponha a cabeça a trabalhar naquilo que faz com que ele cresça, em quais foram as condições que acarretaram a experiência. "Faça o mesmo", disse-me aquele sábio ator. "Nunca comece pelos resultados. Eles aparecerão com o tempo, como consequência lógica do que se passou antes."

Fiz como recomendou. Tentei mergulhar na raiz daquele monólogo, na ideia fundamental da peça. Compreendi que a minha versão não tinha parentesco algum, verdadeiro, com o que escrevera Gorki. Meus erros tinham construído uma barreira intransponível entre mim e a ideia fundamental.

Esta experiência ilustra o processo de trabalhar a partir da emoção despertada, retrocedendo até o seu estímulo original. Usando este processo, o ator pode repetir à vontade qualquer sensação que ele queira, pois pode retraçar o caminho do sentimento acidental até o que o estimulou, para refazer seu caminho, voltando do estímulo ao próprio sentimento.

8

Hoje o diretor começou dizendo:

— Quanto mais ampla for sua memória emocional, mais rico será seu material para a criatividade interior. Creio que isto dispensa maiores explicações. É preciso, entretanto, além da riqueza da memória emocional, saber distinguir certas outras características, isto é, sua força, sua firmeza, a qualidade do material que ela retém, na medida em que afetam o nosso trabalho no teatro.

"Todas as nossas experiências criadoras são plenas e vivas na razão direta do poder, acuidade e exatidão da nossa memória. Se for fraca, os sentimentos que desperta serão pálidos, intangíveis e transparentes. Não têm valor, no palco, porque não conseguem ultrapassar a ribalta.

Das observações que ele fez em seguida, depreende-se que há vários graus de poder na memória das emoções e que são múltiplos tanto os seus efeitos quanto as suas combinações. Sobre isto, Tortsov disse:

— Suponham que receberam, em público, um insulto, talvez um tapa na cara, que lhes faz arder o rosto sempre que pensam nele. O choque interior foi tão grande que apagou todos os pormenores desse áspero incidente. Mas alguma coisa insignificante é capaz, instantaneamente, de reavivar a lembrança do insulto e a emoção voltará, com redobrada violência. O rosto se cobre de rubor ou empalidece, o coração põe-se a bater, desordenado.

"Se tiverem matéria emocional assim tão viva e fácil de despertar acharão simples transferi-la ao palco e representar uma cena análoga à experiência que tiveram na vida real e lhes deixou tão chocante impressão. Ser-lhes-á desnecessária qualquer técnica. A cena interpretar-se-á por si mesma, pois a natureza os ajudará.

"Eis outro exemplo: tenho um amigo distraidíssimo. Certa vez, foi jantar em casa de uns amigos que não via há um ano. Durante a refeição mencionou a saúde do adorável filhinho de seu anfitrião. Suas palavras foram acolhidas com um silêncio de pedra e a anfitriã caiu desmaiada. O pobre homem esquecera-se inteiramente de que o menino tinha morrido depois da última vez que ele estivera com os amigos. Diz ele que nunca, enquanto viver, poderá esquecer-se do que sentiu naquela ocasião.

"Seja como for, as sensações do meu amigo foram diferentes das que teve a pessoa esbofeteada, pois no caso dele elas não obliteraram todos os pormenores que cercaram o incidente. Meu amigo guardou lembrança muito precisa não só dos seus sentimentos como, também, do próprio acontecimento e das circunstâncias nas quais ocorreu. Lembra-se, definitivamente, da expressão assustada no rosto de um homem do outro lado da mesa, dos olhos vidrados da mulher a seu lado e do grito que partiu do extremo oposto da mesa. No caso de uma memória de emoções muito fraca, o trabalho psicotécnico é, ao mesmo tempo, amplo e complicado.

"Há ainda outro, dentre os múltiplos aspectos desta forma de memória, que os atores fariam bem em conhecer. Falarei sobre ele pormenorizadamente.

"Em tese, vocês poderiam supor que o tipo ideal de memória das emoções seria aquela que pudesse reter e reproduzir as impressões em todos os exatos detalhes da sua primeira ocorrência, revivendo-as exatamente como foram sentidas na realidade. Mas, se assim fosse, o que seria dos nossos sistemas nervosos? Como suportariam a repetição de horrores com todos os seus detalhes originais, penosamente realísticos? A natureza humana não resistiria.

"Felizmente as coisas, na realidade, passam-se de outro modo. As nossas lembranças emotivas não são cópias exatas da realidade. De vez em quando, algumas são mais vívidas do que o original, mas, via de regra, o são menos. Às vezes as impressões, depois de recebidas, seguem vivendo em nós, crescem e se aprofundam. Chegam até a estimular novos processos e ora preenchem detalhes incompletos, ora sugerem outros pormenores, totalmente novos.

"Nesses casos a pessoa pode manter perfeita calma numa situação perigosa e depois desmaiar, quando, mais tarde, a recorda. Este exemplo demonstra o poder crescente da memória em relação ao acontecimento original, bem como o desenvolvimento contínuo de uma impressão que se teve.

"Resta agora — somando-se à força e à intensidade dessas lembranças — a sua qualidade. Suponhamos que, em vez da pessoa com a qual aconteceu alguma coisa, vocês são apenas testemunhas. Uma coisa é a gente ser insultada em público e sentir um profundo embaraço em causa própria, e outra muito diferente é ver o mesmo acontecer com outra pessoa, aborrecer-se com o fato, ficar em posição de tomar partido, livremente, pelo agressor ou pela vítima.

"Naturalmente, nenhum motivo impede a testemunha de sentir emoções fortíssimas. Pode até mesmo sentir o acidente com mais pungência do que os participantes diretos. Mas não é isto que me interessa agora. Quero apenas salientar que os sentimentos dessa pessoa são diferentes.

"Há mais uma possibilidade: a da pessoa não participar do incidente nem como personagem nem como testemunha. Pode apenas ter lido ou ouvido falar nele. Nem mesmo isto a impediria de receber impressões fortes e profundas. Tudo dependeria da força de imaginação de quem redigiu a descrição ou falou a respeito, assim como da força de imaginação de quem lê ou escuta o caso. Também, ainda, as emoções do leitor ou ouvinte diferem, quanto à qualidade, das de um dos protagonistas desse acontecimento.

"O ator tem de lidar com todos esses tipos de matéria emocional. Elabora esse material e ajusta-o às necessidades do personagem que retrata.

"Suponhamos, agora, que vocês foram testemunhas quando aquele homem foi esbofeteado em público e que o incidente deixou fortes marcas em suas memórias. Achariam mais fácil reproduzir tais sentimentos em cena se estivessem fazendo o papel de testemunha. Mas imaginem que em vez disso devessem interpretar o homem que levou o bofetão. Como adaptariam a emoção que sentiram como testemunha ao papel do homem insultado?

"O protagonista sente o insulto, e a testemunha pode, apenas, compartilhar sentimentos de solidariedade. Mas a solidariedade pode, depois, transformar-se em reação direta. É isto precisamente que acontece conosco quando estamos elaborando um papel: desde o instante em que o ator sente processar-se nele esta mudança, passa a ser um protagonista ativo na vida da peça —

brotam nele verdadeiros sentimentos humanos. *Muitas vezes esta transformação da solidariedade humana nos sentimentos reais do personagem dá-se espontaneamente.*

"O ator pode sentir a situação do personagem tão intensamente e reagir a ela tão ativamente que se coloca, de fato, no lugar dessa pessoa. E então, daquele ponto de vista, vê o acontecimento com os olhos do esbofeteado. Quer agir, participar da situação, ofender-se com o insulto, tal como se se tratasse para ele de uma questão de honra. Neste caso, a transformação das emoções da testemunha nas de protagonista é tão completa que a força e a qualidade dos sentimentos em jogo não diminuem. Com isto veem que utilizamos como material criador não só as nossas próprias emoções passadas, mas, também, os sentimentos que experimentamos ao simpatizarmos com as emoções alheias. É fácil dizer, *a priori*, que não podemos absolutamente ter material emocional próprio suficiente para suprir as necessidades de todos os papéis que teremos de representar durante toda uma existência dedicada ao palco. Nenhuma pessoa, individualmente, pode ser a *alma universal* de *A gaivota*, de Tchekhov, que passou por todas as experiências humanas, inclusive a do assassínio e a de sua própria morte. Não obstante, temos de viver em cena todas estas coisas. Por isso é preciso estudarmos as outras pessoas e aproximar-nos delas emocionalmente o máximo que nos for possível, até que a nossa simpatia por elas se transforme em sentimentos propriamente nossos.

"Não é isto o que se dá conosco sempre que começamos a estudar cada papel novo?

9

— 1. Se vocês se recordam do exercício com o louco — disse o diretor —, devem lembrar-se de todas as sugestões imaginativas. Cada uma delas continha um estímulo para as suas memórias de emoção. Davam-lhe um ímpeto interior por meio de coisas que nunca lhes aconteceram na vida real. Vocês também sentiram o efeito dos estímulos externos.

"2. Lembram-se de como decompusemos aquela cena de *Brand* em unidades e objetivos e como os alunos e as alunas se dividiram, em furiosa oposição, em torno dela? Era um outro tipo de estímulo interior.

"3. Se se lembrarem da nossa demonstração de objetos de atenção, no palco e na plateia, compreenderão, agora, que os objetos reais podem ser um verdadeiro estímulo.

"4. Outra fonte importante de estímulo emocional é a verdadeira ação física e a *crença* que se tem nela.

"5. Ao correr do tempo, travarão conhecimento com muitas outras fontes interiores de estímulo. A mais poderosa está no texto da peça, nas insinuações de pensamentos e de sentimentos nele implícitas e que afetam as relações recíprocas entre os atores.

"6. Vocês também estão cientes, agora, de todos os estímulos exteriores que nos cercam no palco, sob a forma de cenário, arranjos de mobiliário, luzes, efeitos de som e outros efeitos, visando a criar uma ilusão da vida real e de seus *climas* vivos.

"Se somarem todos estes estímulos e lhes acrescentarem os que ainda vão aprender, verão que podem contar com muitos. Representam o seu acervo psicotécnico de riquezas que devem aprender a usar.

Quando eu disse ao diretor que estava ansioso por fazer justamente isso mas não sabia como agir, ele aconselhou-me:

— Faça como o caçador levantando a caça: quando um pássaro não alça voo por vontade própria, é de todo impossível achá-lo na densa folhagem da mata. Você tem de atraí-lo para fora, assoviar-lhe, usar vários *engodos*.

"Nossas emoções artísticas são, a princípio, tão ariscas como os animais silvestres e ocultam-se nas profundezas de nossa alma. Se não vierem à tona espontaneamente, não se pode ir atrás delas e achá-las. O máximo que se pode fazer é concentrar a atenção no tipo de isca mais eficaz para atraí-las. E para servir a seu propósito não há como estes estímulos da memória emocional que acabamos de discutir.

"O elo entre a isca e o sentimento é natural e deve ser amplamente usado. Quanto mais lhe pomos o efeito à prova e lhe analisamos o resultado em emoções despertadas, melhor podemos julgar o que a nossa memória de sensação retém e mais fortaleceremos nossa posição para desenvolvê-la.

"Ao mesmo tempo, não se pode desprezar a questão da quantidade das nossas reservas neste setor. Devem lembrar-se de que, constantemente, vocês têm de aumentar os seus estoques. É claro que para isto recorrem principalmente aos seus próprios sentimentos, impressões e experiências. Também adquirem material na vida que os rodeia, real e imaginária, nas reminiscências, nos livros, na arte, na ciência, em todo tipo de conhecimentos, viagens, museus e, principalmente, na comunicação com outros seres humanos.

"Percebem, agora, que já sabem o que se exige de um ator e por que um artista legítimo deve levar uma vida plena, interessante, bela, variada, exigente e inspiradora? Deve conhecer não só o que se passa nas grandes cidades, mas também nas da província, nas aldeias distantes, nas fábricas e nos grandes centros culturais do mundo. Deve estudar a vida e a psicologia das pessoas que o cercam e de várias outras partes da população, tanto na pátria como no exterior.

"Precisamos ter uma visão de largo alcance para atuar nas peças dos nossos dias e de muitos povos. Pedem-nos que interpretemos a vida de almas humanas de todas as partes do mundo. O ator cria a vida não só do seu próprio tempo, mas a do passado e a do futuro também. É por isto que ele deve observar, conjecturar, experimentar, deixar-se levar pela emoção.

"Em certos casos, o problema chega a ser mais complexo ainda. Se a sua criação é uma interpretação da vida corrente, ela pode observar seu meio. Mas se tiver de interpretar o passado, o futuro, ou uma época imaginária, precisará reconstituir ou recriar com a sua própria imaginação — processo complicado!

"Nosso ideal deve ser sempre o de nos esforçarmos pelo que é eterno em arte, o que não morrerá nunca e permanecerá sempre jovem e próximo dos corações humanos.

"Devemos ter por meta os píncaros de realização que foram erguidos pelos grandes clássicos. Estudem-nos e aprendam a usar matéria emocional viva para transmiti-los.

"Disse-lhes tudo o que posso, por ora, sobre a memória emocional. Vocês aprenderão cada vez mais e mais sobre ela à medida que formos prosseguindo em nosso programa de trabalho.

CAPÍTULO X   Comunhão

Quando o diretor chegou, voltou-se para Vassili e perguntou:

— Com quem, ou com o quê, você está em comunhão neste instante?

Vassili estava tão absorvido em seus próprios pensamentos que não reconheceu imediatamente o teor da pergunta.

— Eu? — respondeu, quase automaticamente. — Com ninguém, nem com coisa alguma.

— Você deve ser um prodígio — foi a observação zombeteira do diretor —, se conseguir manter-se muito tempo nesse estado.

Desculpando-se, Vassili assegurou a Tortsov que, se ninguém estava falando com ele nem olhando para ele, não podia estar em contato com ninguém.

Aí foi a vez de Tortsov manifestar surpresa.

— Quer dizer — indagou — que uma pessoa, para estar em comunhão com você, tem de olhá-lo ou falar-lhe? Feche os olhos e tape os ouvidos, fique em silêncio e procure descobrir com quem você está em comunicação mental. Tente descobrir um instante ao menos em que você não esteja mantendo algum contato com um objeto qualquer.

Eu mesmo tentei fazê-lo e notei o que se passava dentro de mim.

Visualizei a noite precedente, em que tinha ouvido um famoso quarteto de cordas e segui meus movimentos, passo por passo. Fui ao *foyer*, cumprimentei alguns amigos, achei meu lugar e observei os músicos afinando os instrumentos. Começaram a tocar e eu escutei. Mas não podia pôr-me em estado de relação emocional com eles.

Isso, concluí, deve ter sido um espaço em branco no fluxo de comunhão entre mim e o meu ambiente. Mas o diretor discordou, firme, dessa conclusão.

— Como pode considerar espaço em branco uma ocasião em que estava absorvendo música? — perguntou ele.

— Porque, embora eu estivesse escutando — insisti —, não ouvia de fato a música e embora tentasse penetrar-lhe o sentido, não o consegui. Achei, portanto, que não se estabeleceu contato algum.

— Sua associação com a música e sua aceitação da mesma ainda não se iniciara porque o processo precedente ainda não se concluíra e distraiu-lhe a atenção. Quando terminasse esse processo, ou você se entregaria à música ou ficaria interessado em qualquer outra coisa. Mas não houve interrupção na continuidade da sua relação com alguma coisa.

— Talvez tenha sido assim — reconheci, e prossegui com as minhas recapitulações. — Distraidamente, fiz um movimento que, pareceu-me, chamou a atenção dos que ouviam o concerto a meu lado. Depois disso fiquei muito quieto e fiz de conta que ouvia a música, mas de fato não a escutava, pois observava o que acontecia ao meu redor.

Meu olhar desviou-se na direção de Tortsov e notei que ele não percebera o meu movimento acidental. Olhei em volta do auditório, procurando o Shustov sênior, mas nem ele nem qualquer outro ator do nosso teatro estava lá. Depois tentei visualizar toda a plateia, mas, a essa altura, minha atenção se dispersara tanto que eu já não podia controlá-la nem dirigi-la. A música predispunha-me a toda sorte de imaginações. Pensei nos meus vizinhos, nos meus parentes que moram em outras cidades, longe, e em meu amigo morto.

O diretor disse-me, depois, que essas coisas todas vieram-me à cabeça porque eu sentia necessidade de compartilhar meus sentimentos e meus pensamentos com os objetos da minha meditação ou de absorver desses objetos meus pensamentos e sentimentos.

Finalmente, minha atenção foi atraída pelas luzes do lustre, e eu me entreguei a uma longa contemplação delas. Isto, estava convencido, foi por certo um momento em branco, pois, por mais que forçássemos a imaginação, nunca poderíamos considerar como forma de intercâmbio a contemplação daquelas luzes.

Quando falei a Tortsov sobre isso, ele explicou o meu estado de espírito do seguinte modo:

— Você tentava saber *como* e *de que* aquele objeto era feito. Absorveu-lhe a forma, o aspecto geral e toda sorte de detalhes. Aceitou essas impressões, registrou-as na memória e passou a pensar nelas. Isto significa que você extraiu alguma coisa do objeto, e nós atores achamos que isto é necessário. Você se preocupa com a natureza inanimada do objeto. Qualquer quadro, estátua, fotografia de amigo ou objeto de museu é inanimado e, no entanto, contém alguma parte da vida do artista que o criou. Até um lustre pode, em certo grau, tornar-se objeto de vivo interesse, quando mais não fosse, por estarmos embebidos nele.

— Nesse caso, podemos estar associados com qualquer traste velho em que, por acaso, os nossos olhos recaiam? — perguntei.

— Duvido que tenha tempo de absorver ou dar sequer uma partícula de si mesmo a tudo que lampeja ao seu redor. Entretanto, sem absorver dos outros ou dar de você aos outros, não pode haver intercâmbio no palco. Dar ou receber alguma coisa de um objeto, mesmo fugazmente, é um momento de intercâmbio espiritual.

"Já lhes disse mais de uma vez que é tão possível olhar e ver como olhar e não ver. No palco pode-se olhar, ver e sentir tudo o que está acontecendo nele. Mas também é possível olhar para o que nos cerca deste lado da ribalta, enquanto os sentimentos e o interesse estão concentrados no auditório ou em algum lugar para lá das paredes do teatro.

"Há truques mecânicos, que os atores usam para encobrir sua lacuna interior, mas só servem para acentuar o modo vago como fitam. Não preciso dizer-lhes que isto é, ao mesmo tempo, inútil e prejudicial. Os olhos são os espelhos da alma. O olhar vago é o espelho da alma vazia. É importante que os olhos do ator, o olhar, reflitam o profundo conteúdo íntimo da sua alma. Portanto, ele precisa acumular grandes recursos interiores para corresponder em seu papel à natureza de uma alma humana. E o tempo todo que estiver no palco, deve compartilhar esses recursos espirituais com os outros intérpretes.

"Mas um ator não passa de um ser humano. Quando entra em cena, é natural que traga consigo pensamentos, sentimentos pessoais, reflexões e realidades cotidianas. Assim fazendo, a linha da própria vida pessoal e banal não se interrompe. Ele só se entregará inteiramente ao papel quando este o levar de roldão. Quando isto acontece, identifica-se completamente com o papel e se transforma. Mas no instante em que se distrair, caindo sob o jugo da própria vida pessoal, será transportado para a plateia, para lá da ribalta ou das paredes do teatro, para onde quer que esteja o objeto que mantém com ele uma relação. Enquanto isto, representa seu papel de modo puramente mecânico. Quando esses lapsos são frequentes e estão sujeitos a interpelações da vida particular do ator, eles arruinam a continuidade do papel, pois não têm com ele a menor relação.

"Podem imaginar um colar valioso no qual, de três em três elos de ouro, surge um elo de latão e depois dois de ouro amarrados com um barbante? De que serviria um colar desses? E quem pode querer, no palco, uma linha de comunicação constantemente interrompida que, quando não deforma, destrói a representação? E, no entanto, se na vida real a comunicação entre as pessoas é importante, no palco é dez vezes mais importante.

"Esta verdade decorre da natureza do teatro, que se baseia na intercomunicação dos personagens. Não se pode, absolutamente, conceber um dramaturgo que apresente seus heróis quer num estado de inconsciência, quer adormecidos, ou em qualquer momento em que suas vidas interiores não estejam funcionando.

"Tampouco o imaginariam pondo em cena dois personagens que não só se desconhecem como também se recusam a travar conhecimento, a trocar ideias e sentimentos ou até mesmo se escondam um do outro indo sentar-se, mudos, cada qual num extremo do palco.

"Em tais circunstâncias, não haveria motivo algum para o espectador ir ao teatro, pois não poderia obter aquilo que foi buscar, isto é, apreender as emoções e descobrir os pensamentos das pessoas que participam da peça.

"Como é diferente quando, ao entrarem em cena esses mesmos atores, um deles quer compartilhar seus sentimentos com o outro, ou convencê-lo de alguma coisa em que acredita, enquanto este envida todos os esforços para captar sentimentos e pensamentos.

"Quando o espectador presencia uma dessas trocas emocionais e intelectuais, é como se testemunhasse uma conversa. Participa em silêncio da troca de sentimentos e se deixa emocionar com as experiências dos dois. Mas só enquanto esse intercâmbio prossegue entre os atores é que os espectadores no teatro podem compreender e indiretamente participar do que se passa em cena.

Se os atores de fato querem prender a atenção de uma grande plateia, devem fazer todo o esforço possível para manter, uns com os outros, uma incessante troca de sentimentos, pensamentos e ações. E o material interior para essa troca deve ser suficientemente interessante para cativar os espectadores. A importância excepcional deste processo faz-me insistir com vocês para que lhe dediquem uma atenção especial e para que estudem com todo cuidado suas diferentes fases principais.

2

— Começarei com a *autocomunhão* — principiou Tortsov. — Quando é que falamos com nós mesmos?

"Sempre que ficamos agitados a ponto de não nos podermos conter, ou quando nos debatemos com alguma ideia difícil de assimilar, quando nos esforçamos por decorar qualquer coisa e tentamos imprimi-la em nossa consciência, dizendo-a em voz alta, ou quando desabafamos os nossos sentimentos, quer alegres, quer tristes, dando-lhes voz.

"Essas ocasiões são raras na vida comum, porém frequentes em cena. Quando tenho a oportunidade de comungar com meus próprios sentimentos no palco, em silêncio, tenho prazer. Esse estado me é familiar fora de cena, e nele eu me sinto bem à vontade. Mas quando sou forçado a pronunciar monólogos eloquentes, não tenho a menor ideia do que devo fazer.

"Como acharei uma base para fazer em cena aquilo que fora não faço? Como vou dirigir-me a minha mesmíssima pessoa? Um homem é uma criatura grande. Deve-se-lhe falar ao cérebro, ao coração, à imaginação, às mãos, ou aos pés? De que e para que deve fluir essa corrente interior de comunicação?

"Para determiná-lo, temos de escolher um sujeito e um objeto. Onde estarão? A menos que encontre esses dois centros interiormente ligados, serei incapaz de orientar minha atenção errante, sempre disposta a deixar-se arrastar na direção do público.

"Li o que os hindus dizem sobre isto. Eles creem na existência de uma espécie de energia vital, chamada *prana*, que dá vida ao nosso corpo. Segundo calculam, o centro de radiação dessa *prana* é o plexo solar. Por conseguinte, além do nosso cérebro, geralmente aceito como centro nervoso e psíquico do nosso ser, temos outra fonte semelhante, perto do coração, no plexo solar.

"Tentei estabelecer comunicação entre esses dois centros e o resultado foi que não só senti que ambos existiam, mas também que de fato mantinham contato um com o outro. O centro cerebral parecia ser a sede da consciência, ao passo que o centro nervoso do plexo solar seria a sede da emoção.

"A sensação era a de que meu cérebro mantinha intercâmbio com meus sentimentos. Fiquei encantado, pois encontrara o sujeito e o objeto que buscava.

"Desde o instante em que fiz a descoberta, pude comungar comigo mesmo em cena, quer audível, quer silenciosamente, e com perfeito domínio de mim. Não quero provar se o *prana* de fato existe ou não. As minhas sensações podem ser puramente individuais, minhas, pode tudo ser fruto de minha imaginação.

Nada disso tem importância, desde que me ajude e possa servir aos meus próprios fins. Se o meu método, prático e não científico, puder ser-lhes útil, ótimo. Se não, não insistirei nele.

Após uma pequena pausa, Tortsov continuou:

— O processo de intercâmbio recíproco com o seu comparsa durante uma cena é muito mais fácil de alcançar. Mas aí também damos com uma dificuldade. Suponhamos que um de vocês esteja comigo em cena e que estamos em comunicação direta. Mas eu sou altíssimo. Olhem só para mim! Tenho nariz, boca, braços, pernas e um grande corpo. Vocês podem comunicar-se, simultaneamente, com todas estas minhas partes? Se não, escolham alguma parte isolada à qual desejam dirigir-se.

— Os olhos — sugeriu alguém, e acrescentou: —, porque são o espelho da alma.

— Estão vendo? Quando queremos comunicar-nos com alguém, buscamos primeiro a sua alma, o seu modo interior. Agora procurem achar a minha alma viva, o eu verdadeiro, vivo.

— Como? — perguntei.

O diretor ficou abismado.

— Você nunca dirigiu suas antenas emocionais para sondar a alma de outra pessoa? Olhe atentamente para mim, tente compreender e captar meu estado de espírito. Sim, assim mesmo. Diga-me agora como me acha.

— Bondoso, cheio de consideração, delicado, vivo, interessado — respondi.

— E agora? — perguntou.

Fitei-o atentamente e, de súbito, vi não Tortsov, mas Famusov, o célebre personagem da peça clássica *A desgraça por excesso de espírito,* com todos os seus sinais característicos, aqueles olhos extraordinariamente ingênuos, a boca grande, as mãos balofas e os gestos moles de um velho boa-vida.

— E agora, com quem está em comunicação? — perguntou Tortsov, com a voz de Famusov.

— Com Famusov, está claro — respondi.

— E onde foi parar Tortsov? — disse ele, reassumindo instantaneamente sua personalidade. — Se não estivesse com a atenção dirigida para o nariz ou as mãos de Famusov, que eu transformei por um processo técnico, e sim para o espírito interior, você teria verificado que este não mudou. Eu não posso expulsar minha alma do meu corpo e alugar outra para substituí-la. E, neste caso, com o que foi que entrou em contato?

Era justamente o que eu me perguntava e, por isso, pus-me a evocar a mudança que os meus sentimentos sofreram quando meu objeto passou de Tortsov a Famusov; como passaram do respeito inspirado pelo primeiro à ironia e ao riso bem-humorado que desperta o outro. Evidentemente, eu devia ter mantido contato com o seu espírito interior o tempo todo, e entretanto não podia manifestar-me com clareza a respeito.

— Você estava em contato com um novo ser — explicou — que pode chamar de Famusov, Tortsov ou Tortsov-Famusov. Com o tempo, compreenderá essas transformações miraculosas do artista criador. Por enquanto, basta compreender que *as pessoas buscam sempre alcançar o espírito vivo do seu objeto* e não cuidam de narizes, olhos ou botões, como fazem certos atores em cena.

"Basta que duas pessoas entrem em contato direto, para que logo ocorra um intercâmbio natural, recíproco. Eu tento emitir para vocês meus pensamentos e vocês se esforçam por absorver algo da minha ciência e experiência.

— Mas isto não significa que a troca é recíproca — argumentou Gricha. — O senhor, que é o sujeito, transmite-nos as suas sensações, mas tudo o que nós, objetos, fazemos é receber. O que há de recíproco nisso?

— Diga-me, o que é que você está fazendo neste instante — replicou Tortsov. — Não está me respondendo? Não está dando voz às suas dúvidas e tentando convencer-me? É esta a confluência de sentimentos que procura.

— Agora é, mas acaso seria quando o senhor estava falando? — Gricha aferrava-se à sua opinião.

— Não vejo diferença alguma — respondeu Tortsov. — Estávamos, então, trocando ideias e sentimentos, e agora continuamos a fazê-lo. É evidente que, ao nos comunicarmos uns com os outros, a emissão e a recepção ocorrem alternadamente. Mas mesmo enquanto eu falava e você apenas ouvia, eu estava cônscio das suas dúvidas. A sua impaciência, pasmo e excitação chegaram todos a mim.

"Por que é que eu absorvia tais sentimentos? Porque você não os podia conter. Mesmo você calado, havia entre nós um encontro de sentimentos. Está claro que ele só se tornou explícito quando você começou a falar. Mas prova, ainda assim, como é constante o fluxo desses pensamentos e sentimentos que se trocam. Sobretudo no palco, é preciso manter ininterrupto esse fluxo, pois as falas são, quase que exclusivamente, diálogos.

"Infelizmente esse fluxo ininterrupto é raríssimo. A maioria dos atores, se é que tomam conhecimento dele, só o empregam quando estão dizendo suas próprias falas. Mas basta o outro ator iniciar a dele, que o primeiro nem ouve, nem tenta absorver o que ele está dizendo. Para de representar até ouvir sua próxima deixa. Esse hábito esfacela o intercâmbio constante, pois este depende do vaivém dos sentimentos durante a articulação das falas, como, também, durante a réplica às que já foram ditas até durante os silêncios, quando os olhos assumem a obrigação.

"Uma ligação assim fragmentária está toda errada. Quando falarem com a pessoa que estiver contracenando com vocês, aprendam a ir seguindo, até estarem certos de que seus pensamentos penetraram na consciência do comparsa. Só depois de se terem convencido disto e de terem acrescentado com os olhos o que não puder ser posto em palavras é que deverão prosseguir com o resto das suas falas. E vocês, por sua vez, devem aprender a absorver, sempre de novo, as palavras e os pensamentos do comparsa. Devem hoje tomar conhecimento do que ele lhes diz, mesmo que tenham ouvido as suas falas repetidamente, muitas vezes, nos ensaios e espetáculos. Esta ligação deve ser estabelecida cada vez que atuarem juntos. E isto exige grande dose de atenção concentrada, de técnica e disciplina artística.

Após ligeira pausa, o diretor comunicou-nos que passaríamos, agora, ao estudo de uma nova fase: *a comunhão com um objeto imaginário, irreal, inexistente, como, por exemplo, uma aparição.*

— Certas pessoas procuram iludir-se e convencer-se de que realmente a veem. Nesse esforço esgotam toda a sua atenção e energia. Mas o ator experiente sabe que o essencial não está na aparição propriamente, mas na sua relação interior com ela. Procura portanto, responder com franqueza à própria pergunta: "Que faria eu se um fantasma surgisse à minha frente?"

"Há alguns atores, sobretudo principiantes, que ao trabalharem em casa usam um objeto imaginário, na falta de um real. Dirigem a atenção no sentido de se convencerem da existência de algo inexistente, em vez de se concentrarem no que devia ser o seu objetivo interior. Formando o mau hábito, costumam, inconscientemente, levar para o palco esse mesmo método e acabam por se desacostumar dos objetos reais. Colocam, entre eles mesmos e seus comparsas, um objeto inanimado, de faz de conta. Este hábito torna-se às vezes tão arraigado neles que pode durar toda a vida.

"Que tortura contracenar com um ator que olha para nós e vê outra pessoa, que fica o tempo todo a ajustar-se não a nós, mas a essa outra pessoa! Esses atores apartam-se das próprias pessoas com as quais deviam manter a mais chegada relação. Não podem absorver nossas palavras, nossas entonações, ou seja lá o que for. Olhando-nos, têm os olhos velados. Evitem, por favor, este método perigoso e amortecedor! Vai corroendo a pessoa e é dificílimo de arrancar!

— E o que devemos fazer quando não tivermos um objeto real? — perguntei.

— Esperar até encontrá-lo — respondeu Tortsov. — Terão uma aula de exercícios, para treinarem em grupos de dois ou mais.

Permitam-se repetir: insisto em que não façam exercício algum de comunicação, a não ser com objetos reais e sob a supervisão de um técnico.

"Mais difícil ainda é a comunicação recíproca com um objeto coletivo, noutras palavras, com o público.

"Está claro que não pode ser feita diretamente. A dificuldade é que estamos simultaneamente em relação com o nosso comparsa e com o espectador. Com o primeiro, nosso contato é direto e consciente; com o segundo, é indireto e inconsciente. E o notável é que, com ambos, a nossa relação é recíproca.

Paulo protestou, dizendo:

— Percebo como pode ser direta a relação entre os atores, mas não o elo entre eles e o público. Este teria de contribuir com alguma coisa para nós. E na verdade, o que é que recebemos? Aplausos e flores! E até esses, só depois da peça acabar!

— E o riso, as lágrimas, o aplauso durante a representação, os assovios, a excitação? Você não os inclui? — perguntou Tortsov.

"Vou-lhes contar um episódio que serve de ilustração para o que quero dizer. Numa vesperal infantil de *O pássaro azul*, durante o julgamento das crianças pelas árvores e os animais, senti que alguém me cutucava. Era um menino de dez anos. 'Diga a eles que o gato está escutando. Fingiu que se escondeu, mas eu estou *vendo* ele!', sussurrou uma vozinha aflita, cheia de preocupação e cuidado por Mytyl e Tyltyl. Não pude tranquilizá-lo e, assim, o garotinho foi-se esgueirando para perto da ribalta e falou baixinho aos atores que faziam os papéis das duas crianças, advertindo-os do perigo que corriam. E não é uma verdadeira resposta?

"Se querem aprender a apreciar o que recebem do público, deixem-me sugerir-lhes que atuem num espetáculo para um auditório completamente vazio. Gostariam de fazê-lo? Não! Porque representar sem público é o mesmo que cantar num salão sem ressonância. Representar para um público numeroso e simpatizante é como cantar numa sala de acústica perfeita. A plateia é para nós a acústica espiritual. Sob a forma de emoções vivas, humanas, devolve-nos o que lhe damos.

"Nos tipos de representação convencionais e artificiais, este problema da relação com um objeto coletivo resolve-se bem simplesmente. Vejam-se as velhas farsas francesas. Nelas, os atores falam constantemente para o público. Vão direto à boca de cena e desferem, quer rápidas observações individuais, quer longas arengas, explicando os rumos da peça. Isto é feito com impressionante segurança, confiança própria e aprumo. De fato, já que vamos nos pôr em relação direta com o público, o melhor é dominá-lo.

"Há outro ângulo ainda: lidar com cenas de multidão. Somos forçados a estabelecer relação direta, imediata, com um objeto-massa. Algumas vezes voltamo-nos para indivíduos na turba; outras, temos de abarcar o todo, numa espécie de intercâmbio recíproco ampliado. O fato de que a maioria dos indivíduos que compõem uma cena de multidão naturalmente diferem por completo uns dos outros e de que contribuem com os mais variados pensamentos e emoções para esse intercâmbio recíproco intensifica muitíssimo o processo. E também a qualidade do grupo excita o temperamento de cada componente e o de todos eles reunidos. Isto excita os protagonistas, e o resultado causa grande impressão nos espectadores.

Depois, Tortsov discutiu a indesejável atitude dos atores mecânicos para com o público.

— Eles se põem em contato direto com o público, passando completamente por cima dos atores com quem contracenam. É o processo do menor esforço. Na verdade, não passa de puro exibicionismo. Creio que posso confiar em vocês para distinguirem entre isso e um esforço sincero de trocar sentimentos humanos vivos com os outros atores. Há uma enorme diferença entre este processo altamente criador e os gestos teatrais mecânicos comuns. São, a um só tempo, opostos e contraditórios.

"Podemos admitir todos os tipos, menos o teatral, e até este vocês devem estudar, nem que seja só para combatê-lo.

Concluindo, uma palavra sobre o princípio ativo que informa o processo da comunicação. Acreditam alguns que os nossos movimentos externos, visíveis, são uma manifestação de atividade e que os atos interiores, invisíveis, da comunhão espiritual, não o são. Essa ideia errada torna-se ainda mais lamentável porque toda manifestação de atividade interior é importante e valiosa. Aprendam, portanto, a apresar a comunhão interior, porque é uma das mais importantes fontes de ação.

3

— Quem quiser trocar seus pensamentos e sentimentos com alguém terá de oferecer algo que ele mesmo tenha experimentado — começou o diretor. — Nas circunstâncias normais, a vida fornece isso. Esse material cresce em nós, espontaneamente, decorrendo das condições ambientes.

"No teatro o caso é outro, o que acarreta uma dificuldade nova: temos de usar os sentimentos e pensamentos criados pelo autor. É mais difícil absorver essa matéria espiritual do que jogar com formas exteriores de paixões inexistentes, à boa e velha moda teatral.

"É muito mais difícil comungar com o comparsa do que representarmo-nos como se estivéssemos nessa relação com ele. Os atores gostam de seguir a lei do menor esforço e por isso de bom grado substituem uma comunhão verdadeira por imitações ordinárias. Isto merece ponderação, pois quero que vocês compreendam, vejam e sintam o que é que temos mais probabilidades de emitir para o público, à guisa de trocar pensamentos e sentimentos.

Aí o diretor subiu no palco e representou uma cena inteira, de modo notável pelo talento e pelo domínio da técnica teatral. Começou recitando alguns versos, cujas palavras pronunciou com rapidez e efeito, mas tão incompreensivelmente que não pudemos entender um só vocábulo.

— E como é que estou me comunicando com vocês agora? — perguntou.

Não ousávamos criticá-lo, por isso ele mesmo se respondeu:

— De jeito nenhum. Resmunguei umas palavras, esparramei-as por aí, como um punhado de ervilhas, sem sequer saber o que é que estava dizendo. Este é o primeiro tipo de material que frequentemente se oferece ao público para servir como base de relação: ar tênue. Nenhuma atenção é dispensada nem ao sentido das palavras, propriamente, nem às suas sugestões. Só há um desejo: o de causar efeito.

Em seguida anunciou que diria o monólogo do último ato do *Fígaro*. Desta feita a sua atuação foi um milagre de maravilhosos movimentos, entonações, mudanças, riso contagiante, cristalina dicção, fala rápida, brilhantes inflexões de uma voz de timbre encantador. Não pudemos deixar de dar-lhe uma ovação. Era tudo tão teatralmente eficaz. Entretanto, não concebíamos absolutamente o conteúdo interior do monólogo, pois não captáramos nada do que ele tinha dito.

— Digam-me agora qual foi a minha relação com vocês desta vez — tornou a perguntar. E, novamente, não pudemos responder.

— Eu lhes mostrei a mim mesmo num papel — respondeu Tortsov por nós — e usei, para isso, o monólogo de *Fígaro,* suas palavras, gestos e tudo que lhe pertencia. Não lhes mostrei o papel propriamente, mas a mim no papel e os meus próprios atributos: minha forma, rosto, gestos, poses, maneirismos, movimentos, andar, voz, dicção, entonações, temperamento, técnica, tudo. Menos sentimentos.

"Para os que dispõem de equipamento exterior expressivo, o que fiz ainda agora não seria difícil. Faça-se a voz ressoar, a língua emitir claramente as palavras e as frases, as poses plásticas, e o efeito geral será agradável. Atuei como uma diva num *café-chantant,* observando-os constantemente para ver se estava fazendo sucesso. Senti que eu era uma mercadoria, e vocês, os compradores.

"Esse foi um segundo exemplo de como não se deve atuar, embora esta forma de exibicionismo seja muitíssimo usada e imensamente popular.

Passou a um terceiro exemplo.

— Acabaram de ver-me apresentar a mim mesmo. Agora vou-lhes mostrar um papel, tal como se fosse apresentado pelo autor, mas isto não quer dizer que viverei o papel. A razão deste desempenho estará não nos meus sentimentos, mas no traçado: as palavras, as expressões faciais externas, os gestos e o jogo de cena. Não criarei o papel. Apenas apresentá-lo-ei de um modo exterior.

Representou uma cena em que um general importante vê-se, por acaso, sozinho em casa, sem o que fazer. Por fastio, enfileirou todas as cadeiras que havia em casa, fazendo-as parecer soldados em parada. Depois, com o que havia sobre as mesas, fez cuidadosas pilhas. Depois pensou em qualquer coisa bem picante. Em seguida, olhou, aborrecido, para um maço de correspondência oficial. Assinou, sem ler, várias cartas, bocejou, espreguiçou-se e depois recomeçou, desde o início, sua tola atividade.

O tempo todo Tortsov dizia o texto do monólogo com uma clareza extraordinária: sobre a nobreza das pessoas altamente colocadas e a densa ignorância de todos os demais. Fazia-o de modo frio, impessoal, indicando a forma exterior da cena, sem qualquer tentativa de insuflar-lhe vida ou profundidade. Em alguns trechos dizia o texto com uma técnica enxuta; em outros, sublinhava a pose, gesto, jogo, ou acentuava algum pormenor especial da sua caracterização. Enquanto isso, vigiava o seu público de rabo de olho, para ver se o que fazia chegava até lá. Quando tinha uma pausa, prolongava-a. Exatamente de forma enfastiada como o fazem os atores quando representam pela quingentésima vez um papel *benfeito*. Daria na mesma se fosse um gramofone ou um operador de cinema, projetando a mesma cena *ad infinitum*.

— Agora — prosseguiu —, resta demonstrar a maneira e os meios corretos que se devem usar para estabelecer contato entre palco e público.

"Já me viram demonstrá-lo muitas vezes. Sabem que procuro estar sempre em relação direta com o meu comparsa, transmitir-lhe os meus próprios sentimentos, análogos aos do personagem que interpreto. O resto, a fusão completa do ator com seu papel, ocorre automaticamente.

"Agora vou pô-los à prova. Assinalarei a comunicação incorreta entre vocês e os seus comparsas tocando uma campainha. Dizendo *incorreto*, quero indicar que não estão em contato direto com o seu objeto; que estão exibindo o papel ou vocês mesmos, ou registrando suas falas impessoalmente. Todos estes erros levarão campainha.

"Lembrem-se de que há somente três tipos capazes de obter a minha aprovação silenciosa:

"a) A comunicação direta com um objeto em cena e a comunicação indireta com o público.

"b) A autocomunhão.

"c) A comunicação com um objeto ausente ou imaginário.

E o teste começou.

Paulo e eu pensávamos trabalhar bem e ficamos surpresos com os frequentes sinais da campainha.

Todos os outros foram postos à prova desse mesmo modo. Gricha e Sônia foram os últimos, e pensávamos que o diretor tocaria a campainha sem parar. Entretanto, tocou-a muito menos do que a gente esperava.

Quando lhe perguntamos por quê, explicou:

— Significa, apenas, que muitos dos que contam prosa se enganam, e outros, que eles criticam, mostram-se capazes de estabelecer uns com os outros o contato certo. Em ambos os casos, é uma questão de percentagem. Mas a conclusão que devemos tirar é que não existe relação completamente certa, nem completamente errada. O trabalho do ator é misto: tem bons e maus momentos.

"Se tivessem de fazer uma análise, vocês dividiriam seus resultados em percentagem, dando tanto ao ator pelo contato com o seu comparsa, tanto pelo contato com o público, tanto por ter demonstrado o traçado de seu papel, tanto por ter-se ele próprio exibido. A relação entre estas percentagens, na soma total, determina o grau de exatidão com que o ator pôde efetuar o processo de comunhão. Alguns obterão maior cotação nas relações com os comparsas; outros, na sua capacidade de comunhão com um objeto imaginário ou com eles próprios. Estes são os que se aproximam do ideal.

"No setor negativo, alguns tipos de relação entre sujeito e objeto são menos ruins do que outros. É, por exemplo, menos mau exibir impessoalmente o traçado psicológico do papel do que exibir-se a si mesmo ou ter uma atuação mecânica.

"É infinito o número de combinações. Por conseguinte, o melhor é vocês adquirirem o hábito de: 1) encontrar o seu objeto real em cena e entrar em comunicação ativa com ele; e 2) reconhecer os falsos objetos, as relações falsas, e combatê-los. Acima de tudo, prestem especial atenção à qualidade do material espiritual em que basearam sua comunicação com os outros.

4

— Hoje vamos conferir o equipamento externo de que vocês dispõem para a intercomunicação — anunciou o diretor. — Preciso saber se avaliam deveras os meios que estão às suas ordens. Por favor, subam ao palco, sentem-se, aos pares, e iniciem qualquer tipo de discussão.

Calculando que Gricha seria a pessoa mais fácil para se puxar uma briga, sentei-me a seu lado e não tardou muito para que o meu propósito se cumprisse.

Tortsov notou que, expondo minhas razões a Gricha, eu usava livremente dos dedos e dos pulsos. Por isto, ordenou que fossem atados.

— Mas por quê? — perguntei.

— Para que compreenda quantas vezes deixamos de apreciar devidamente os nossos instrumentos. Quero que se convença de que, se os olhos são o espelho da alma, as pontas dos dedos são os olhos do corpo — explicou.

Privado do uso das mãos, aumentei minha entonação, mas Tortsov pediu-me que falasse sem erguer a voz e sem acrescentar inflexões extras. Eu teria de usar os olhos, a expressão facial, as sobrancelhas, o pescoço, a cabeça e o tronco. Tentei substituir os meios de que fora privado. Então me amarraram na cadeira e só deixaram livres minha boca, minhas orelhas, o rosto e os olhos. Logo até estes foram vendados, e a única coisa que eu podia fazer era rugir. O que não adiantava.

A essa altura, o mundo exterior deixou de existir para mim. Nada mais me restava senão minha visão interior, meu ouvido interior, minha imaginação. Deixaram-me nesse estado por algum tempo. E então ouvi uma voz que parecia vir de muito longe. Era Tortsov, dizendo:

— Quer de volta algum órgão de comunicação? Se quiser, diga. Qual deles?

Tentei indicar que ia refletir sobre isso.

Como poderia escolher o órgão mais necessário? A vista exprime os sentimentos: a palavra exprime o pensamento. Os sentimentos devem influenciar os órgãos vocais, porque a entonação da voz exprime a emoção interior, e o ouvido também é para eles um grande estímulo. O ouvido, entretanto, é um adjunto necessário da palavra. Além disso, ambos orientam o uso do rosto e das mãos.

Finalmente exclamei, com raiva:

— O ator não pode ser mutilado! Tem de ter todos os seus órgãos!

O diretor louvou-me e disse:

— Finalmente está falando como um artista que aprecia o valor real de cada um desses órgãos de comunicação. Oxalá vejamos desaparecer para sempre o olhar vazio do ator, seu rosto e fronte imóveis, sua voz opaca, seu falar sem inflexão, seu corpo contorcido, com a espinha e o pescoço duros, seus braços, mãos e dedos de pau; pernas sem movimento, seu andar desengonçado e seus dolorosos maneirismos!

"Esperemos que os nossos atores dediquem ao seu equipamento criador o mesmo cuidado que o violinista dispensa ao seu adorado Stradivarius ou Amati.

COMUNHÃO

5

— Até aqui temos lidado com o processo exterior, visível, físico, da comunhão — começou o diretor. — Mas há outro aspecto importante, que é interior, invisível e espiritual.

"Minha dificuldade, agora, é ter de falar-lhes sobre uma coisa que eu sinto mas não conheço. É algo que experimentei mas que, entretanto, não posso formular em tese. Não disponho de frases feitas para uma coisa que só posso explicar por sugestão e tentando fazê-los sentir, por si mesmos, as sensações descritas num texto.

"'Pegou-me pelo pulso e agarrou firme;*
Depois, estendeu o braço todo, inteiro,
E com a outra mão assim, na testa,
Caiu em tal estudo de meu rosto
Qual se o quisesse desenhar. Assim ficou
Por muito tempo. Enfim, sacudindo meu braço
Um pouco e a fronte por três vezes balançando,
Assim para cima e para baixo, ele exalou
Suspiro tão profundo e lastimoso,
Que pareceu despedaçar-lhe o vulto inteiro
E acabar-lhe o ser. Feito isso, ele me solta
E a cabeça voltando sobre a espádua,
Parece achar seu rumo sem os olhos
Que sem auxílio deles, foi-se pela porta
E, até o final, pôs-lhes a luz em mim.'

"Será que sentem, nestes versos, a comunhão sem palavras entre Hamlet e Ofélia? Nunca a sentiram, em circunstâncias semelhantes, em que algo fluiu de vocês, alguma corrente, dos seus olhos, da ponta dos seus dedos ou pelos poros?

---

*Uma das melhores versões brasileiras desta cena, bem como da peça de Shakespeare, é a de Péricles Eugênio da Silva Ramos. *(N. do T.)*

"Que nome podemos dar a essas correntes invisíveis que usamos para nos comunicarmos uns com os outros? Algum dia este fenômeno será objeto de pesquisas científicas. Por ora, vamos chamá-los raios. E agora vejamos o que se pode descobrir sobre eles pelo estudo e também anotando as nossas próprias sensações.

"Quando estamos em repouso, esse processo de irradiação mal se percebe. Mas em estado de alta tensão emocional esses raios, tanto os emitidos quanto os recebidos, ficam muito mais definidos e tangíveis. Talvez alguns de vocês tenham-se apercebido dessas correntes interiores nos pontos culminantes da sua primeira atuação da prova, como, por exemplo, quando Maria gritou por socorro ou quando Kóstia exclamou: 'Sangue, Iago, sangue!', ou durante qualquer um dos exercícios que vocês têm feito.

"Ainda ontem fui testemunha de uma cena entre uma mocinha e seu noivo. Tinham brigado, não se falavam e estavam sentados o mais longe que podiam um do outro. Ela fingia que nem sequer o enxergava. Mas de modo a lhe chamar a atenção. Ele estava imóvel, sentado, fitando-a com um olhar suplicante. Tentava atrair-lhe o olhar, para ver se adivinhava o que ela estava sentindo, tentava sondar-lhe a alma com antenas invisíveis. Mas a moça, amuada, resistia a todas as tentativas de comunicação. Finalmente, ele captou um relance de seus olhos, quando ela, por um momento, voltou-se em sua direção.

"Isso, longe de o consolar, deprimiu-o mais ainda. Depois de algum tempo, mudou de lugar, para poder fitá-la de frente. Ansiava por tomar-lhe a mão, por tocá-la e transmitir-lhe a corrente dos sentimentos em relação a ela.

"Não havia palavras, nem exclamações, nem expressões faciais, gestos ou ações. Isso é a comunhão direta, imediata, na sua mais pura forma.

"Pode ser que os cientistas tenham alguma explicação sobre a natureza desse processo invisível. Posso, apenas, descrever aquilo que eu mesmo sinto e como utilizo essas sensações na minha arte.

Infelizmente a nossa aula foi interrompida aí.

6

Dividiram-nos em pares e eu me sentei com Gricha. Instantaneamente, começamos a emitir raios, um para o outro, de modo mecânico.

O diretor interrompeu-nos.

— Vocês já estão usando métodos violentos, quando é o que deveriam evitar num processo tão delicado e suscetível. As contrações musculares excluiriam qualquer possibilidade de vocês atingirem seu propósito.

"Encostem-se para trás! — ordenou — Mais! Mais ainda! Muito, muito mais! Sentem-se numa posição fácil, confortável! Assim não estão bastante descontraídos! Nem assim! Ajeitem-se repousantemente. Agora olhem um para o outro. Chamam a isso olhar? Os seus olhos estão pulando para fora da cara! Relaxem! Mais! Nada de tensão.

"O que é que você está fazendo? — perguntou Tortsov a Gricha.

— Estou tentando continuar com a nossa disputa sobre a arte.

— E espera exprimir com os olhos esses pensamentos? Use palavras e deixe que os olhos completem a voz. Talvez assim venham a sentir os raios que estão dirigindo um para o outro.

Prosseguimos com nosso debate. A certa altura, Tortsov me disse:

— Durante aquela pausa, tive consciência de que você emitia raios. E você, Gricha, estava-se preparando para recebê-los. Lembrem-se: isso ocorreu durante aquele silêncio longo, espichado.

Eu expliquei que não conseguira convencer meu comparsa do meu ponto de vista e estava apenas preparando um novo argumento.

— Diga-me, Vânia, você conseguiu sentir aquele olhar de Maria? Aqueles raios eram verdadeiros — disse Tortsov.

— Foram disparados sobre mim — foi a resposta irônica.

O diretor voltou-se outra vez para mim.

— Além de ouvir, quero que você, agora, procure absorver do seu parceiro alguma coisa de vital. Além da discussão consciente, explícita, e da troca intelectual de ideias, será que pode sentir um intercâmbio de correntes paralelas, algo que você puxa para dentro com os olhos e expele outra vez por eles?

"É como um rio subterrâneo, que corre continuamente sob a superfície tanto das palavras quanto das pausas, formando um elo invisível entre o sujeito e o objeto.

"E agora, quero que faça mais uma experiência. Você vai pôr-se em comunicação comigo — disse, tomando o lugar de Gricha.

"Ajeite-se confortavelmente, não fique nervoso, não se apresse, nem se force. Antes de tentar transmitir qualquer coisa a outra pessoa, você tem de preparar seu material.

"Ainda há pouco, esse tipo de trabalho parecia-lhe complicado. Agora você o faz com facilidade. O mesmo se aplicará a este problema agora. Deixe-me captar os seus sentimentos sem nenhuma palavra, apenas por intermédio dos olhos — ordenou.

— Mas eu não posso pôr todos os matizes dos meus sentimentos na expressão dos olhos — expliquei.

— Quanto a isto não podemos fazer nada. Portanto, não ligue para os matizes todos.

— E o que é que sobra? — perguntei desalentado.

— Sentimentos de simpatia, respeito. Você pode transmiti-los sem palavras. Mas não pode fazer seu interlocutor entender que gosta dele porque é um rapaz inteligente, ativo, trabalhador e de espírito elevado.

— O que é que estou tentando comunicar-lhe? — perguntei a Tortsov, enquanto o fitava.

— Não sei, nem quero saber — foi a resposta.

— Por que não?

— Porque você está olhando fixo para mim. Se quiser que eu capte o sentido geral dos seus sentimentos, tem de estar sentindo o que me quer transmitir.

— E agora, consegue entender? Não posso transmitir meus sentimentos com maior clareza — exclamei.

— Você me despreza, por algum motivo. Sem palavras não posso saber a razão exata, mas isto não vem ao caso. Sentiu alguma corrente saindo livremente de você?

— Talvez tenha sentido, em meus olhos — respondi. — E tentei repetir a mesma sensação.

— Não. Desta vez você estava apenas pensando em como poderia empurrar para fora essa corrente. Retesou os músculos. O queixo e o pescoço estavam tensos, e os olhos começaram a saltar das órbitas. O que eu quero de você pode realizar-se com muito mais simplicidade, facilidade e naturalidade. Se quiser envolver outra pessoa em seus desejos, não precisa empregar os músculos. Sua sensação física dessa corrente deve ser apenas perceptível, mas a força que você está pondo nela daria para rebentar uma veia.

Minha paciência desabou e exclamei:

— Então eu não o entendo, absolutamente!

— Tire um descanso agora e eu tentarei descrever o tipo de sensação que quero que sinta. Um dos meus alunos comparou-a à fragrância de uma flor. Outro sugeriu o fulgor de um diamante. Eu a senti quando estive perto da cratera de um vulcão. Senti o ar quente dos tremendos fogos interiores da terra.

— Não — respondi com teimosia —, de modo algum.

Tortsov disse pacientemente:

— Então vou tentar alcançá-lo com o processo inverso. Ouça. Quando estou num concerto e a música não me prende, eu penso numa porção de distorções para mim. Escolho uma pessoa na plateia e procuro hipnotizá-la. Se por acaso minha vítima é uma mulher bonita, procuro transmitir meu entusiasmo. Se o rosto é feio, emito sentimentos de aversão. Nessas ocasiões tenho consciência de uma sensação física, definida. É possível que isto lhe seja familiar. De qualquer maneira, é essa a coisa que estamos buscando agora.

— E o senhor mesmo a sente quando está hipnotizando outra pessoa? — perguntou Paulo.

— Sim. Claro. E se você já tentou utilizar a hipótese, deve saber exatamente o que quero dizer — afirmou Tortsov.

— Isso, para mim, é ao mesmo tempo familiar e simples — exclamei, aliviado.

— E eu acaso disse, alguma vez, que era algo extraordinário? — foi a réplica espantada de Tortsov.

— Eu estava procurando qualquer coisa muito... especial.

— É isso o que sempre acontece — observou o diretor. — Basta usar uma palavra como *criatividade* e vocês sobem logo nas suas andas. Agora vamos repetir a experiência.

— O que é que eu estou irradiando? — perguntei.

— Desdém outra vez.

— E agora?

— Esse também é um sentimento amistoso, mas encerra um toque de ironia.

Fiquei encantado porque ele entendera as minhas intenções.

— Você compreendeu aquele sentimento da corrente indo para fora?

— Creio que sim — respondi, com alguma indecisão.

— Em nossa gíria chamamos isso de *irradiação*. A absorção desses raios é o processo inverso. Vamos tentá-lo.

Trocamos de papel. Ele começou a comunicar-me os seus sentimentos e eu a adivinhá-los.

— Procure definir com palavras sua sensação — sugeriu, depois que acabamos a experiência.

— Eu o exprimiria com uma comparação: é como um pedaço de ferro sendo atraído por um ímã.

O diretor aprovou. Depois perguntou-me se eu estivera cônscio do elo interior que nos ligava durante nossa comunhão silenciosa.

— Tive a impressão que sim — respondi.

— Se você conseguir estabelecer uma cadeia longa e coerente desses sentimentos, terá alcançado o que chamamos de *agarrador*. Então a emissão e a absorção serão muito mais fortes, agudas e palpáveis.

COMUNHÃO

Quando lhe pediram que descrevesse mais amplamente o que queria dizer com *agarrador,* Tortsov prosseguiu:

— É aquilo que um buldogue tem nas mandíbulas. Nós atores temos de ter a mesma capacidade de agarrar com os nossos olhos, ouvidos e todos os nossos sentidos. Se um ator tem de ouvir, que o faça atentamente; se deve cheirar, que cheire com força; se tiver de olhar para alguma coisa, use os olhos de fato. Mas isso tudo, está claro, deve ser feito sem tensão muscular desnecessária.

— Quando representei aquela cena de *Otelo,* mostrei algum *agarrador?* — perguntei.

— Houve um ou dois momentos — reconheceu Tortsov. — Mas isso é muito pouco. Todo o papel de Otelo exige uma garra total. Para uma peça simples basta um pulso comum, mas para uma peça de Shakespeare é preciso uma garra absoluta. Na vida cotidiana não precisamos de um *agarrador* total, mas em cena, principalmente para representar tragédia, é indispensável. Comparem só: a maior parte da vida é dedicada a atividades sem importância. A gente se levanta, deita, segue uma rotina em grande parte mecânica. Isso não é matéria para o teatro. Mas existem os *grandes momentos* de terror, de alegria suprema, grandes surtos de paixão e experiências extraordinárias. Somos desafiados a lutar pela liberdade, por uma ideia, por nossa existência e nossos direitos. Esse é material que se pode utilizar no palco, se para exprimi-lo tivermos *garra* poderosa, tanto interior como exterior. A *garra* de modo algum significa um esforço físico excepcional. Significa maior atividade interior.

"O ator deve aprender a concentrar-se, em cena, em algum problema interessante, criador. Se conseguir dar a isso toda a sua atenção e suas faculdades criadoras, conseguirá ter *garra* verdadeira.

"Deixem-me contar-lhes uma história sobre um treinador de animais. Ele tinha o costume de ir à África, escolher macacos para treinar. Grande número deles era reunido em algum lugar, e dentre esses escolhidos, os que considerava mais promissores para o seu objetivo. E como fazia a escolha? Separava cada macaco e procurava interessá-lo em algum objeto, um lenço de cor viva, que sacudia à sua frente, ou algum brinquedo capaz de diverti-lo pela cor ou pelo som Depois que a atenção do animal estava concentrada nesse objeto, o treinador começava a distraí-lo, apresentando alguma outra coisa, um cigarro, talvez, ou uma noz. Se conseguia fazer com que o macaco passasse de uma coisa para a outra, rejeitava-o. Se, ao contrário, verificava que o animal não podia ser desviado do primeiro objeto de seu interesse e se esforçava por buscá-lo quando o retiravam, o amestrador o comprava. Sua escolha era determinada pela capacidade do macaco apreender alguma coisa e agarrá-la.

"É assim que nós, muitas vezes, julgamos a capacidade de atenção dos nossos estudantes e sua capacidade de se manterem em contato uns com os outros — pela força e continuidade do seu *agarrador*.

7

O diretor começou nossa aula dizendo:

— Já que essas correntes são tão importantes na inter-relação dos atores, será possível controlá-las por meios técnicos? Podemos produzi-las à vontade?

"Também nisto vemo-nos sujeitos a ter de trabalhar de fora, quando os nossos desejos não vêm de dentro espontaneamente. Por sorte, há um laço orgânico entre a alma e o corpo. Seu poder é tamanho que ele quase consegue ressuscitar os mortos. Pensem num homem aparentemente afogado. O pulso parou, e ele está inconsciente. Com o emprego de movimentos mecânicos seus pulmões são forçados a receber e expelir o ar. Isso dá início à circulação do sangue e depois seus órgãos retomam as funções normais, sendo assim reconstituída a vida nesse homem praticamente morto.

COMUNHÃO

"Usando os meios artificiais, trabalhamos com o mesmo princípio: auxílios exteriores estimulam um processo interior. Deixem-me, agora, mostrar-lhes como se aplicam esses auxílios.

Tortsov sentou-se de frente para mim e pediu-me que escolhesse um objeto, com sua devida base imaginativa, e o transmitisse a ele. Permitia o uso de palavras, gestos e expressões faciais.

Levou muito tempo, até que, finalmente, compreendi o que pedia e consegui comunicar-me com ele. Mas conservou-me por algum tempo observando, habituando-me às sensações físicas decorrentes disso. Depois que dominei o exercício foi restringindo, um por um, meus meios de expressão: palavras, gestos etc., até que me vi forçado a levar avante minha comunicação com ele unicamente pela emissão e recepção de raios.

Depois disso, fez-me repetir o processo de modo puramente mecânico, físico, sem permitir a participação de sentimento algum. Levei tempo para separar uma coisa da outra e, quando o consegui, perguntou-me como me sentia.

— Feito uma bomba que só puxa para cima e nada mais — respondi. — Senti as correntes que saíam, principalmente pelos olhos e, talvez, parcialmente, do lado de meu corpo, em sua direção.

— Então continue a despejar essa corrente de modo apenas físico e mecânico, o maior tempo que puder — ordenou.

Não tardei muito em desistir daquilo que chamei de um procedimento perfeitamente *sem sentido*.

— Então, por que não lhe instilou algum sentido? — perguntou.
— Seus sentimentos acaso não chamavam por vir socorrê-lo e sua memória de emoções acaso não sugeria alguma experiência que você pudesse utilizar como material para a corrente que emitia?

— Naturalmente, se eu fosse obrigado a prosseguir com esse exercício mecânico, seria difícil deixar de usar alguma coisa para motivar minha ação. Teria de lhe dar alguma base.

— Por que não transmite o que sente neste momento mesmo? Desalento, incapacidade... ou descubra outra sensação — sugeriu Tortsov.

Tentei transmitir-lhe minha contrariedade e exasperação. Meus olhos pareciam dizer: "Deixe-me em paz, sim? Por que insistir? Por que me atormentar?"

— Como se sente agora? — perguntou Tortsov.

— Desta vez sinto que a bomba tem alguma outra coisa, além de ar, para trazer para cima.

— Então a sua *insensata* emissão física de raios, afinal de contas, adquiriu sentido e propósito!

E passou a outros exercícios, baseados na recepção de raios. Era o processo inverso e apenas descreverei um detalhe, novo: antes de conseguir absorver dele o que quer que fosse, eu tinha de sondar com meus olhos o que ele queria que eu extraísse dele. Isso exigia uma procura atenta, que eu sondasse o caminho para chegar-lhe ao estado de ânimo e estabelecer com este algum tipo de ligação.

— Não é fácil fazer por meios técnicos o que na vida comum é natural e intuitivo — disse Tortsov. — Entretanto, posso dar-lhe este consolo: quando você estiver em cena, interpretando seu papel, o processo se efetuará muito mais facilmente do que num exercício em aula.

"A razão é que, para o nosso presente objetivo, você teve de ciscar para reunir algum material, casual, utilizável. Já em cena, todas as suas circunstâncias dadas foram previamente preparadas, seus objetivos foram fixados, suas emoções amadurecidas e prontas para atender ao sinal, vindo à tona. Bastará um leve impulso e os sentimentos preparados para seu papel jorrarão, num fluxo contínuo, espontâneo.

"Quando fazemos um sifão para esvaziar a água de um frasco, sorvemos o ar uma única vez e a água despeja-se por si só. O mesmo se dá com você: dê o sinal, abra o caminho, e os seus raios e correntes se despejarão.

Quando lhe perguntaram como desenvolver esta habilidade por meio de exercícios, ele disse:

— Há os dois tipos de exercícios que fizemos ainda agora: O primeiro ensina a estimular um sentimento que vocês transmitem a outra pessoa. Ao fazê-lo, observem as sensações físicas que o acompanham. Da mesma forma aprendem a reconhecer a sensação, de absorver sentimentos provenientes de outrem.

"O segundo consiste em fazer um esforço para sentir as simples sensações de *emitir* e *absorver* sentimentos, sem a experiência emocional que as acompanha. Para isto é indispensável uma grande concentração de atenção. De outro modo poderiam facilmente confundir essas sensações com as contrações musculares comuns. Caso estas ocorram, escolham algum sentimento interior que queiram irradiar. Mas, sobretudo, evitem a violência e a contorção física. A irradiação e a absorção das emoções devem ocorrer facilmente, livremente, naturalmente e sem qualquer perda de energia.

"Mas não façam estes exercícios sozinhos nem com pessoa imaginária. Usem sempre um objeto real, que de fato esteja com vocês e queira trocar sentimentos. A comunhão tem de ser recíproca. Também não tentem fazer esses exercícios a não ser sob a supervisão do meu assistente. Vocês precisam de seu olhar experiente para evitar que se enganem e, também, pelo risco de confundir a tensão muscular com o processo certo.

— Como parece difícil! — exclamei.

— Difícil fazer uma coisa normal e natural? — disse Tortsov. — Você está enganado. Tudo que é normal pode ser feito com facilidade. É muito mais difícil fazer algo contrário à natureza. Estude as suas leis e não intente nada que não seja natural.

"Todas as primeiras etapas de nosso trabalho pareceram-lhes difíceis: o relaxamento dos músculos, a concentração da atenção e o resto. Agora, entretanto, já são uma segunda natureza.

"Devem alegrar-se porque enriqueceram a sua bagagem técnica com este importante estímulo à comunhão.

CAPÍTULO XI — Adaptação

A primeira sugestão feita pelo diretor, depois que viu o grande cartaz: ADAPTAÇÃO, que o seu assistente pendurara, foi ao Vânia. Propôs-lhe este problema:

— Você quer ir a algum lugar. O trem parte às duas horas. Já é uma hora. Como conseguirá escapulir, antes de acabarem as aulas? A dificuldade é que terá de enganar não somente a mim, mas, também, a todos os seus colegas. Como vai fazer?

Sugeri que fingisse estar triste, pensativo, deprimido, ou doente. Assim, todos perguntariam: "O que é que você tem?" Isso lhe daria oportunidade de costurar alguma história, de modo a fazer-nos crer que ele de fato estava enfermo, deixando-o ir para casa.

— Isso mesmo! — exclamou Vânia, exultante, e entregou-se à execução de uma série de micagens. Mas depois de ter feito algumas piruetas, tropeçou e girou de dor. Ficou pregado no chão, com uma perna levantada e o rosto contorcido em dor.

A princípio pensamos que estava nos enganando e que isso fazia parte da trama. Parecia, entretanto, sofrer uma dor tão verdadeira que acreditei, e já ia ajudá-lo quando senti uma pequenina dúvida e tive a impressão de, pela fração mais ínfima de um segundo, ver-lhe um brilhozinho nos olhos. Por isso fiquei com o diretor enquanto os outros dois iam acudi-lo. Não consentiu que ninguém lhe tocasse na perna, tentou pisar com ela, mas berrou tanto com a dor que eu e Tortsov nos olhamos, como que dizendo: será verdade ou é fingimento? Com muita dificuldade, ajudaram Vânia a sair do palco; sustentaram-no por baixo dos braços e ele usou a perna sã.

De repente, Vânia caiu numa dança veloz, estourando em gargalhadas.

— Foi formidável! Isso eu senti de verdade! — o riso sufocava-o. Foi recompensado com uma ovação e eu me dei conta, mais uma vez, dos seus legítimos dons.

— Vocês sabem por que aplaudiram? — perguntou o diretor.

— Foi porque ele encontrou a *adaptação* certa para as circunstâncias que lhe foram determinadas e executou seu plano até o fim com êxito.

"De agora em diante usaremos essa palavra, *adaptação*, para significar *tanto os meios humanos internos quanto externos, que as pessoas usam para se ajustarem umas às outras, numa variedade de relações e, também, como auxílio para afetar um objeto.*

Explicou, ainda, o que entendia por a gente ajustar-se ou conformar-se a um problema.

— É o que o Vânia fez ainda agora. Para sair cedo da aula, usou de um arranjo, um truque, para ajudá-lo a resolver a situação em que estava.

— Então, adaptação quer dizer engano? — indagou Gricha.

— De certo modo, sim. De outro, é uma viva expressão de sentimentos ou pensamentos interiores. E, terceiro, pode chamar para nós a atenção da pessoa com a qual queremos estabelecer contato; em quarto lugar, pode preparar o comparsa, predispondo-o a reagir a nós; quinto, pode transmitir certas mensagens invisíveis, capazes apenas de serem sentidas e não formuladas em palavras. E eu poderia mencionar uma quantidade de outras funções possíveis, pois é infinito o seu escopo e variedade.

"Vejamos este exemplo: Suponhamos que você, Kóstia, ocupe um alto cargo e eu tenho de lhe pedir um favor. Preciso conseguir seu auxílio. Mas você não me conhece, absolutamente. Como farei para me distinguir dos outros que estão procurando obter sua ajuda?

"Tenho de galvanizar sobre mim sua atenção, e controlá-la. Como poderei influenciá-lo para que adote uma atitude favorável a mim? Como atingirei sua mente, seus sentimentos, sua atenção, sua imaginação? Como poderei tocar a própria alma de uma pessoa tão influente?

"Se eu ao menos puder fazê-lo evocar, com os olhos do espírito, um quadro que tenha qualquer aproximação com a terrível realidade das circunstâncias em que estou, sei que o seu interesse há de despertar. Olhar-me-á mais atentamente, tocar-lhe-ei o coração. Mas para chegar a esse ponto, terei de penetrar na personalidade do outro, pressentir sua vida, adaptar-me a ela.

"O nosso alvo primordial, quando usamos tais meios, é exprimir com maior relevo nossos estados de espírito e coração. Há, entretanto, circunstâncias opostas, nas quais os utilizamos para esconder ou mascarar as nossas sensações. Por exemplo, uma pessoa altiva e sensível que tenta parecer amável para ocultar seus sentimentos feridos; ou um promotor que habilmente se encobre com vários subterfúgios para velar o seu objetivo real, quando interroga um criminoso.

"Recorremos aos métodos de adaptação em todas as formas de comunhão, até com nós mesmos, pois, necessariamente, temos de levar em conta o estado de espírito em que estamos num dado momento.

— Mas, afinal de contas, existem palavras para exprimir todas essas coisas — disse Gricha.

— Então você supõe que as palavras podem esgotar todos os matizes mais tênues das emoções que sentimos? Não! Quando comungamos uns com os outros, as palavras não bastam. Se lhes quisermos dar vida, temos de apresentar sentimentos. Estes preenchem as lacunas deixadas pelas palavras, arrematam o que ficou por dizer.

— Então, quanto mais meios usamos, maior será nossa comunhão com a outra pessoa? — indagou alguém.

— Não se trata de quantidade, mas de qualidade — explicou o diretor.

Perguntei quais eram as qualidades que mais se adaptavam ao teatro.

— Há vários tipos — respondeu. — Cada ator tem os seus atributos particulares. São-lhe originais, surgem de diversas fontes e variam de valor. Os homens, as mulheres, os velhos, as crianças, as pessoas pomposas, modestas, coléricas, bondosas, irritáveis e calmas, cada qual tem o seu tipo, que lhe é próprio.

"Cada mudança de circunstâncias, ambiente, campo de ação, tempo acarreta um correspondente ajustamento. A gente, alta noite, sozinha, ajusta-se de um modo diferente daquele de durante o dia, em público. Chegando a um país estranho, achamos meios de nos adaptarmos de modo adequado às circunstâncias do ambiente.

"Cada sentimento, ao ser expressado, requer uma forma intangível de ajustamento, que lhe é toda peculiar. Todos os tipos de comunicação, como, por exemplo, a comunicação em grupo, com objeto imaginário, presente ou ausente, requerem ajustamentos peculiares a cada um deles. Nós nos servimos de todos os nossos cinco sentidos e de todos os elementos da nossa conformação interior e exterior para nos comunicarmos. Emitimos raios e os recebemos, usamos os olhos, a expressão fisionômica, a voz e a entonação, as mãos, os dedos, nosso corpo todo, e em cada caso fazemos os ajustamentos correspondentes que se tornarem necessários, quaisquer que eles sejam.

"Vocês verão atores dotados de magníficos dons de expressão em todas as fases das emoções humanas e servindo-se de meios a um so tempo bons e certos. No entanto, é possível que eles apenas transmitam isso tudo a umas poucas pessoas, na intimidade dos ensaios. Quando a peça é encenada e a viva nitidez dos seus meios deveria ser maior, estes esmaecem e não conseguem transpor a ribalta de uma forma teatral suficientemente eficaz.

"Há outros atores que têm o poder de fazer ajustes, vívidos, mas poucos. Faltando-lhes variedade, seu efeito perde em penetração e força.

"Finalmente, há os atores que a natureza maltratou, dando-lhes poderes de ajustamento monótonos e insípidos, embora corretos. Estes nunca poderão alcançar o primeiro escalão da carreira.

ADAPTAÇÃO

"Se nas situações mais comuns da vida as pessoas precisam e usam de uma grande variedade de adaptações, nós, atores, precisamos de um número proporcionalmente maior, pois temos de estar sempre em contato uns com os outros e, portanto, em incessantes ajustamentos. Em todos os exemplos que lhes dei, a qualidade de ajustamento representa um grande papel: vividez, colorido, ousadia, delicadeza, matização, requinte, bom gosto.

"O que Vânia fez para nós, de tão vívido, raiou a ousadia. Mas há outros meios de adaptação. Quero ver, agora, Sônia, Gricha e Vassili subirem ao palco e representarem para mim o exercício do dinheiro queimado.

Sônia levantou-se, um tanto lânguida, com uma expressão deprimida no rosto, ao que parece esperando que os dois homens seguissem-lhe o exemplo. Mas ambos ficaram quietos. Houve um silêncio embaraçoso.

— O que há? — perguntou Tortsov.

Ninguém respondeu e ele esperou, paciente. Afinal Sônia, não mais suportando o silêncio, resolveu falar. A fim de atenuar suas observações, usou de alguns maneirismos femininos, pois verificara que os homens, em geral, deixavam-se afetar por eles. Baixou os olhos e ficou esfregando a placa de metal com o número da poltrona à sua frente, para dissimular os sentimentos. Por muito tempo não pôde proferir palavra. Para ocultar seu rubor, levou um lenço ao rosto e voltou-se para o outro lado.

A pausa parecia interminável. Para preenchê-la e diminuir o embaraço causado pela situação, bem como para lhe acrescentar um toque humorístico, ela forçou uma risadinha amarela.

— Já estamos tão fartos dele... Estamos, realmente — disse.
— Não sei como lhe dizer, mas, por favor, dê-nos um outro exercício... e atuaremos.

— Bravo! concordo! E agora não precisam mais fazer o exercício, pois já me deram o que eu queria — exclamou o diretor.

— O que foi que ela lhe mostrou? — perguntamos.

— Enquanto Vânia nos deu uma adaptação atrevida, a de Sônia foi mais requintada, de tessitura mais fina, contendo elementos internos e externos. Com muita paciência, ela usou toda a gama dos seus poderes de persuasão para causar-me dó.

"Usou, com eficácia, suas lágrimas e seu ressentimento. Sempre que podia, juntava um toquezinho de flerte para alcançar seu fim. Reajustava-se o tempo todo, para fazer-me sentir e aceitar todos os matizes das emoções cambiantes que a acometiam. Quando um não servia, experimentava outro, e um terceiro ainda, esperando encontrar o meio mais convincente de penetrar no âmago do problema.

"Vocês devem aprender a se adaptar às circunstâncias, à hora e a cada pessoa, individualmente. Se tiverem de tratar com uma pessoa estúpida, terão de ajustar-se à mentalidade dela e de descobrir o meio mais simples de atingir-lhe a mente e o entendimento. Mas, se o tipo for esperto, terão de agir com mais cautela, usando meios mais sutis, para que ele não perceba suas artimanhas.

"Para provar-lhes como essas adaptações são importantes em nosso trabalho criador, permitam-me acrescentar que muitos atores de capacidade emocional limitada produzem, por meio dos seus vivos dons de ajustamento, efeitos mais fortes do que aqueles que, sentindo com mais profundidade e poder, não conseguem, entretanto, transmitir suas emoções senão palidamente.

2

— Vânia, suba comigo ao palco e represente uma variação do que você fez da última vez — ordenou o diretor.

Nosso vivaz amiguinho foi-se aos pulos e Tortsov o seguiu, devagar, sussurrando-nos ao sair:

— Olhem só eu puxar por ele! — Em voz alta, acrescentou: — Então você quer sair cedo da aula. Este é o seu objetivo principal, fundamental. Quero ver consegui-lo.

ADAPTAÇÃO

Sentou-se junto a uma mesa, tirou do bolso uma carta e absorveu-se totalmente na leitura. Vânia ficou perto, de pé, concentrando toda a atenção em como descobrir a maneira mais engenhosa possível de vencer-lhe a astúcia.

Tentou as proezas mas variadas, mas Tortsov, como que de propósito, não lhe dava atenção. Vânia foi infatigável em seus esforços. Por longo tempo ficou sentado, absolutamente imóvel, tendo no rosto uma expressão agoniada. Se Tortsov ao menos o tivesse olhado, então certamente se condoeria. De repente Vânia se ergueu e precipitou-se para os bastidores. Dali a pouco voltou, andando com o passo seguro de um inválido, e enxugando a testa como se estivesse banhada em suor frio. Sentou-se pesadamente ao lado de Tortsov, que continuou a ignorá-lo. Mas atuava com veracidade e nós reagimos aprovativamente a tudo que fazia.

Depois disso Vânia quase desfaleceu de cansaço, chegou mesmo a escorregar da cadeira para o chão, e nós rimos dos seus exageros.

Mas o diretor ficou impassível.

Vânia pensou em outras coisas para nos fazer rir com mais força. Mesmo assim, o nome estranho ficou calado, sem lhe dar atenção. Quanto mais Vânia exagerava, mais alto era o nosso riso. Nossa alegria incitou-o a pensar em coisas cada vez mais divertidas para fazer, até que, o que Tortsov aguardava.

— Compreenderam o que acaba de acontecer? — perguntou-nos, assim que nos conseguiu acalmar. — Todos os seus atos, palavras, esforços para parecer doente e conquistar a minha atenção simpatizante foram meios que ele usou para conseguir seu propósito principal. No começo o que conformava-se devidamente a esse propósito. Mas, ai! Assim que ouviu o riso da plateia, mudou de rumo completamente e passou a adaptar suas ações não mais a mim, que não lhe dava atenção mas a vocês, que manifestavam encantamento ante as suas estripulias.

"Seu objetivo, agora, passou a ser: como divertir os espectadores? E que base poderia achar para isso? Onde encontrar sua trama? Como acreditar nela e viver dentro dela? Só podia recorrer ao teatro — e foi nisso que errou.

"A essa altura, os seus meios tornaram-se falsos, ao serem usados por seu próprio valor, em vez de o serem no devido papel de auxiliares. Vê-se muito no palco esse tipo de atuação errada. Sei de muito atores capazes de fazer ajustes notáveis, mas que usam esses meios antes para divertir o público do que para transmitir seus sentimentos.

"Transformam seus poderes de adaptação — exatamente como fez Vânia — em números individuais de *vaudeville*. Estão dispostos a sacrificar seu papel, como um todo, à excitação de arrancar uma salva de palmas, uma onda de gargalhadas. Muitas vezes esses momentos particulares nada têm a ver com a peça. Naturalmente, em tais circunstâncias, essas adaptações perdem qualquer sentido.

"Estão vendo, portanto, que elas podem até constituir tentação para o ator. Há papéis inteiros que estão crivados de oportunidades para o mau emprego das adaptações. Veja-se, por exemplo, a peça de Ostrovski: *Em todo sábio há bastante estupidez* e o papel do velho Mamaiev. Como não tem o que fazer, ele vive dando conselhos a todos que consegue pegar de jeito. Não é fácil ater-se a um objetivo único por toda a extensão de uma peça em cinco atos; pregar aos outros sermões e mais sermões e transmitir-lhes, constantemente, as ideias e sentimentos. Em tais circunstâncias, é facílimo cair na monotonia. Para evitá-la, muitos atores, nesse papel, concentram esforços em toda a sorte de adaptações variadas da ideia central de pregar sermões aos outros. Essa infinita variedade de ajustamentos é, indubitavelmente, valiosa, mas pode ser prejudicial quando a ênfase é posta mais nas variações do que no objetivo.

"Estudando o funcionamento íntimo do cérebro do ator, vocês verão que o que acontece é que, em vez de dizer para si mesmo: 'Visarei a tal e tal objetivo por meio de um tom severo', o que ele diz, realmente, é: 'Quero ser severo.' Mas, como sabem, não se deve ser severo, nem o que quer que seja, só pela coisa em si.

"Se o forem, seus sentimentos e suas ações desaparecerão, sendo substituídos por outros, artificiais, teatrais. É por demais típico dos atores o fato de que sempre que estão diante das pessoas com as quais a peça os faz se comunicarem, eles procuram algum outro objeto para as suas atenções, do outro lado da ribalta, e passam a se ajustar a esse objeto. Pode parecer que sua comunicação exterior é com as pessoas que estão em cena, mas seus ajustamentos verdadeiros estão se processando em função dos espectadores.

"Suponhamos que você more no último andar de uma casa e do outro lado da larga rua viva o objeto dos seus afetos. Como lhe poderá falar do seu amor? Pode atirar-lhe beijo, pôr a mão no coração; pode cair em êxtase, ou ficar triste ou ansioso. Pode fazer gestos para saber se o deixará visitá-la e assim por diante. Todos esses ajustamentos ao seu problema devem ser expressados em tonalidades fortes, senão jamais atravessarão o espaço intermediário

"Eis que surge uma oportunidade extraordinariamente favorável: na rua não há vivalma; ela está sozinha, à janela; em todas as outras janelas as venezianas estão cerradas. Nada o impede de chamar. Sua voz tem de assumir um tom capaz de transpor aquela distância.

"Da outra vez que a encontra, ela vai descendo a rua de braço com a mãe. Como é que você aproveitará esse encontro, tão perto, para murmurar uma palavra, para suplicar-lhe, talvez, que venha vê-lo em algum lugar? A fim de adaptar-se às circunstâncias do encontro, você terá de fazer um gesto expressivo mas quase imperceptível com a mão ou, talvez, com os olhos, apenas. Se tiver de usar palavras, que sejam quase inaudíveis.

"Você já está a ponto de agir quando, de repente, vê o seu rival no outro lado da rua e é invadido pelo desejo de lhe exibir seu sucesso. Você se esquece da mãe dela e berra, a plenos pulmões, palavras de amor.

"A maioria dos atores está sempre fazendo, impunemente, o que nós consideraríamos inexplicavelmente absurdo num ser humano comum. Colocam-se lado a lado com os seus comparsas no palco e no entanto ajustam todas as suas expressões faciais, gestos e ações não à distância entre eles e os outros atores, mas sim à distância entre eles e qualquer pessoa que estiver sentada na última fila da plateia.

— Mas eu devo mesmo ter consideração para com o pobre coitado que não pôde comprar ingresso para as primeiras filas, de onde ouviria tudo — interrompeu Gricha.

— Seu dever primordial é o de adaptar-se a seu comparsa. Quanto aos pobres da última fila, temos um meio especial de alcançá-los: impostamos a voz corretamente e usamos métodos bem preparados na pronúncia das vogais e das consoantes. Com a dicção certa, você pode falar tão baixo como se estivesse numa sala pequena e aquela pobre gente ouvi-lo-á melhor do que se você berrasse, principalmente se lhes tiver despertado o interesse naquilo que estiver dizendo e os tiver feito penetrar no sentido íntimo das suas falas. Se *declamar,* as suas palavras íntimas que deveriam ser transmitidas num tom brando perderão o significado, e os espectadores não estarão dispostos a procurar-lhes o sentido mais além do seu som.

— Mas, mesmo assim, o espectador tem de enxergar o que está acontecendo — insistiu Gricha.

— Justamente com esse propósito utilizamos uma ação lógica, coerente, bem delineada e sustida. É isto que faz com que o espectador compreenda o que se passa. Mas se os atores quiserem contradizer os próprios sentimentos interiores com gesticulações e poses que podem ser atraentes mas não têm motivação verdadeira, então o público se cansará de segui-los, porque eles não têm relação vital alguma nem com os espectadores nem com os personagens da peça e porque facilmente se aborrecem com as repetições. Digo tudo isto para explicar que o palco, com toda a publicidade que o acompanha, tende a desviar os atores das adaptações normais, humanas, às situações, tentando-os a adotar as formas convencionais, teatrais.

"É justamente contra essas formas que temos de lutar com todos os meios disponíveis, até conseguirmos expulsá-las do teatro.

3

Hoje Tortsov prefaciou suas observações com a declaração:
— *As adaptações são feitas consciente e inconscientemente.*

"Aqui têm um exemplo de ajustamento intuitivo como expressão de mágoa suprema: em *Minha vida na arte*, há a descrição de como uma mãe recebe a notícia da morte do filho. Nos primeiros instantes ela não disse nada, mas começou, apressadamente, a se vestir. Depois correu para a porta da rua e gritou: 'Socorro!'

"Um ajustamento desse gênero não pode ser reproduzido, nem intelectualmente nem com o auxílio de nenhuma técnica. É criado naturalmente, espontaneamente, inconscientemente, no próprio instante em que as emoções atingem o auge. No entanto, esse tipo, tão direto, tão vivo e convincente, representa o método eficaz de que precisamos. Só com estes meios é que criamos e transmitimos, a uma plateia de milhares de espectadores, todas as nuanças mais finas, quase imperceptíveis, de sentimento. Mas o caminho único para chegarmos a estas experiências é o da intuição e do subconsciente.

"Como se destacam no palco esses sentimentos! Que impressão indelével produzem na memória dos espectadores!

— E no que reside sua força?

— Na sua avassaladora *imprevisibilidade*. Quando se segue um ator, num determinado papel, passo a passo, pode-se esperar que ele a certa altura importante diga as suas falas numa voz clara, nítida, séria. Suponhamos que, em vez disso, ele de todo inesperadamente adote um tom leve, alegre e muito suave, numa forma original de fazer seu papel. O elemento surpresa é tão curioso e eficaz que a gente se persuade de que essa nova forma é a única interpretação possível para aquele trecho. E nos perguntamos: "Como é que eu nunca pensei nisso, nem imaginei que aquelas frases fossem tão significativas?" Essa inesperada adaptação do ator deixa-nos assombrados e encantados.

"O nosso subconsciente tem sua própria lógica. Como achamos que as adaptações subconscientes são tão necessárias à nossa arte, pretendo discuti-las um tanto pormenorizadamente.

"As adaptações mais poderosas, vívidas e convincentes, são fruto dessa artista que faz maravilhas: a natureza. São de origem quase que de todo subconsciente. Vemos que os maiores artistas se utilizam delas. No entanto, nem mesmo essas pessoas excepcionais podem produzi-las a qualquer momento; elas nos vêm nos momentos de inspiração. Nas outras horas as adaptações só são subconscientes em parte. Considerem o fato de que, enquanto estamos em cena, mantemos incessante contato uns com os outros e, portanto, os nossos ajustes recíprocos têm de ser constantes. Pensem, depois, na quantidade de ações e movimento que isto significa e calculem a proporção de momentos subconscientes que eles podem conter!

Depois de uma pausa, o diretor prosseguiu:

— Não é só quando nos ocupamos de um intercâmbio constante de pensamentos, sentimentos e ajustes que o subconsciente entra em ação. Ele também nos socorre em outras ocasiões. Vamos pôr isto à prova em nós mesmos: sugiro que durante cinco minutos vocês não falem sobre coisa alguma, nem façam nada.

Depois desse período de silêncio, Tortsov interrogou cada um dos alunos sobre o que se passara em seu íntimo, em que pensara e o que sentira.

Alguém disse que, por algum motivo, lembrara-se, de súbito, do seu remédio.

— O que isso tem a ver com nossa aula? — perguntou Tortsov.

— Absolutamente nada.

— Quem sabe você sentiu alguma dor e ela o fez lembrar-se do remédio? — continuou o diretor.

— Não. Não senti nenhuma dor.

— Como foi que uma ideia dessas pulou para a sua cabeça?

Não houve resposta.

Uma das moças estivera pensando numa tesoura.

— Que relação tinha ela com o que estamos fazendo? — indagou Tortsov.

— Nenhuma, que eu saiba.

ADAPTAÇÃO

— Você, talvez, notou algum defeito em seu vestido, resolveu consertá-lo e isto a fez pensar na tesoura?

— Não. Minha roupa está toda em ordem. Mas deixei minha tesoura numa caixa com umas fitas e tranquei a caixa em minha arca. De repente, me passou pela cabeça: "Espero que eu não esqueça onde a guardei."

— Então, você simplesmente pensou na tesoura e depois raciocinou sobre a causa?

— Sim. Eu de fato pensei primeiro na tesoura.

— Mas ainda não sabe de onde surgiu a ideia, antes de mais nada?

Prosseguindo em suas investigações, Tortsov descobriu que Vassili, durante o período de silêncio, estivera pensando num abacaxi, ocorrendo-lhe que a casca escamosa e as folhas pontudas o tornavam muito semelhante a certo tipo de palmeira.

— O que pôs um abacaxi no primeiro plano do seu cérebro? Comeu algum estes dias?

— Não.

— Onde é que vocês todos foram buscar esses pensamentos sobre remédios, tesouras e abacaxis?

Quando reconhecemos que não sabíamos, o diretor disse:

— Todas estas coisas saem do subconsciente de vocês. São como estrelas cadentes.

Depois de um momento de reflexão, voltou-se para Vassili e disse:

— Ainda não compreendi por que você, enquanto nos falava sobre aquele abacaxi, ficou se retorcendo e adotando gestos tão estranhos. Eles não acrescentavam nada à sua história do abacaxi e à palmeira. Estavam exprimindo alguma outra coisa. O que era? O que é que havia por trás da expressão intensamente pensativa dos seus olhos e do ar sombrio do seu rosto? Qual era o sentido do desenho que você traçou no ar com os dedos? Por que olhou tão significativamente para cada um de nós e depois sacudiu os ombros? Que relação havia entre isso tudo e o abacaxi?

— O senhor quer dizer que eu estava fazendo todas essas coisas? — perguntou Vassili.

— Quero sim senhor e também quero saber o que você estava exprimindo.

— Deve ter sido espanto — disse Vassili.

— Espanto por quê? Pelos milagres da natureza?

— Talvez.

— Então eram aqueles os ajustamentos à ideia que a sua mente lhe sugeriu?

Mas Vassili ficou mudo.

— Será possível que a sua mente, que de fato é inteligente, possa ter-lhe sugerido tamanhos absurdos? — disse Tortsov. — Ou foram os seus sentimentos? Neste caso, você deu uma forma física exterior à sugestão feita pelo subconsciente? Em qualquer desses casos, tanto quando teve a ideia do abacaxi, como quando se ajustou a essa ideia, você passou por essa região desconhecida do subconsciente.

"Devido a um estímulo ou outro, uma ideia vem à sua cabeça. Naquele instante ela atravessa o subconsciente. Em seguida você considera essa ideia e depois, quando tanto a ideia como os seus pensamentos sobre ela são postos em forma física tangível, você passa mais uma vez (durante uma fração infinitesimal do tempo) pelo subconsciente. Cada vez que faz isso, os seus ajustamentos, quer no todo, quer em parte, absorvem dele algo de essencial.

"Em todo processo de intercomunicação que necessariamente envolva ajustamentos, tanto o subconsciente como a intuição representam um grande papel, se não o principal. No teatro, a sua importância acentua-se extraordinariamente.

"Não sei o que a ciência diz sobre este assunto. Posso apenas compartilhar com vocês aquilo que senti e observei em mim mesmo. Após uma investigação prolongada posso afirmar, agora, que na vida comum não encontro ajustamento consciente algum que não contenha em si algum elemento do subconsciente, por mais tênue que seja. Por outro lado, no palco, onde seria de supor

ADAPTAÇÃO

que preponderassem os ajustamentos intuitivos subconscientes, encontro, quase sempre, adaptações completamente conscientes. São os carimbos do ator. Encontramo-los em todos os papéis que já estão surrados pelo uso. Cada gesto é, em alto grau, consciente de si mesmo.

— Podemos concluir, então, que o senhor não está disposto a aprovar nenhum ajustamento consciente em cena? — perguntei.

— Não esses que mencionei ainda agora e que se tornaram nada mais que clichês. No entanto, devo reconhecer que me dou conta do caráter consciente de certos ajustadores, quando foram sugeridos por fontes externas, pelo diretor, por outros atores, ou por amigos que dão conselhos, solicitados ou não. Estas adaptações devem ser usadas com o máximo cuidado e bom-senso.

"Nunca se devem aceitar na forma em que lhes são apresentadas. Não se permitam copiá-las, simplesmente. Vocês têm de adaptá-las às suas próprias necessidades, apossar-se delas, torná-las parte de vocês mesmos. Fazer isto é o mesmo que empreender uma grande obra, que envolve todo um novo jogo de circunstâncias dadas e estímulos.

"Devem empreendê-la tal como o faz um ator quando vê, na vida real, alguma característica típica que ele deseja incorporar num papel. Se apenas a copiar, incidirá no erro de uma atuação superficial e rotineira.

— E que outros tipos de adaptação existem? — perguntei.

— Ajustamentos *mecânicos,* ou *motores* — respondeu Tortsov.

— O senhor quer dizer... clichês?

— Não. Não é a eles que me refiro. Deviam ser exterminados. Os ajustamentos *motores* são subconscientes, semiconscientes e conscientes, quanto à origem. São adaptações normais, naturais, humanas, levadas a ponto de adquirirem um caráter puramente mecânico.

"Deixe-me dar-lhe um exemplo. Vamos supor que ao interpretar certo papel característico, você use ajustamentos reais, humanos, nas suas relações com os outros que estão em cena.

Entretanto, grande parte desses ajustes nascem do personagem que você está interpretando e não partem diretamente de você. Essas adaptações suplementares aparecem espontaneamente, involuntariamente, inconscientemente. Mas o diretor apontou-as a você e depois disso você tem noção delas, elas se tornam conscientes e habituais. Integram-se na própria carne e no sangue do personagem que você está representando, cada vez que vive o papel. Finalmente, esses ajustamentos suplementares tornam-se atividades motoras.

— Então são estereótipos? — indagou alguém.

— Não. Deixem-me repetir. Uma atuação de *carimbo* é convencional, falsa e sem vida. Sua origem está na rotina teatral. Ela não transmite nem sentimentos, nem pensamentos, nem quaisquer imagens características dos seres humanos. Os ajustamentos motores, pelo contrário, foram originalmente intuitivos, mas tornaram-se mecânicos sem sacrifício da sua virtude de naturalidade. Permanecendo orgânicos e humanos, eles são a antítese do *carimbo*.

4

— A etapa seguinte é a questão dos *meios técnicos* que podemos empregar para estimular as adaptações — anunciou o diretor, entrando hoje na sala. E passou a estabelecer um programa de trabalho para a aula.

"Começarei com as *adaptações intuitivas*. Não há uma *passagem direta* para o nosso subconsciente, por isto usamos vários estímulos que induzem um processo de viver o papel, o que, por sua vez, cria, inevitavelmente, a inter-relação e os ajustamentos conscientes ou inconscientes. Essa é a passagem indireta.

"'E o que mais', vocês perguntam, 'podemos fazer nessa região onde o nosso consciente não pode penetrar.' Abstemo-nos de interferir com a natureza e evitamos desobedecer às suas leis. Sempre que nos conseguimos pôr num estado plenamente natural e descontraído, ergue-se dentro de nós um fluxo criador que ofusca com seu brilho o nosso público.

ADAPTAÇÃO

"Lidando com os ajustamentos *semiconscientes*, as condições são outras. Aqui podemos utilizar um pouco a nossa psicotécnica. Digo *um pouco* porque, mesmo nisso, as nossas possibilidades são restritas.

"Tenho uma sugestão prática a fazer e creio que posso explicá-la melhor com um exemplo. Lembram-se de quando Sônia me persuadiu jeitosamente a não forçá-la a fazer o exercício, e como repetia várias vezes as mesmas palavras, usando uma grande variedade de adaptações? Quero que vocês façam a mesma coisa, como uma espécie de exercício, mas não usem os mesmos ajustamentos. Já perderam o efeito. Quero que descubram outros, novos, para substituí-los. Conscientes ou inconscientes.

De um modo geral, repetimos o velho jogo.

Quando Tortsov nos censurou por sermos assim monótonos, queixamo-nos de que não sabíamos que material usar como base para a criação de adaptações novas.

— Você sabe taquigrafia. Anote o que vou ditar:

"Calma, excitação, bom humor, ironia, zombaria, belicosidade, censura, capricho, desdém, desespero, ameaça, alegria, benignidade, dúvida, assombro, expectativa, fatalidade...

Enumerou todos esses estados de espírito, emoções e muitos outros. Depois disse a Sônia:

— Ponha o dedo sobre qualquer palavra dessa lista e, seja qual for, use-a como base para uma nova *adaptação*.

Ela obedeceu, e a palavra foi: benignidade.

— Agora, use algumas cores novas em lugar das velhas — sugeriu o diretor.

Ela conseguiu dar a nota certa e encontrar uma motivação apropriada. Mas Leão brilhou mais do que Sônia. A sua voz ribombante ficou untuosa e toda a sua gorda face e figura transudavam benignidade. Rimo-nos todos.

— Será prova bastante de como é útil introduzir um elemento novo nos problemas velhos? — perguntou Tortsov.

Sônia, então, pôs o dedo em outra palavra da lista. Desta vez a escolha foi: belicosidade. Com uma capacidade muito feminina de implicância, pôs mãos à obra. Desta vez foi superada por Gricha. Ninguém pode com ele em se tratando de persistência argumentativa.

— Aí têm novas provas da eficácia do meu método — disse Tortsov, contente. E passou a executar exercícios análogos com todos os outros alunos.

"Ponham nessa lista qualquer outra característica ou humor humano que quiserem e verão que todos eles servirão para lhes proporcionar novas cores e tonalidades para quase todos os intercâmbios de pensamento e de sentimentos. Os contrastes fortes e o elemento do inesperado também ajudam.

"Este método é muitíssimo eficaz nas situações trágicas e dramáticas. Para acentuar a impressão, num momento particularmente trágico, pode-se rir de repente, como quem diz: 'Essa perseguição do destino contra mim chega a ser ridícula!', ou, 'Num desespero deste eu não posso chorar, só rir!'.

"Pensem só no que será exigido do aparelhamento facial, vocal e físico de vocês, para que possa reagir às nuanças mais tênues desses sentimentos subconscientes. Que flexibilidade de expressão, que sensibilidade, que disciplina! Os seus poderes de expressão, como artistas, serão postos à prova, até o último limite, pelos ajustamentos que vocês terão de fazer na relação com os outros atores em cena. Por esse motivo, terão de dar um preparo adequado aos seus corpos, rostos e vozes. Digo-o agora apenas de passagem e porque espero que isto os fará mais cônscios da necessidade dos exercícios de cultura física, dança, esgrima e impostação de voz. No devido tempo, examinaremos com maior detalhe o cultivo dos atributos externos de expressão.

Assim que acabou a aula, quando Tortsov se erguia para sair, o pano subiu de repente e nós nos deparamos com a sala de estar de Maria, toda decorada. Quando fomos ao palco inspecioná-la, vimos nas paredes cartazes dizendo:

ADAPTAÇÃO

1) Tempo-ritmo interior
2) Caracterização interior
3) Controle e acabamento
4) Ética e disciplina interiores
5) Encanto dramático
6) Lógica e coerência

— Há vários cartazes por aí — disse Tortsov. — Mas, por enquanto, as minhas observações sobre eles têm de ser breves. No processo criador há muitos elementos necessários, que ainda não selecionamos. O meu problema é: como poderei falar sobre eles sem fugir ao meu método habitual, que é o de primeiro fazê-los sentir o que estão aprendendo por meio de um vivo exemplo prático para depois chegar às teorias? Como poderei discutir com vocês, agora, o *tempo-ritmo interior invisível* ou a *invisível caracterização interior*? Que exemplo lhes posso fornecer para ilustrar de modo prático as minhas explicações?

"Parece-me que seria mais simples esperar até abordarmos o *tempo-ritmo* e a *caracterização exteriores*, porque é possível demonstrá-los com ações físicas e, ao mesmo tempo, *experimentá-los interiormente*.

"Ou, também, como posso falar concretamente sobre *controle*, quando vocês não têm nem peça nem papel que exijam sustentação de controle para serem expostos? Da mesma forma, como posso falar em *acabamento* quando não temos coisa alguma em que possamos dar acabamento?

"Tampouco adianta falar sobre a *ética em arte* ou *a disciplina em cena*, durante o trabalho criador, quando a maior parte de vocês nem sequer pisou do outro lado da ribalta, exceto na prova de atuação.

"Finalmente, que lhes poderei dizer sobre o *encanto*, quando nunca sentiram seu poder e efeito sobre uma plateia de milhares?

"Só resta, da lista, a *lógica*, a *coerência*. Sobre este tema parece-me que já falei prolongada e frequentemente. Todo o nosso programa tem sido perpassado por ele e continuará a sê-lo.

— Quando foi que o senhor o discutiu? — perguntei, surpreso.

— O que quer dizer com *quando?* — exclamou Tortsov, por sua vez assombrado. — Falei sobre ele em todas as ocasiões possíveis. Insisti nele quando discutíamos os *ses mágicos*, as *circunstâncias dadas*, quando vocês executavam projetos de *ação física* e especialmente ao estabelecer *objetos para a concentração da atenção*, ao escolher *objetivos*, derivados de *unidades*. A cada passo, exigi a mais estrita *lógica* no trabalho de vocês.

"O que ainda resta a dizer sobre este tema será encaixado de tempos em tempos, à medida que nosso trabalho for progredindo. Por isto não farei agora nenhuma declaração especial. Na verdade, tenho receio. Receio cair na filosofia e desviar-me da senda da demonstração prática.

"Foi por isto que apenas citei esses vários elementos, para que a lista se completasse. Com o tempo, chegaremos a eles e trabalhá-los-emos de maneira prática e eventualmente poderemos deduzir teorias desse trabalho.

"Isto nos traz, provisoriamente, ao fim do nosso estudo sobre os elementos interiores necessários ao processo criador do ator. Somente acrescentarei que os elementos cuja lista eu lhes mostrei hoje são tão importantes e tão necessários para promover o correto estado espiritual interior quanto aqueles nos quais trabalhamos antes com mais detalhe.

CAPÍTULO XII Forças motivas interiores

— Agora que examinamos todos os "elementos" e métodos de psicotécnica, podemos dizer que o nosso instrumento interior está pronto. Só nos falta um *virtuose* para tocá-la. Quem será esse mestre?

— Somos nós — responderam vários estudantes.

— Quem é *nós*? Onde se há de achar essa coisa invisível que se chama *nós*?

— É a nossa imaginação, atenção, sentimentos — desfiamos a lista.

— Sentimentos! Isso é o mais importante! — exclamou Vânia.

— Concordo com você. Sinta o seu papel e instantaneamente todas as suas cordas interiores se harmonizarão, todo o seu equipamento corporal de expressão começará a funcionar. Portanto, encontramos o primeiro mestre, e o mais importante: o sentimento — disse o diretor. E acrescentou depois: — Infelizmente, ele não é tratável nem está disposto a receber ordens. Como vocês não podem começar o trabalho a não ser que seus sentimentos funcionem espontaneamente, terão de recorrer a algum outro mestre. Quem é?

— A imaginação! — decidiu Vânia.

— Muito bem. *Imagine* alguma coisa e deixe-me ver o seu aparelho criador entrar em movimento.

— O que é que eu vou imaginar?

— Como vou saber?

— Tenho de ter algum objetivo, alguma suposição...

— E onde vai consegui-los?

— Sua mente poderá sugeri-los — contribuiu Gricha.

— Então a mente é o segundo mestre que estamos procurando. Ela inicia e dirige a criatividade.

— A imaginação é incapaz de ser mestre? — perguntei.

— Você mesmo está vendo que ela requer um guia.

— E a atenção? — perguntou Vânia.

— Estudemo-la. Quais são as suas funções?

— Ela facilita o trabalho dos sentimentos, da mente, da imaginação e da vontade — contribuíram vários estudantes.

— A atenção é como um refletor — acrescentei. — Projeta seus raios sobre algum objeto escolhido e desperta sobre ele o interesse dos nossos pensamentos, sentimentos e desejos.

— Quem aponta o objeto? — perguntou o diretor.

— A mente.

— A imaginação.

— As circunstâncias dadas.

— Os objetivos.

— Neste caso, todos estes elementos escolhem o objeto e iniciam o trabalho, enquanto que a atenção deve confinar sua atuação num papel auxiliar.

— Se a atenção não é um dos mestres, o que ela é? — insisti.

Em vez de dar-nos uma resposta direta, Tortsov propôs que subíssemos ao palco e representássemos o exercício do qual já estávamos tão cansados: o do louco. De início os alunos ficaram calados, olharam uns para os outros e tentaram decidir-se a se levantarem. Finalmente, um após o outro, nós nos erguemos e nos encaminhamos, lentamente, para o palco. Mas Tortsov nos deteve.

— Alegro-me por se terem dominado. Mas, embora tenham demonstrado força de vontade nos seus atos, isto não basta para o que eu tenho em vista. Tenho de despertar em vocês algo de mais vivo, mais entusiástico, uma espécie de *vontade* artística... quero vê-los ansiosos por subir ao palco, plenos de excitação e animação.

— O senhor nunca há de conseguir isto de nós com este velho exercício — explodiu Gricha.

— Mesmo assim, vou tentar — disse Tortsov, decisivo.

"Vocês sabiam que enquanto esperavam que o lunático foragido arrombasse a porta da frente, ele, na realidade, se esgueirou pela escada dos fundos e está esmurrando a porta de trás? É uma porta frágil. Se ceder... O que farão nestas novas circunstâncias? Decidam!

Os alunos ficaram pensativos, com toda a atenção concentrada, enquanto consideravam o problema e sua solução, a armação de uma segunda barricada.

Depois corremos para o palco e o trabalho ferveu. Tudo muito parecido com os primeiros tempos do nosso curso, quando representamos pela primeira vez esse mesmo exercício.

Tortsov fez a seguinte súmula:

— Quando sugeri que representassem este exercício, vocês tentaram forçar-se a fazê-lo, a contragosto, mas não conseguiram obrigar-se a sentir excitação.

"Então introduzi uma nova suposição. Sobre essa base vocês construíram para si mesmos um novo objetivo. Essa nova vontade, ou vontades, era de caráter *artístico* e injetou entusiasmo no trabalho. Agora digam-me, quem foi o mestre que tocou o instrumento de criação?

— Foi o senhor — decidiram os estudantes.

— Para ser mais exato, foi a minha *mente* — corrigiu Tortsov. — Mas a mente de vocês pode fazer o mesmo e ser, na sua vida psíquica, uma força motiva para o seu processo criador. Provamos, portanto, que o segundo mestre é a *mente,* ou intelecto — concluiu Tortsov. — Haverá um terceiro?

"Poderia ser, acaso, o *senso da verdade* e a nossa *crença* nele? Em tal caso, bastaria crer em alguma coisa e todas as nossas faculdades criadoras logo entrariam em ação.

— Acreditar em quê? — perguntaram.

— Como vou saber? Isso é com vocês.

— Primeiro temos de criar a vida de um espírito humano e, então, poderemos crer nisso — observou Paulo.

— Portanto, o nosso *senso da verdade* não é o mestre que buscamos. Poderemos achá-lo na *comunhão* ou na *adaptação*? — perguntou o diretor.

— Para termos comunicação uns com os outros, precisamos ter pensamentos e sentimentos os quais trocar.

— Absolutamente certo.

— É as unidades e os objetivos! — foi a contribuição de Vânia.

— Isso não é um elemento. Representa apenas um método técnico para despertar desejos e aspirações interiores, vivos — explicou Tortsov. — Se esses anseios pudessem pôr em ação o seu aparelho criador e dirigi-lo espiritualmente, aí...

— Claro que podem! — gritamos em coro.

— Neste caso, achamos nosso terceiro mestre: *a vontade. Por conseguinte, temos três motores a impelir-nos em nossa vida psíquica, três mestres que tocam o instrumento de nossas almas.*

Como de costume, Gricha tinha um protesto a fazer. Alegou que até agora não fora acentuado o papel representado pela *mente* e pela *vontade* no trabalho criador, ao passo que ouvíramos falar muito em *sentimentos*.

— Você quer dizer que eu devia ter repassado os mesmos detalhes a propósito de cada uma dessas três forças motivas? — perguntou o diretor.

— Não, claro que não. Por que é que o senhor diz os *mesmos* detalhes? — replicou Gricha.

— E como poderia ser de outra forma? Já que essas três forças formam um triunvirato inextricavelmente ligado, o que se diz sobre uma refere-se, inevitavelmente, às outras duas também. Estaria disposto a ouvir tanta repetição? Suponhamos que eu estivesse discutindo com você os *objetivos* criadores, como dividi-los, escolhê-los e dar-lhes nome. Os *sentimentos* não participam dessa tarefa?

— Claro que sim — concordou o estudante.

— E a *vontade*, está ausente? — perguntou Tortsov.

— Não. Tem relação direta com o problema — dissemos.

— Então eu teria de dizer praticamente a mesma coisa duas vezes seguidas. E agora, o que me dizem da *mente*?

— Ela participa tanto da divisão dos objetivos quanto da sua designação — respondemos.

— Então eu teria de repetir a mesma coisa uma terceira vez! Vocês deviam me agradecer por lhes ter poupado a paciência e o tempo. Apesar de tudo, há uma ponta de justificação para a censura de Gricha.

"Confesso que me inclino para o *lado emocional da criatividade* e faço-o deliberadamente, porque estamos demais dispostos a excluir o sentimento.

"Temos, em suma, um excesso de atores calculistas e de produções cênicas de origem intelectual. Só muito raramente vemos uma criatividade verdadeira, viva, emocional.

2

— O poder dessas forças motivas é acentuado pela sua interação. Elas se apoiam e instigam umas às outras, e o resultado é que sempre agem ao mesmo tempo e em íntima correlação. Quando chamamos a atuar nossa mente, movemos, do mesmo modo, nossa vontade e nossos sentimentos. Só quando estas forças estão cooperando harmoniosamente é que podemos criar com liberdade.

"Quando um verdadeiro artista está dizendo o monólogo *ser ou não ser*, estará ele simplesmente expondo-nos os pensamentos do autor e executando o jogo de cena determinado pelo diretor? Ele põe no que diz muito da sua própria concepção de vida.

"Esse artista não fala pela pessoa de um Hamlet imaginário. Fala por si mesmo, como alguém colocado nas circunstâncias criadas pela peça. Os pensamentos, sentimentos, conceitos, raciocínios do autor são transformados em coisa sua. Tampouco é seu único propósito dizer os versos de forma a serem *compreendidos*. É-lhe necessário que os espectadores *sintam* sua relação interior com o que diz. Eles devem seguir-lhe a própria *vontade* e os desejos criadores. Aí as forças motrizes da sua vida psíquica são interdependentes e unem-se na ação. Esse poder combinado é da maior importância para nós atores, e incorreríamos em grave erro se não o utilizássemos para as nossas finalidades práticas. *Disto decorre que temos de desenvolver uma psicotécnica adequada. E a sua base está em usar a interação recíproca dos membros desse triunvirato, não só para despertá-los por meios naturais, mas também utilizá-los a fim de agitar outros elementos criadores.*

"Algumas vezes eles entram em ação espontaneamente, subconscientemente. Nessas ocasiões favoráveis, devemo-nos entregar ao fluxo da sua atividade. Mas o que devemos fazer quando não reagem?

"Nessas ocasiões podemos voltar-nos para um dos membros do triunvirato, a mente, talvez, porque reage mais facilmente às ordens. O ator toma os pensamentos contidos nas falas do papel e chega a uma concepção do que eles significam. Essa concepção, por sua vez, levá-lo-á a formar uma opinião sobre eles, que, correspondentemente, afetará seus sentimentos e sua vontade.

"Já tivemos muitas demonstrações práticas dessa verdade. Recordem o início dos exercícios com o louco. A mente forneceu a trama e as circunstâncias na qual ela estaria situada. Ambas as coisas criaram o conceito da ação e, juntas, atuaram sobre os sentimentos e a vontade de vocês. O resultado é que representaram o esquete esplendidamente Este caso é um exemplo admirável do papel da mente na iniciação do processo criador. Mas é possível abordar uma peça ou um papel pelo setor dos sentimentos, quando as emoções têm reação imediata. Quando elas assim reagem, tudo se coloca no devido lugar, dentro de uma ordem natural: uma *concepção* se apresenta, uma *forma raciocinada* ocorre e, combinadas, ambas agitam a *vontade*.

"Quando, entretanto, o sentimento não morde a isca, que estímulo direto poderemos usar? Podemos achar o estímulo direto para a mente nos pensamentos tirados do texto da peça. Para os sentimentos, temos de procurar o tempo-ritmo, que está subjacente nas emoções interiores e nas ações exteriores do papel!

"É impossível discutir agora esta importante questão, porque vocês precisam, antes, ter um certo preparo que lhes permita apreender com suficiente profundidade o que for significativo e necessário. Além disso, não podemos passar imediatamente ao estudo do problema porque nos imporia um grande salto avante, interferindo no desenvolvimento ordenado de nosso programa de trabalho. É por isso que deixarei de lado este ponto e abordarei o método de despertar a *vontade* para a ação criadora.

"Contrastando com a mente, que se deixa afetar diretamente pelo pensamento, e com os sentimentos, que reagem imediatamente ao tempo-ritmo, não há estímulo direto com o qual se possa influenciar a vontade.

— E um objetivo? — sugeri. — Ele acaso não influencia o desejo criador, e, portanto, a vontade?

— Depende. Se não for particularmente sedutor, não influenciará. Seria preciso usar meios artificiais para aguçá-lo, torná-lo mais vivo e interessante. Por outro lado, é verdade que um objetivo fascinante tem efeito direto e imediato. Mas... não sobre a vontade. Sua atração se exerce sobre as emoções. A gente primeiro se deixa levar pelos sentimentos; os desejos são subsequentes. Portanto, sua influência na vontade é indireta.

— Mas o senhor andou nos dizendo que a vontade e o sentimento eram inseparáveis, de modo que se um objetivo atua sobre um, afeta, naturalmente, o outro, ao mesmo tempo — disse Gricha, aflito por assinalar uma discrepância.

— Tem toda razão. A vontade e o sentimento são como Jano, têm duas caras. Às vezes a emoção está na ascendente, outras, predomina a vontade ou o desejo. Por conseguinte, alguns objetivos influenciam mais a vontade que o sentimento e outros acentuam a emoção, à custa do desejo. De um modo ou de outro, direta ou indiretamente, o objetivo é um estímulo magnífico, que de bom grado utilizamos.

Após uma pausa de alguns instantes, Tortsov prosseguiu:

— Os atores cujos sentimentos predominam sobre o intelecto, quando representam *Romeu,* ou *Otelo,* acentuam, naturalmente, o lado emocional. Aqueles cujo atributo mais poderoso é a vontade representarão *Macbeth,* ou *Brand,* acentuando a ambição e o fanatismo. O terceiro tipo, inconscientemente, acentuará, mais do que o necessário, os matizes intelectuais de um papel como *Hamlet* ou *Nathan der Weise.*

"É preciso, entretanto, não permitir que um dos três elementos, isoladamente, esmague qualquer dos outros dois, perturbando assim o equilíbrio e a necessária harmonia. A nossa arte reconhece todos os três tipos e, na sua obra criadora, todas as três forças representam papéis importantes. O único tipo que rejeitamos, por ser excessivamente frio e calculista, é o que nasce do árido cálculo.

Houve uma pausa que durou algum tempo e depois Tortsov encerrou a aula com a seguinte declaração:

— Agora vocês são ricos. Têm à disposição grande número de elementos para utilizar na criação da vida de uma alma humana, num papel. É uma grande conquista, e eu os felicito!

CAPÍTULO XIII A linha contínua

— O seu instrumento interior está afinado para concerto! — anunciou o diretor no começo da aula.

"Imaginem que resolvemos produzir uma peça na qual foi prometido a cada um de vocês um esplêndido papel. O que fariam quando fossem para casa depois da primeira leitura?

— Representaríamos! — explodiu Vânia.

Leão disse que tentaria integrar-se no papel pensando nele, e Maria que iria para um canto qualquer e procuraria sentir o dela.

Eu decidi que começaria com as suposições proporcionadas pela peça, situando-me nelas. Paulo disse que dividiria a peça em pequenas unidades.

— Em outras palavras — disse o diretor —, vocês todos usariam suas forças interiores para sondar a alma do papel.

"Terão de ler a peça muitas vezes. Só rarissimamente o ator pode captar à primeira vista os elementos essenciais de um papel novo, deixando-se arrebatar por ele de tal modo que consegue criar todo o seu espírito num único arroubo de sentimento. O mais frequente é que, primeiro, o seu cérebro apreenda o texto parcialmente, sendo depois levemente tocadas as suas emoções, que estimulam vagos desejos.

"A princípio, a sua compreensão do significado interior da peça é, inevitavelmente, por demais geral. Normalmente só lhe alcançará o fundo depois de a ter estudado com minúcia, acompanhando os passos dados pelo autor ao escrevê-la.

"Quando a primeira leitura do texto não lhe causa impressão, quer intelectual, quer emocional, o que fará o ator?

"Deve aceitar as conclusões alheias e envidar um esforço maior para penetrar o sentido do texto. Se persistir, formará uma vaga concepção do papel, que deverá, depois, desenvolver. E, finalmente, as suas forças motivas interiores serão chamadas à ação.

"Enquanto a sua meta não se definir, a orientação das suas atividades não se poderá formar. Sentirá em seu papel apenas momentos isolados.

"Não é de surpreender que, durante esse período, o fluxo dos seus pensamentos, desejos e emoções apareça e desapareça. Se fôssemos traçar um gráfico do seu curso, o desenho seria desconjuntado e descontínuo. Só quando alcança uma compreensão mais profunda do papel e concebe seu objetivo fundamental é que, pouco a pouco, vai emergindo uma linha, que forma um todo contínuo. Então temos o direito de dizer que o trabalho criador começou.

— E por que só então?

Em vez de responder, o diretor começou a fazer certos movimentos desconexos com os braços, a cabeça e o corpo. Depois perguntou:

— Poderiam dizer que eu estava dançando?

Respondemos que não e ele, ainda sentado, executou uma série de movimentos que, harmoniosamente, fluíam uns dos outros, numa sequência ininterrupta.

— Podia-se fazer disto uma dança? — perguntou.

Concordamos, unânimes, que sim. Ele então cantou várias notas, separadas por longas pausas.

— Isto é uma canção?

— Não — replicamos.

— E isto? — e despejou uma linda e sonora melodia.

— É!

Depois traçou numa folha de papel algumas linhas casuais e irrelacionadas e perguntou-nos se aquilo era um desenho. Quando o negamos, fez alguns traços longos, graciosos, curvilíneos, que logo reconhecemos como um possível desenho.

— Estão vendo que em qualquer arte temos de ter uma linha contínua? É por isto que eu digo que, quando a linha aparece como um todo, o trabalho criador começou.

— Mas pode mesmo haver uma linha que não seja nunca interrompida, nem na vida real nem, muito menos, no palco? — objetou Gricha.

— É possível que essa linha exista — exclamou o diretor — mas não numa pessoa normal. Nas pessoas sãs há de haver algumas interrupções. Pelo menos é o que parece. No entanto, durante essas pausas, a pessoa continua a existir. Não morre. Portanto, uma espécie de linha subsiste.

"Concordemos que *a linha contínua normal é uma linha na qual ocorrem algumas interrupções necessárias.*

Por volta do fim da aula, o diretor explicou que não precisamos só de uma, porém de muitas linhas, para representar o rumo das nossas diversas atividades interiores.

— Em cena, quando a linha interior se interrompe, o ator deixa de compreender o que se está dizendo ou fazendo e passa a não sentir qualquer desejo ou emoção. Ator e papel, humanamente falando, vivem por meio dessas linhas contínuas. É isso que dá vida e movimento ao que está sendo representado. Interrompam-se essas linhas, e a vida cessa. Restabeleçam-nas, e ela prosseguirá. Mas esse espasmódico morrer e reviver não é normal. O papel deve ter uma continuidade de ser e sua linha contínua.

2

— Em nossa última aula verificamos que em nossa arte, como em qualquer das outras, temos de ter uma linha inteira, ininterrupta. Gostariam que eu lhes mostrasse como se faz?

— Claro! — exclamamos.

— Então, diga-me — perguntou, voltando-se para Vânia — o que você fez hoje, desde o instante em que se levantou até vir para cá?

Nosso trêfego camarada fez ingentes esforços para se concentrar na pergunta, mas achava difícil voltar a atenção atrás. Para ajudá-lo, o diretor lhe deu o seguinte conselho:

— Quando evocar o passado, não tente caminhar rumo ao presente. Vá de diante para trás, de agora até o ponto do passado que você quer atingir. É mais fácil retroceder, principalmente quando se trata do passado recente.

Como Vânia não apreendeu logo a ideia, o diretor ajudou-o:

— Agora você está aqui, conversando conosco. O que fez antes disso?

— Troquei de roupa.

— Trocar a roupa é um processo curto, independente. Encerra elementos de toda espécie. Constitui o que chamamos de uma *linha curta*. Há muitas, em qualquer papel. Por exemplo: o que é que você estava fazendo, antes de mudar de roupa?

— Esgrima e ginástica.

— E antes disso?

— Fumei um cigarro.

— E ainda antes?

— Estava na minha aula de canto.

Empurrou Vânia cada vez mais fundo no passado, até fazê-lo chegar ao momento em que acordara.

— Nós agora reunimos uma série de linhas curtas, episódios na sua vida desde o amanhecer, trazendo-nos até o momento presente. Todos eles foram guardados na sua memória. Para fixá-los, sugiro que repasse a sequência várias vezes, nessa mesma ordem.

Isso feito, o diretor persuadiu-nos de que Vânia não só sentia essas poucas horas do passado imediato, como também as fixara na memória.

— Agora faça a mesma coisa na ordem inversa, começando pelo instante em que abriu os olhos hoje de manhã.

Vânia fez, também isso, várias vezes.

— Diga-me, agora, se este exercício deixou em você uma impressão, quer intelectual, quer emocional, que você possa considerar como uma bem prolongada *linha da sua vida de hoje*? Será ela um todo integral, composto de *atos individuais* e sentimentos, pensamentos e sensações?

E prosseguiu:

— Estou convencido de que vocês já sabem como recriar a linha do passado. Agora, Kóstia, quero vê-lo fazer a mesma coisa com o futuro, em relação a segunda metade de hoje.

— Como posso saber o que se passará comigo no futuro imediato? — perguntei.

— Então não sabe que depois desta aula você terá outras ocupações, irá para casa, para jantar? Não planeja nada para esta noite, nenhuma visita, peça, filme, ou conferência? Você não sabe se as suas intenções serão realizadas, mas pode supor que sim. Portanto, deve ter alguma noção quanto ao resto do dia. Não sente essa linha sólida projetando-se para o futuro, carregada de cuidados, responsabilidades, alegrias e mágoas?

"Encarando o porvir, faz-se um certo movimento, e onde há movimento uma linha começa. Se ligar essa linha à outra que foi traçada anteriormente, você criará *uma linha inteira, contínua, que corre do passado, passando pelo presente e indo para o futuro, desde o instante em que abriu os olhos de manhã até fechá-los à noite*. É assim que as pequenas linhas isoladas confluem, para formar uma grande correnteza que representa a *vida de um dia todo*.

"Suponhamos, agora, que você esteja trabalhando numa companhia de repertório na província e que lhe deram o papel de Otelo para aprontar numa semana. Pode acaso sentir que toda a sua vida, durante aqueles dias, verter-se-á num só sentido principal, o de resolver honestamente o seu problema? Haveria uma ideia-mor, que absorveria tudo o mais, encaminhando-se para o momento culminante daquela representação aterradora.

— Naturalmente — reconheci.

— Pode sentir a linha maior que trespassa toda essa semana de preparação para o papel de Otelo? — impeliu-me ainda mais o diretor.

"E, já que existem linhas que atravessam dias e semanas, não seria justo presumir que elas também existem em termos de meses, anos ou até mesmo uma existência inteira?

"Todas essas grandes linhas representam a soldagem de outras, menores, umas com as outras. É isso o que acontece em toda peça e com todo papel. Na realidade, a vida compõe a linha, mas no palco é a imaginação do autor que a cria, à semelhança da verdade. Ele, entretanto, só a entrega a nós aos pedaços, com interrupções.

— E por que isso? — perguntei.

— Já discutimos o fato de que o dramaturgo só nos dá alguns minutos de toda a vida dos seus personagens. Omite muito do que acontece fora de cena. Muitas vezes não diz coisa alguma do que se passou com os personagens enquanto estavam nos bastidores, nem por que motivo fazem o que fazem quando voltam ao palco. Nós temos de preencher o que ele deixa por dizer. De outro modo, teríamos a oferecer apenas retalhos e pedaços da vida das pessoas que interpretamos. Não se pode viver assim, por isso temos de criar para os nossos papéis linhas relativamente ininterruptas.

3

Tortsov começou hoje pedindo-nos que nos instalássemos o mais confortavelmente possível na *sala de visitas de Maria* e conversássemos sobre o que bem quiséssemos. Alguns sentaram-se em torno da mesa redonda e outros ao longo da parede, onde havia algumas tomadas para lâmpadas elétricas.

Pela diligência com que Rakhmanov, o assistente de direção, cuidava de nos arranjar, era patente que íamos ter mais uma das suas *demonstrações*.

Enquanto falávamos, notamos que várias lâmpadas se acendiam e apagavam, e era óbvio que isto se dava em relação a *quem* estivesse falando e *sobre quem* nós falássemos. Quando Rakhmanov falava, uma luz se acendia perto dele. Se mencionávamos alguma coisa que estava sobre a mesa, esse objeto logo era iluminado. A princípio eu não podia compreender o que significavam as luzes que apareciam e desapareciam fora da nossa sala de visitas. Finalmente, concluí que se relacionavam com períodos de tempo. Por exemplo: a luz do corredor se acendia quando nos referíamos ao passado; uma, na sala de jantar, quando mencionávamos o presente; a do grande *hall,* quando falávamos do futuro. Notei, também, que logo que uma lâmpada se apagava, outra acendia. Tortsov explicou que *aquilo representava a corrente ininterrupta de objetivos mutáveis nos quais concentramos a nossa atenção, quer coerentemente, quer a esmo; na vida real.*

Isto assemelha-se ao que acontece durante uma representação. É importante que a sequência dos objetos nos quais nos focalizamos forme *uma linha sólida. Essa linha deve permanecer do nosso lado da ribalta e nem sequer uma vez se extraviar pelo auditório.*

— A vida de uma pessoa ou de um papel — explicou o diretor — consiste numa infinita mudança de objetos, círculos de atenção, quer no plano da realidade, quer no da imaginação, no reino das lembranças do passado ou dos sonhos com o futuro. O caráter ininterrupto dessa linha é de importância capital para o artista, e devem aprender a estabelecê-lo em vocês mesmos. Por meio de lâmpadas elétricas, vou-lhes demonstrar como ela pode correr, sem interrupção, de uma extremidade à outra de um papel.

"Desçam para a plateia — disse-nos, pedindo a Rakhmanov que fosse ajudá-lo no painel elétrico.

"Este é o enredo da peça que darei. Vamos fazer um leilão em que serão vendidos dois Rembrandts. Enquanto espero que cheguem os compradores, sentar-me-ei a esta mesa redonda com um perito em quadros e entrarei em acordo com ele sobre o lance inicial do leilão. Para isto, teremos de examinar ambos os quadros.

Acendeu-se e apagou-se uma lâmpada de cada lado do palco e a luz sobre a mão de Tortsov extinguiu-se.

— Agora, fazemos comparações mentais com outros Rembrandts, nos museus, no estrangeiro.

Uma luz no vestíbulo, representando os quadros imaginados no exterior, acendeu-se e apagou-se, alternando com as duas luzes do palco que faziam a vez dos quadros que seriam leiloados.

— Estão vendo aquelas luzinhas perto da porta? São os compradores sem importância; chamaram minha atenção e eu os saúdo. Mas faço-o sem grande entusiasmo.

"Se não aparecerem compradores mais substanciais do que esses, não poderei obter o preço dos quadros! Isto é o que vai pela minha mente.

Todas as outras luzes se apagaram, exceto um *spot* circundando Tortsov, para indicar o pequeno círculo de atenção. Movia-se com ele, enquanto andava, nervoso, de um lado para o outro.

— Vejam! O palco todo e as salas além dele estão agora banhados na luz de grandes lâmpadas. São os representantes dos museus estrangeiros, que vou cumprimentar com especial deferência.

Passou a demonstrar não só seu encontro com os diretores de museus, mas o próprio leilão. Sua atenção aguçava-se ao máximo quando os lances mais se acirravam, e a excitação final foi reproduzida por um verdadeiro bacanal de luzes. As grandes lâmpadas se acendiam juntas e em separado, formando um lindo traçado, parecendo uma apoteose pirotécnica.

— Puderam sentir que a linha viva no palco era ininterrupta? — perguntou-nos.

Gricha alegou que Tortsov não conseguira provar o que queria.

— Desculpe-me dizer, mas o senhor provou o contrário da sua alegação. Essa iluminação não nos mostrou uma linha ininterrupta... e sim uma interminável cadeia de diferentes pontos.

— A atenção do ator está constantemente passando de um objeto para outro. É essa constante mudança de focos que constitui a linha contínua — explicou Tortsov. — Se um ator se apegasse a um objeto só, durante todo um ato ou toda uma peça, ele seria espiritualmente desequilibrado, vítima de uma *idée fixe*.

Todos os outros alunos concordavam com o ponto de vista do diretor e achavam que a demonstração fora vívida e eficaz.

A LINHA CONTÍNUA

— Tanto melhor! — disse ele, contente. — Isto foi para mostrar-lhes o que deveria sempre ocorrer em cena. Agora vou demonstrar o que não devia acontecer e, no entanto, geralmente acontece.

"Vejam. As luzes só aparecem no palco intermitentemente, ao passo que no auditório brilham quase sem parar.

"Digam-me: parece-lhes normal que o espírito e os sentimentos de um ator se desgarrem, por longos períodos de tempo, pela plateia e para lá do teatro? Quando voltam ao palco, é só por um breve instante, e logo desaparecem outra vez.

"Nesse tipo de atuação, o ator e seu papel só ocasionalmente se pertencem um ao outro. Para evitar isso, usem toda a força interior que tiverem na construção de uma linha contínua.

CAPÍTULO XIV O estado interior da criação

Depois que você reuniu as linhas ao longo das quais se movem suas forças interiores, para onde é que elas vão? Como é que um pianista exprime as emoções? Vai para o piano. Para onde vai o pintor? Para a tela, pincéis e as tintas. Assim o ator volta-se para seu instrumento criador espiritual e físico. Sua mente, sua vontade e seus sentimentos combinam-se, para mobilizar todos os seus *elementos* interiores.

Extraem vida da ficção que é a peça e fazem-na parecer mais real, mais bem fundamentados os seus objetivos. Tudo isto o ajuda a sentir o papel, sua veracidade inata, a crer na real possibilidade daquilo que se está passando em cena. Em outras palavras, esse triunvirato de forças interiores assume o tom, a cor, os matizes e os estados de ânimo dos elementos que elas comandam. Absorvem seu conteúdo espiritual. Também emitem energia, poder, vontade, emoções e pensamentos. Enxertam nos elementos essas partículas vivas do papel. Desses enxertos vão brotando, gradualmente, o que chamamos de *elementos do artista no papel*.

— E para onde se dirigem? — perguntaram.

— Para algum ponto muito distante, em cujo rumo a trama da peça os arrasta. Avançam em direção a objetivos criadores, impelidos por anseios interiores, pela ambição e por movimentos inerentes ao caráter dos papéis. Os objetos em que concentram a atenção levam-nos a entrar em contato com os outros personagens. São fascinados pela veracidade artística da peça. E observem que todas estas coisas estão no palco.

"Quanto mais eles se adiantarem juntos, mais unificada será a sua linha de avanço. Desta fusão de elementos decorre um importante estado interior que nós chamamos... — A esta altura, Tortsov se deteve, apontou para o cartaz pendurado na parede e leu: "*O Estado de Ânimo Criador Interior*".

— E o que será isso? — exclamou Vânia, já alarmado.

— É simples. As nossas forças motivas interiores combinam-se com os elementos, para executar os propósitos do ator. Está certo? — aí apelei para Tortsov.

— Sim, com duas modificações. A primeira é que o objetivo fundamental comum ainda está muito distante e eles combinam suas forças para *procurá-lo*; a segunda é uma questão de termos. Até agora temos usado a palavra *elementos* para indicar talento artístico, qualidades, dotes naturais e diversos métodos de psicotécnica. Agora podemos chamá-los "*Elementos do Estado Interior de Criação*".

— Isso é demais para mim! — decidiu Vânia e fez um gesto de desespero.

— Por quê? É um estado quase que inteiramente normal.

— *Quase*?

— É melhor do que o estado normal, sob certos aspectos, e em outros... menos bom.

— Por que *menos* bom?

— Devido às condições do trabalho do ator, que tem de ser feito em público, a sua disposição criadora assemelha-se a teatro ou a exibicionismo, o que não acontece com a do tipo normal.

— E em que sentido é *melhor*?

— Contém o sentimento de *solidão em público,* que na vida comum não conhecemos. É uma sensação maravilhosa. Um teatro cheio de gente é, para nós, uma admirável tábua de ressonância. Para cada momento de sentimento verdadeiro em cena, há uma reação, milhares de correntes invisíveis de simpatia e interesse refluindo sobre nós. Uma multidão de espectadores oprime e apavora o ator, mas também lhe desperta a energia verdadeiramente criadora. Transmitindo um grande calor emocional, dá-lhe confiança em si mesmo e em seu trabalho.

"Infelizmente, a disposição criadora natural quase nunca é espontânea. Em casos excepcionais ela de fato aparece, e então o ator tem um desempenho magnífico. No caso frequentíssimo em que o ator não se consegue pôr no devido estado de espírito, ele diz: 'Não estou disposto.' Isto significa que ou seu equipamento criador não está funcionando bem, ou não está funcionando de todo, ou então foi substituído por hábitos mecânicos. Teria sido o abismo da boca de cena que lhe desorganizou as funções? Ou será que ele compareceu perante o público com um papel semiacabado, com falas e ações nas quais nem ele mesmo pôde acreditar?

"É possível, também, que o ator não tenha revitalizado um papel, bem preparado mas velho. E, entretanto, deveria fazê-lo cada vez que o revive. Se não, o provável é entrar em cena e apresentar apenas uma casca oca. Há outra possibilidade ainda: o ator pode ter sido desviado do trabalho por preguiça, falta de atenção, má saúde ou preocupações pessoais.

"Em qualquer desses casos, a combinação, a seleção e a qualidade dos elementos estarão erradas, e por vários motivos. Não é preciso examinar individualmente cada um desses casos. Vocês sabem que o ator, quando entra em cena perante o público, pode perder o domínio de si mesmo por medo, embaraço, timidez, agitação, senso de responsabilidade esmagadora, dificuldades insuperáveis. Nesse instante, ele é incapaz de falar, ouvir, olhar, pensar, querer, sentir, andar ou sequer mover-se de maneira normal, humana. Sente uma necessidade nervosa de agradar o público, de se exibir e esconder seu próprio estado.

"Em tais circunstâncias, seus elementos componentes se desintegram e separam-se. Está claro que isso não é normal. Em cena, como na vida real, os elementos devem ser indivisíveis. A dificuldade é que o trabalho no teatro contribui para tornar instável a disposição criadora. Deixa-se que o ator represente sem direção.

Ele mantém contato com a plateia, em vez de mantê-lo com o seu comparsa na peça. Adapta-se ao prazer daquela, em vez de compartilhar seus pensamentos e sentimentos com os atores seus companheiros. Infelizmente, os defeitos interiores não se veem. Os espectadores não os veem, apenas lhes sentem a presença. Só os técnicos da nossa profissão os entendem, mas é por causa deles que os espectadores comuns não reagem e não voltam ao teatro.

"Agrava o perigo o fato de um elemento que falte ou que esteja errado na composição é prejudicial ao todo. Podem pôr minhas palavras à prova: podem criar um estado em que todas as partes componentes funcionem juntas em perfeita harmonia, como uma orquestra bem ensaiada. Ponham nisso um único elemento falso e será o bastante para arruinar a tonalidade geral.

"Suponhamos que escolheram um enredo no qual não podem acreditar. Se vocês se forçarem, o resultado inevitável será enganarem-se a si mesmos, o que lhes desorganizará todo o estado de ânimo. O mesmo se aplica a qualquer dos demais elementos. Veja-se a concentração num objeto. Se olharem para ele e não o virem, serão atraídos pelo magnetismo de outras coisas, para longe do palco e até mesmo para fora do teatro. Experimentem escolher algum objetivo artificial em vez de real, ou usar seu papel para uma exibição de temperamento. No instante em que introduzirem uma nota falsa, *a verdade se transformará numa convenção teatral. A crença passa a ser fé na atuação mecânica. Os objetivos mudam-se de humanos em artificiais; a imaginação se evapora* e é substituída por uma *mentira teatral.*

"Somem estas coisas indesejáveis e terão criado uma atmosfera dentro da qual não poderão viver nem fazer nada, a não ser contorcer-se ou imitar qualquer coisa.

"Os principiantes do teatro, carecendo de experiência e técnica, têm mais probabilidades de errar. Facilmente adquirem qualquer quantidade de hábitos artificiais. Se alcançam algum estado normal, humano, é só por acaso.

— Como é que podemos tão facilmente tornar-nos artificiais, quando só atuamos diante do público uma única vez? — perguntei.

— Vou-lhe responder com suas próprias palavras — replicou Tortsov. — Lembra-se da primeira aula que tivemos, quando lhe pedi que se sentasse em cena, e, em vez de simplesmente sentar-se, você começou logo a exagerar? Naquela ocasião, você exclamou: 'Que estranho! Pisei em cena uma vez, e o resto do tempo tenho levado uma vida normal. No entanto, acho mais fácil ser afetado do que natural.' O motivo é termos de fazer nosso trabalho artístico em público, onde a artificialidade teatral trava com a verdade uma constante guerra. Como poderemos proteger-nos contra a primeira e reforçar a segunda? Isto discutiremos em nossa próxima aula.

2

— Vejamos o problema de como não cair em hábitos internos de artificialismo e como alcançar um verdadeiro estado interior de criação. Para este problema duplo há uma resposta: uma coisa exclui a existência da outra. Criando uma, vocês destruirão a outra.

"A maioria dos atores, antes de cada representação, se vestem e maquilam para que sua aparência exterior se assemelhe à do personagem que vão representar. Esquecem-se, entretanto, da parte mais importante, que é a preparação interior. Por que dedicam uma atenção assim especial à sua aparência externa? Por que não põem maquilagem e uma indumentária na alma?

"A preparação interior para um papel é a seguinte: em vez de correr para o camarim à última hora, o ator, principalmente se tiver um grande papel, deve chegar lá e começar a pôr-se em forma duas horas antes de entrar em cena. Vocês sabem que o escultor amassa a argila antes de começar a usá-la, o cantor aquece a voz antes de dar seu concerto. Temos de fazer algo parecido, afinar as nossas cordas interiores, experimentar as claves, os pedais e os registros.

"Vocês conhecem este tipo de exercício através dos treinos. O primeiro passo necessário é o relaxamento da tensão muscular. Em seguida vem: escolha um objeto. Aquele quadro? O que representa? Qual é o tamanho? As cores? Tome um objeto distante! Agora um círculo pequeno, não mais distante que os seus próprios pés! Escolha algum objetivo físico! Motive-o, acrescente primeiro uma e depois outras ficções imaginativas! Torne sua ação tão verdadeira que você possa acreditar nela. Faça várias suposições e sugira circunstâncias passíveis, para colocar-se nelas. Continue até ter posto em jogo todos os seus *elementos* e depois escolha um deles. Não importa qual. Escolha o que mais o atrair agora. Se conseguir fazer com que esse único elemento funcione concretamente (nada de generalidades), todos os outros virão atrás, atraídos por ele.

"Cada vez que tivermos de executar uma tarefa criadora, devemos pôr o máximo cuidado em preparar os vários elementos com que comporemos um verdadeiro estado criador interior.

"Somos constituídos de tal modo que precisamos de todos os nossos órgãos e membros, coração, estômago, rins, braços e pernas. Sentimos desconforto quando algum deles é-nos retirado e substituído por algo artificial, um olho de vidro, um nariz, orelha ou dente falsos, ou perna ou braço de pau. Por que não acreditar que o mesmo se aplica à nossa conformação interior? Qualquer tipo de artificialidade é igualmente perturbadora para a nossa natureza interior. Portanto, façam todos os seus exercícios, cada vez que tiverem de realizar algo de criador.

— Mas — começou Gricha, no costumeiro tom de discussão —, se fizéssemos isso, teríamos de executar dois desempenhos completos toda noite. Um para nós mesmos e o segundo para o público.

— Não, isso não é necessário — disse Tortsov, tranquilizadoramente. — Para preparar-se, repasse as partes fundamentais do papel. Não é preciso desenvolvê-las plenamente.

"O que tem de fazer é perguntar: 'Estarei seguro da minha atitude em relação a este ou aquele determinado trecho? Sinto realmente esta ou aquela ação? Devo modificar ou acrescentar algo a este ou aquele detalhe imaginativo?' Todos estes exercícios preparativos põem à prova o seu aparelhamento expressivo.

"Se o papel estiver amadurecido até o ponto de lhe permitir fazer tudo isso, em pouco tempo será feito. Infelizmente, nem todo papel chega a esse grau de perfeição.

"Em circunstâncias menos favoráveis, esta preparação é difícil. É porém, necessária, mesmo quando acarreta dispêndio de tempo e atenção. Além disso, o ator deve praticar constantemente, para alcançar uma verdadeira disposição criadora em todas as ocasiões, quer esteja atuando, ensaiando ou trabalhando em casa. A princípio, sua disposição será instável, até que o papel esteja bem acabado e, também, quando este se desgasta, perde a penetração.

"Esta oscilação para diante e para trás impõe-nos a necessidade de um piloto que nos guie. À medida que você for adquirindo experiência, verá que a maior parte do trabalho desse piloto passa a ser automática.

"Suponhamos que um ator tenha perfeito domínio das suas faculdades em cena. Sua disposição é tão completa que ele é capaz de dissecar os elementos que a compõem, sem sair do personagem. Estão todos funcionando bem, facilitando o funcionamento recíproco. Surge, então, uma breve discrepância. O ator logo investiga, para ver qual é a parte que não está em ordem. Descobre o erro e corrige. E, entretanto, o tempo todo, consegue facilmente continuar interpretando seu papel, mesmo enquanto observa a si mesmo.

"Salvini disse: 'O ator vive, chora e ri em cena e, o tempo todo, está vigiando suas próprias lágrimas e sorrisos. É esta dupla função, este equilíbrio entre a vida e a atuação que faz sua arte.'

3

— Agora que sabem o que significa o estado criador interior, lancemos um olhar sobre a alma do ator no momento em que esse estado vai se formando.

"Suponhamos que ele esteja a ponto de assumir um dificílimo e complexo papel shakespeariano: *Hamlet*. Ao que poderíamos compará-lo? A uma montanha imensa, cheia de toda a sorte de riquezas. Só se pode calcular-lhe o valor descobrindo seus depósitos de minério ou escavando minas profundas, em busca de metais preciosos ou mármore. Além disso, temos a sua beleza natural externa. A empreitada está além da capacidade individual de quem quer que seja. O prospetor tem de convocar especialistas, uma grande e organizada equipe de auxiliares; tem de contar com recursos financeiros e tempo.

"Constrói estradas, abre poços, fura túneis e, depois de cuidadosa investigação, conclui que a montanha encerra uma riqueza incalculável. Mas a busca das delicadas e diminutas criações da natureza tem de ser feita em locais inesperados. Imenso trabalho será executado antes que se possa obter o tesouro. Isto acentua a apreciação do seu valor, e quanto mais fundo forem se adentrando os homens, maior será o assombro deles perante a extensão. Quanto mais alto subirem pelo flanco da montanha, mais amplo será o horizonte. Mais alto ainda, o cimo da montanha está envolto em nuvens, e nunca se poderá saber o que sucede lá em cima, no espaço para além da ideia humana.

"Súbito, alguém exclama: 'Ouro! Ouro!' Passa-se o tempo, e as picaretas param. Os operários, decepcionados, deslocam-se para outro ponto. O veio sumiu, foram infrutíferos todos os esforços; fenece-lhes a energia. Prospetores e agrimensores sentem-se perdidos, não sabem para onde se voltarão. Dentro em pouco, ouve-se outro grito, e todos eles recomeçam com entusiasmo, até que a empreitada mais uma vez se revela decepcionante. Isto se repete vezes sem conta até que, finalmente, eles acham o rico filão.

Depois de pequena pausa, o diretor prosseguiu:

— Esse tipo de luta dura anos, quando o ator está trabalhando em *Hamlet*, porque as riquezas espirituais desse papel estão ocultas. O ator tem de cavar fundo para encontrar as forças motivas dessa alma humana, a mais sutil de todas.

"Uma grande obra literária, escrita por um gênio e sobre um gênio, exige pesquisas minuciosas e intricadas.

"Para apreender a delicadeza espiritual de uma alma complexa, não basta usarmos nossa mente ou qualquer *elemento* isolado. É necessário todo o poder e talento do artista, bem como a cooperação harmoniosa das suas forças interiores com as do autor.

"Depois de estudarem a natureza espiritual do papel, poderão decidir e então sentir qual é seu propósito latente. Nessa tarefa as forças motivas interiores do ator devem ser vigorosas, sensíveis e penetrantes. Os elementos do seu estado interior de criação devem ser profundos, delicados e sustentados. Infelizmente, é com frequência que vemos os atores deslizarem descuidados pela superfície dos papéis, ao invés de se aprofundarem nos grandes personagens.

Após outro breve intervalo, Tortsov disse:

— Eu lhes descrevi o *estado criador maior,* mas ele também existe numa escala menor. Vânia, suba ao palco, por favor, e procure um pedacinho de papel azul-claro... que ninguém perdeu lá.

— Como é que posso fazê-lo, assim?

— Muito simples. Para executar seu propósito, você terá de compreender e sentir exatamente como seria feito na vida real. Terá de organizar todas as forças interiores e, para criar seu objetivo, terá de propor certas circunstâncias dadas. Depois, responda à pergunta: "Como você procuraria o papel, se de fato o tivesse de fazer?"

— Se o senhor tivesse mesmo perdido um pedaço de papel, eu o acharia de fato — disse Vânia, e depois executou muito bem toda a ação. O diretor aprovou.

— Viu como é fácil? Bastou-lhe o estímulo da sugestão mais simples para libertar todo o harmonioso processo de estabelecer no palco o seu estado interior de criação. O pequeno problema, ou objetivo, leva direta e imediatamente à ação, mas, embora a escala seja pequena, os elementos em jogo são os mesmos de um empreendimento mais amplo e complicado, como o de representar *Hamlet*. As funções dos diferentes elementos podem variar em importância e quanto à duração do tempo de operações, mas todos eles colaboram uns com os outros até certo ponto.

"De modo geral, a qualidade de força e resistência do estado interior de criação do ator varia na razão direta da grandeza e significação do seu objetivo. O mesmo se pode dizer do equipamento usado para atingir sua meta. Pode-se, também, classificar o grau de poder e resistência em pequeno, médio e grande. Temos, portanto, uma infinidade de aspectos, qualidades e graus de disposições criadoras, nas quais prepondera um *elemento* ou outro. Em certas condições, essa variedade aumenta. Se temos um objetivo definido, nitidamente delineado, depressa adquirimos um estado interior correto e firme. Se, por outro lado, o objetivo for indefinido, vago, o estado interior será provavelmente frágil. Em ambos os casos, o fator determinante é a qualidade do objetivo.

"Às vezes, sem nenhum motivo, até mesmo em casa, sentimos a força de um estado criador e procuramos uma forma de utilizá-la. Nesse caso, ele mesmo fornecerá seu próprio objetivo.

"Em *Minha vida na arte* conta-se a história de uma velha atriz aposentada, já falecida, que sozinha em casa costumava representar para si mesma toda espécie de cenas, porque tinha de satisfazer justamente esse sentimento e de dar vazão aos seus impulsos criadores.

"Às vezes, um objetivo existe subconscientemente e chega até a ser executado subconscientemente, independendo da vontade ou do conhecimento do ator. Muitas vezes, só depois é que ele vem a compreender plenamente o que se passou.

CAPÍTULO XV O superobjetivo

Tortsov começou a aula de hoje com as seguintes observações:

— Dostoievski foi impelido a escrever *Os irmãos Karamazov* pela preocupação que lhe ocupou a vida inteira: *a procura de Deus*. Tolstoi passou a existência lutando pelo *aperfeiçoamento de si mesmo*. Anton Tchekhov combateu a *trivialidade* da vida burguesa, e esse foi o *leitmotiv* da maior parte da sua produção literária.

"Vocês são capazes de sentir como estes propósitos mais amplos, vitais, dos grandes escritores têm o poder de atrair todas as faculdades criadoras do ator e de absorver todos os detalhes e unidades menores de uma peça ou um papel?

"Numa peça, toda a corrente dos objetivos individuais, menores, todos os pensamentos imaginativos, sentimentos e ações do ator devem convergir para a execução do *superobjetivo* da trama. O elo comum deve ser tão forte que até mesmo o detalhe mais insignificante, se não tiver relação com o superobjetivo, salientar-se-á, como supérfluo ou errado.

"E também esse impulso em direção ao superobjetivo deve ser contínuo durante toda a peça. Quando sua origem é *teatral* ou *superficial,* dará à peça uma orientação apenas mais ou menos certa. Quando é humana e se dirige para a consumação do propósito básico da peça, será como uma artéria principal, levando alimento e vida tanto a ela como aos atores.

"Naturalmente, também, quanto maior é a obra literária, maior é o magnetismo do seu superobjetivo.

— Mas... e se faltar à peça o toque do gênio?
— Então o poder de atração será visivelmente mais fraco.
— E numa peça ruim?
— Aí o ator terá de indicar, ele mesmo, o superobjetivo, terá de torná-lo mais profundo e penetrante. Ao fazê-lo, o nome que lhe der será extremamente significativo.

"Vocês já sabem como é importante escolher o nome para um objetivo. Recordam-se que achamos preferível a forma de verbo, pois dá mais ímpeto à ação. O mesmo se passa em maior grau quando se trata de definir o superobjetivo.

"Suponhamos que estamos dirigindo a peça de Griboiedov, *A desgraça por excesso de espírito,* e resolvemos que o objetivo principal da peça pode-se descrever com as palavras 'eu quero lutar por Sophy'. Há no trecho muita coisa que confirma esta definição. A desvantagem é que, tratando a peça sob este prisma, o tema da denúncia social pareceria ter valor apenas episódico, acidental. Mas pode-se descrever o superobjetivo como 'Quero lutar não por Sophy, mas por minha pátria'. Então o ardoroso amor de Chatski por sua terra e seu povo irá para o primeiro plano.

"Ao mesmo tempo, o tema da acusação da sociedade terá mais proeminência, dando a toda a peça uma significação interior mais funda. Poderemos aprofundar ainda mais a sua significação usando 'Quero lutar pela liberdade' como tema principal. Neste conceito, as acusações do herói tornam-se mais severas, e toda a peça perde o tom individual, pessoal, que tinha quando o tema se relacionava com Sophy. Seu âmbito já deixou até mesmo de ser nacional, tornou-se amplamente humano e universal em suas insinuações.

"Por experiência própria, já tive provas ainda mais vivas da importância de escolher o nome certo para o supertema. Um exemplo ocorreu quando eu representava *O doente imaginário,* de Molière. Nossa primeira atitude foi elementar, escolhemos o tema 'Quero estar doente'. Mas quanto mais me esforçava e melhor me saía, mais se evidenciava que estávamos transformando uma comédia jovial, radiante, em tragédia patológica. Logo nos demos conta de nosso engano e passamos para 'Quero que pensem que estou doente'. Então toda a comicidade veio à tona, e o terreno ficou preparado para desmascarar o modo pelo qual os charlatães da medicina exploravam o estúpido Argan — e era isso o que Molière pretendia.

"Em *La Locandiera,* de Goldoni, cometemos o erro de usar 'Quero ser misógino' e verificamos que a peça se recusava a irradiar humorismo e, também, ação. Só quando descobri que o herói realmente gostava das mulheres e queria apenas ser considerado misógino é que mudei para 'Quero namorar escondido', e logo a peça ganhou vida.

"Neste último caso, o problema referia-se mais ao meu papel do que à totalidade da peça, mas foi só depois de um trabalho prolongado, quando compreendemos que a Dona da Estalagem era, realmente, a Dona das Nossas Vidas, ou, em outras palavras, a *Mulher,* que toda a essência interior da comédia se manifestou.

"Muitas vezes só chegamos a uma conclusão sobre esse tema principal depois que encenamos a peça. O público às vezes nos ajuda a compreender sua legítima definição.

"O tema principal deve estar firmemente plantado no cérebro do ator durante toda a representação. Foi ele quem fez com que a peça fosse escrita; deve, também, ser ele o manancial da criação artística do ator.

2

O diretor hoje começou dizendo que a principal corrente interior da peça produz um estado de preensibilidade e força interior com o qual os atores podem desfazer todos os emaranhados e chegar depois a uma conclusão nítida do seu propósito latente, fundamental.

Essa linha interior de esforço, que guia os atores do começo ao fim da peça, nós a chamamos a *continuidade,* ou ação *direta*.

Essa linha de um extremo ao outro galvaniza todas as unidades e objetivos pequenos da peça, encaminhando-os para o superobjetivo. Daí por diante, todos eles servem ao propósito comum.

Para frisar a enorme importância prática da *ação direta* e do *superobjetivo* em nosso processo criador, a prova mais convincente que lhes posso oferecer é um exemplo de que tive conhecimento pessoal. Certa atriz, que gozava de grande popularidade, interessou-se pelo nosso sistema de representar e resolveu abandonar a cena durante algum tempo a fim de aperfeiçoar-se nesse novo método. Trabalhou com vários professores durante alguns anos. Depois voltou à cena.

Para seu espanto, já não conseguiu sucesso. O público notou que ela perdera seu atributo mais precioso, que era o surto direto de inspiração. Este fora substituído por secura, minuciosidade naturalística, maneiras superficiais de atuar e outros defeitos assim. Bem podem imaginar a situação em que se viu então essa atriz. Cada vez que se apresentava era como se fizesse uma prova. Isso interferia na atuação e aumentava seu sentimento de desorientação e desalento, raiando o desespero. Pôs-se à prova em vários teatros de província, julgando que talvez o público da capital fosse hostil ao *sistema* ou nutrisse preconceitos contra ele. Mas em toda parte o resultado era o mesmo. A pobre atriz começou a amaldiçoar o novo método e tentou alijá-lo. Esforçou-se por voltar ao seu antigo estilo de representar, mas não pôde. Perdera sua aptidão para o artifício e já não podia suportar os absurdos de seu velho estilo em comparação com o novo método, que ela preferia. Assim, ficou entre os dois fogos. Dizem que estava resolvida a deixar o teatro de vez.

Mais ou menos por essa época, tive a oportunidade de vê-la representar. Depois, a seu pedido, fui ao camarim. Muito depois de acabado o espetáculo, quando todos já se haviam retirado do teatro, ela não consentiu que eu saísse, mas implorou-me, com desesperado emocionalismo, que lhe dissesse qual era a causa da mudança que se verificara nela. Repassamos todos os detalhes do seu papel, como fora preparado, todo o equipamento técnico de que se tornara senhora estudando o *sistema*. Tudo estava certo. Ela compreendia todas as suas partes, uma por uma, isoladamente. Mas não aprendera a base criadora do sistema como um todo. Quando lhe perguntei pela linha direta de ação e pelo superobjetivo, confessou que ouvira falar neles de um modo geral mas sem adquirir conhecimento prático do que eram.

— Se representar sem a linha direta de ação — disse-lhe eu —, a senhora estará simplesmente repassando certos exercícios desconexos, de partes do sistema. São úteis como trabalho em aula, mas não servem para a interpretação completa de um papel. A senhora se descuidou do importante fato de que todos esses exercícios têm por objetivo principal estabelecer linhas fundamentais de direção. É por isso que os esplêndidos trechos de seu papel não surtiram efeito. Espatife uma bela estátua, e os pedacinhos de mármore não poderão produzir efeito esmagador.

No dia seguinte, no ensaio, mostrei-lhe como devia preparar suas unidades e objetivos em relação ao tema e direção principal do papel.

Entregou-se ao trabalho com o maior ardor e pediu um prazo de vários dias para adquirir sobre ele um domínio firme. Conferi diariamente seu esforço e, afinal, fui ao teatro vê-la interpretar de novo o papel em sua nova concepção. Não sei descrever o que se passou no teatro aquela noite. Essa atriz talentosa foi compensada de todos os sofrimentos e dúvidas de alguns anos. Atirou-se aos meus braços, beijou-me e chorou de alegria, agradeceu-me por lhe haver devolvido o talento. Ria e dançava e agradecia inúmeros chamados à boca de cena, a um público que não estava disposto a deixá-la ir-se. Isto lhes mostra a qualidade miraculosa, vivificadora da linha direta de ação e do superobjetivo.

Tortsov refletiu alguns minutos. Depois disse:

— Talvez gravem melhor se eu lhes fizer um desenho. Isto é o que desenhou:

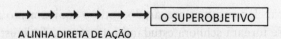

A LINHA DIRETA DE AÇÃO

— Todas as linhas menores encaminham-se para um mesmo alvo e se fundem numa corrente principal — explicou.

"Vejamos, entretanto, o caso de um ator que não tenha estabelecido o seu propósito final, cujo papel era composto de linhas menores em várias direções. Temos então:

"Se todos os objetivos menores de um papel visam a direções diferentes, é claro que será impossível formar uma linha sólida, contínua. Por conseguinte, a ação é fragmentária, descoordenada, não se relaciona com nenhum todo. Por excelente que seja, cada uma das partes, nessa base não terá cabimento na peça.

"Permitam-me propor-lhes outro caso: concordamos, não foi?, que a linha direta de ação e o tema principal são parte orgânica da peça e não podem ser desprezados sem que esta fique prejudicada.

"Mas, suponhamos que introduzíssemos um tema estranho ou puséssemos na peça o que se poderia chamar de uma *tendência*. Os outros elementos permanecerão os mesmos, mas serão desviados por esse novo acréscimo. Pode-se representá-lo assim:

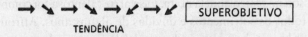

TENDÊNCIA

"Uma peça com a espinha dorsal assim deformada, quebrada, não pode viver.

Gricha protestou violentamente contra esse ponto de vista:

— Mas o senhor não está roubando a todos os diretores — explodiu — e a todos os atores qualquer iniciativa e capacidade criadora individual, bem como qualquer possibilidade de renovar as obras-primas antigas, aproximando-as mais do espírito dos tempos modernos?

A resposta de Tortsov foi calma e elucidativa:

— Você, e muitos que pensam assim, frequentemente confundem e não compreendem o significado de três palavras: eterno, moderno e momentâneo. É preciso saber distinguir com finura entre os valores espirituais humanos para chegar-se ao real sentido dessas palavras.

"O que é moderno pode tornar-se eterno se versar sobre questões de liberdade, justiça, amor, felicidade, grande alegria, grande sofrimento. Não faço objeção a esse tipo de modernidade na obra do dramaturgo. Entretanto, em contraste absoluto, o que nunca se pode tornar eterno é a momentaneidade. Esta vive apenas por hoje, e amanhã estará esquecida. É por isso que uma obra de arte eterna não pode ter nada em comum com o que é momentâneo, por mais hábil que seja o diretor ou por mais talentosos que sejam os atores que o tentem injetar.

"A violência é sempre um recurso mau de se usar na obra criadora, de modo que *refrescar* um velho tema por meio de uma ênfase transitória só pode significar morte, tanto para a peça quanto para o papel. Mas, de fato, se encontram exceções muito raras. Sabemos que uma espécie de fruto pode, às vezes, ser enxertado em árvore de outra espécie, obtendo-se um novo fruto.

"Às vezes uma ideia contemporânea pode ser naturalmente enxertada numa velha obra clássica e rejuvenescê-la. Neste caso, o acréscimo passa a ser absorvido pelo tema principal:

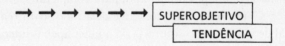

"Disto deve-se concluir: *Acima de tudo, conservem o superobjetivo e a linha direta de ação. Desconfiem de todas as tendências estranhas e dos propósitos alheios ao tema principal.*

"Dar-me-ei por satisfeito se tiver conseguido fazê-los sentir a importância primordial e excepcional destas duas coisas, pois sentirei que cumpri meu principal propósito como professor e que expliquei uma das partes fundamentais do nosso sistema.

Após uma longa pausa, Tortsov prosseguiu:

— Toda *ação* encontra uma *reação* que, por sua vez, intensifica a primeira. Em toda peça, ao lado da ação principal, encontramos, opondo-se a ela, a sua contra-ação. Isto é bom, pois o resultado inevitável é mais ação. Precisamos desse choque de propósitos bem como de todos os problemas a resolver que deles decorrem. Causam atividade, que é a base da nossa arte.

"Permitam-se usar *Brand* como demonstração:

"Vamos supor que concordamos que o lema de Brand, *Tudo ou Nada,* representa o objetivo principal da peça (se isto está certo ou errado não vem ao caso agora). Um princípio fundamental assim fanático é aterrador. Não admite contemporizações, nem concessões, nem fraqueza alguma na execução do seu propósito ideal na vida.

"Vou agora tentar este tema principal e as diversas unidades menores da peça, quem sabe, a mesma cena que já elaboramos em aula, com Agnes e as roupas do filhinho. Se eu quiser, naturalmente, *conciliar* esta cena com o tema principal, *Tudo ou Nada,* poderei, fazendo um grande esforço de imaginação, aproximá-los, de um modo ou de outro.

"É muito mais natural que eu adote o ponto de vista de que Agnes, a mãe, representa a linha de reação ou de ação contrária. Ela está em revolta contra o tema principal.

"Analisando o papel de Brand nesta cena, é fácil encontrar sua relação com o tema central, porque ele quer que sua mulher dê de esmola as roupas do menino, para completar seu sacrifício ao dever. Como bom fanático, exige dela tudo, para realizar o *seu* ideal de vida. A ação contrária da mulher apenas intensifica a sua ação direta. Temos aí o embate de dois princípios.

"*O dever* de Brand peleja com o *amor* de mãe: uma *ideia* luta com um *sentimento;* o pregador fanático com a mãe enlutada; o princípio *macho* com o princípio *fêmea.*

"Portanto, nesta cena, a linha direta de ação está nas mãos de Brand e a ação contrária nas de Agnes.

"Agora, por favor — disse Tortsov —, deem-me toda a sua atenção, pois tenho uma coisa muito importante a dizer!

O SUPEROBJETIVO

"Tudo o que empreendemos neste primeiro curso teve o sentido de capacitá-los a exercer controle sobre os três aspectos mais importantes do nosso processo criador:
1) A *garra* interior de preensão.
2) A linha direta de ação.
3) O superobjetivo.
Após algum tempo de silêncio, Tortsov encerrou a aula dizendo:
— Abarcamos todos esses pontos em termos gerais. Agora vocês já sabem o que queremos dizer com nosso *sistema*.

Nosso curso do primeiro ano está quase concluído. Eu esperava inspiração, mas o *sistema* espatifou minhas esperanças.

Essas ideias passavam-me pela mente enquanto, no vestíbulo do teatro, eu punha meu sobretudo e lentamente enrolava o cachecol no pescoço.

De repente alguém me cutucou. Voltei-me e vi Tortsov.

Notara meu estado de desânimo e vinha indagar a causa. Dei-lhe uma resposta evasiva, mas insistiu, teimoso, fazendo uma pergunta atrás da outra.

— Como se sente, agora, quando está em cena? — perguntou, num esforço para compreender minha decepção com o *sistema*.

— É justamente essa a dificuldade. Não sinto nada fora do comum. Sinto-me à vontade, sei o que devo fazer, tenho um motivo para estar ali, tenho fé nas minhas ações e creio no meu direito de estar em cena.

— E o que é que você quer mais? Acha que isso é errado?

Confessei-lhe então a minha ânsia por sentir-me inspirado.

— Não me procure para isso. Meu *sistema* nunca fabricará inspiração. Pode apenas preparar um terreno favorável a ela. Se eu fosse você, deixaria de correr atrás desse fantasma, a inspiração. Deixe-o por conta daquela fada miraculosa, a natureza, e dedique-se àquilo que está nos domínios do controle humano consciente.

Ponha um papel na estrada certa e ele irá para diante. Ampliar-se-á, tornar-se-á mais fundo e, finalmente, levará à inspiração.

CAPÍTULO XVI No limiar do subconsciente

O diretor começou com a animadora observação de que deixáramos para trás a parte mais longa do nosso trabalho de preparação interior.

"Toda esta preparação treina o *estado interior de criação* de vocês, ajuda-os a encontrar o *superobjetivo* e a *linha direta de ação,* cria uma técnica psíquica consciente e por fim leva-os — e isto ele disse com um toque de solenidade — à região do subconsciente. O estudo dessa importante região faz parte fundamental do nosso sistema.

"Nossa mente consciente arranja, impondo-lhes um pouco de ordem, os fenômenos do mundo exterior que nos cerca. Não existe uma linha demarcatória nítida entre a experiência consciente e a subconsciente. Nosso consciente muitas vezes aponta a direção em que o subconsciente continuará com a tarefa. Portanto, o objetivo fundamental da nossa psicotécnica é colocar-nos em um estado criador no qual o nosso subconsciente funcione naturalmente.

"É justo dizer que essa técnica tem com a natureza criadora subconsciente a mesma relação da gramática com a poesia. É triste quando considerações gramaticais avassalam o poético. No teatro isto se dá com excessiva frequência mas, ainda assim, não se pode passar sem a gramática. Deve-se usá-la como auxiliar no arranjo do material criador subconsciente, pois só depois de organizado é que ele pode assumir forma artística.

"No primeiro período da elaboração consciente de um papel, o ator busca, tateando, chegar à vida de sua parte, sem entender completamente o que se está passando nela, nele mesmo e em volta dele. Quando atinge a região do subconsciente, abrem-se os olhos de sua alma e ele se apercebe de tudo, até de ínfimos detalhes, e tudo aquilo adquire um significado totalmente novo. Tem consciência de novos sentimentos, concepções, visões, atitudes, tanto no papel, como em si próprio. Transposto o limiar, nossa vida interior, espontaneamente, assume uma forma simples, plena, pois a natureza orgânica dirige todos os centros importantes do nosso equipamento criador. A consciência nada sabe disso tudo — nem mesmo os nossos sentimentos sabem o caminho nessa região —, e entretanto sem eles a verdadeira criatividade é impossível.

"Eu não lhes dou nenhum método técnico para adquirir controle do subconsciente. Só posso ensinar o método direto de abordá-lo e se renderem ao seu poder.

"Vemos, ouvimos, entendemos e pensamos diferentemente *antes* e *depois* de transpormos o *limiar do subconsciente*. *Antes*, temos sentimentos *verossímeis*; *depois, sinceridade de emoções*. *Aquém* dele temos a simplicidade de uma fantasia limitada; *além*, a simplicidade da imaginação maior. A nossa liberdade, *deste* lado do limiar, é cerceada pela razão e pelas convenções; do lado de *lá* nossa liberdade é atrevida, voluntariosa, ativa, marchando sempre avante. *Lá* o processo criador é diferente cada vez que se repete.

"Recorda-me o litoral oceânico. Ondas grandes e pequenas jogam-se sobre a areia. Umas brincam ao redor dos nossos tornozelos, outras chegam-nos até os joelhos ou nos derrubam, ao passo que as maiores carregam-nos para o mar alto e eventualmente nos atiram novamente à praia. Às vezes a corrente do subconsciente mal toca o ator e logo se retrai. Outras, envolve-lhe todo o ser, levando-o para as profundezas até que, afinal, joga-o de novo à costa da consciência.

"Tudo o que estou dizendo agora está no reino da emoção, não no da razão. É mais fácil sentirem o que digo do que entenderem. Portanto, virá mais ao caso se em vez de lhes dar longas explicações eu lhes contar um episódio real, da minha própria vida, que me ajudou a captar as sensações do estado que estou descrevendo.

"Certa noite, numa festa em casa de amigos, fazíamos várias brincadeiras e, por pilhéria, resolveram operar-me. Trouxeram mesas, uma para a operação e a outra com supostos instrumentos cirúrgicos. Penduraram-se lençóis, trouxeram ataduras, bacias, muitas vasilhas.

"Os 'cirurgiões' envergaram aventais brancos e eu fui metido numa camisola de hospital. Estenderam-me na mesa operatória e vendaram-me os olhos. O que me perturbava era a atitude extremamente solícita dos médicos. Tratavam-me como se eu estivesse desenganado, e tudo o que faziam era com a maior gravidade. Súbito, a ideia me riscou pelo cérebro: E se eles me abrirem mesmo?

"A incerteza e a demora afligiam-me. O meu senso auditivo aguçou-se e tentei não perder sequer o menor ruído. Ouvia-os por toda parte, cochichando, despejando água, fazendo tilintar os instrumentos. Volta e meia uma grande bacia retumbava, lembrando o dobre de algum sino fúnebre.

"'Comecemos', sussurrou alguém. Seguraram com firmeza meu pulso esquerdo. Senti uma dor surda e depois três fortes espetadelas... tive de estremecer. Esfregaram no meu pulso uma coisa áspera, que ardia, e depois o envolveram em ataduras. Eu ouvia o rumor de pessoas que entregavam objetos ao cirurgião.

"Afinal, após uma pausa, puseram-se a falar alto, riram, cumprimentaram-me. Desvendaram-me os olhos e vi, aconchegado em meu braço esquerdo... um recém-nascido, feito com a minha mão toda enfaixada. Nas costas da minha mão eles tinham pintado uma cara tola, infantil.

"Agora pergunto: os sentimentos que experimentei eram verdadeiros e verdadeira a minha crença neles, ou eram o que nós chamamos de verossímeis?

"Claro que não era uma *verdade real* e um real *senso de fé* — disse Tortsov, evocando suas sensações.

"Embora quase se possa afirmar que, para os fins do teatro, eu de fato vivi aquelas sensações, não houve, entretanto, nenhuma reta constante de crença no que eu passava. Era um vaivém permanente entre a crença e a dúvida, as sensações verdadeiras e a ilusão de senti-las. O tempo todo eu sentia que, *se* de fato fosse operado, passaria justamente pelos transes que passei durante essa operação de mentira. Não resta dúvida que a ilusão tinha suficiente ar de vida.

"Eu sentia, de vez em quando, que minhas emoções eram exatamente as que teriam sido na realidade. Evocavam-me sensações familiares, da vida real. Tive até pressentimentos de que perdia os sentidos, se bem que por poucos instantes. Essas impressões desapareciam quase assim que surgiam. Mas restavam vestígios da ilusão. E até hoje estou convencido de que o que aconteceu aquela noite poderia acontecer na vida real.

"Essa foi minha primeira experiência da condição que chamamos *a região* do subconsciente — disse o diretor, concluindo seu relato.

"É um erro pensar que o ator experimenta um segundo estado de realidade quando está em cena fazendo trabalho criador. Se fosse assim, nosso organismo físico e espiritual seria incapaz de suportar a quantidade de trabalho que lhe seria imposta.

"Como já sabem, nós, em cena, vivemos das lembranças emocionais de realidades. Às vezes essas lembranças chegam a um ponto de ilusão que as torna semelhantes à própria vida real. Embora seja possível o esquecimento total do eu e uma inabalável fé no que se está passando em cena, estas coisas raramente ocorrem. Sabe-se de momentos isolados, uns breves, outros mais demorados, em que o ator se perde *na região do subconsciente*. Mas o resto do tempo a verdade se alterna com verossimilhanças, a fé com a probabilidade.

"A história que lhes contei ainda há pouco é um exemplo de lembranças de emoções com as sensações requeridas pelo papel. A analogia resultante dessa coincidência faz o ator aproximar-se mais da pessoa que ele está interpretando. Nessas horas um artista criador sente sua própria vida na vida de seu papel e a vida de seu papel idêntica à sua vida pessoal. O resultado dessa identificação é uma metamorfose miraculosa.

Depois de refletir uns instantes, Tortsov prosseguiu:

— Outras coisas além dessas coincidências do papel com a vida real conduzem-nos *à região do subconsciente*. Muitas vezes uma simples *ocorrência exterior*, que nada tem a ver com a peça, nem com o papel, nem com as circunstâncias peculiares do ator, injeta, de repente, um pouco de vida real no teatro e instantaneamente nos arrebata para um estado de criatividade subconsciente.

— Que tipo de ocorrência? — perguntaram.

— Qualquer coisa. Mesmo um lenço que cai ou uma cadeira derrubada. Um incidente vivo no clima condicionado do palco é como um sopro de ar puro numa sala abafada. O ator tem de apanhar o lenço ou a cadeira, espontaneamente, pois isso não foi ensaiado na peça. Não o faz como ator, mas de um modo comum, humano, e cria assim um pedacinho de verdade em que tem de acreditar. Essa verdade ressaltará, em vivo contraste com o ambiente convencional condicionado, que o cerca. Ele tem a liberdade de incluir em seu papel esses momentos acidentais de realidade ou deixá-los de fora. Pode tratá-los como ator e — dessa única vez — encaixá-los na linha do seu papel; ou então, por um momento, pode sair do papel, remover a intromissão acidental e então voltar à convenção do teatro e retomar a ação interrompida.

"Se realmente puder crer na ocorrência espontânea e incluí-la em seu papel, ela o ajudará. Pô-lo-á rumo ao *limiar do subconsciente*.

"Essas ocorrências muitas vezes atuam como uma espécie de diapasão, ferem uma nota viva e nos desviam da falsidade e da artificialidade, restituindo-nos a verdade. Um só momento desses pode orientar todo o resto do papel.

"Por isso, aprendam a apreciar qualquer ocorrência dessas. Não as deixem escapar. Aprendam a utilizá-las com critério quando acontecerem espontaneamente. São um excelente meio para aproximá-los do subconsciente.

2

Hoje a observação inicial do diretor foi:

— Até agora temos tratado de ocorrências acidentais, capazes de servir como meio de aproximação do subconsciente. Mas nelas não podemos basear nenhuma regra. Que pode fazer um ator quando não está seguro de que acertará?

"Não tem outra saída se não a de recorrer a uma *psicotécnica consciente*. Esta poderá preparar meios e condições favoráveis à abordagem da *região do subconsciente*. Compreenderão isto melhor se lhes der um exemplo prático.

"Kóstia e Vânia! Por favor, representem para nós a cena inicial do exercício com o *dinheiro queimado*. Devem se lembrar de que iniciamos qualquer trabalho criador descontraindo, primeiro, os nossos músculos. Façam, portanto, o favor de sentar-se confortavelmente e descansar, como se estivessem em casa.

Subimos ao palco e cumprimos suas ordens.

— Não basta. Descontraiam-se mais! — gritou Tortsov da plateia. — Ponham-se ainda mais à vontade! Vocês têm de sentir-se mais à vontade do que quando estão em suas casas, porque não estamos lidando com a realidade, e sim com a *solidão em público*. Portanto, afrouxem de fato os músculos. Cortem 95% dessa tensão.

"Vocês talvez pensem que eu estou exagerando o cálculo do seu excesso de tensão? De modo algum. O esforço feito pelo ator quando se põe diante de um público numeroso é incalculável. O pior é que todo esse esforço e essa força são promovidos sem que o ator quase os perceba, queira ou sequer pense neles.

"Portanto, tenham a maior ousadia ao se descartarem do máximo de tensão que puderem. Não precisam pensar um momento sequer que ficarão com menos do que a necessária. Por mais que reduzam a tensão, nunca o farão bastante.

— E onde está o limite? — perguntou-lhe alguém.

— Seu próprio estado físico e espiritual lhe dirá o que está certo. Você sentirá melhor o que é verdadeiro e normal quando chegar ao estado que chamamos de *eu sou*.

Eu já estava sentindo que Tortsov não podia pedir um estado mais descontraído do que aquele em que eu me achava. Apesar disso, continuou a pedir menos tensão ainda. O resultado foi que exagerei e cheguei a um estado de prostração e dormência. Este é outro aspecto de rigidez muscular, e tive de combatê-lo. Para isso, mudei minhas poses e tentei livrar-me da pressão por meio da ação. Passei de um ritmo rápido, nervoso, para outro, que era lento, quase preguiçoso.

O diretor não só percebeu, como aprovou o que eu fazia.

— Quando o ator está se esforçando demais, é bom às vezes introduzir uma atitude mais leve, mais frívola em relação ao trabalho. É um outro modo de enfrentar a tensão.

Mas eu ainda não conseguia alcançar a verdadeira sensação de estar à vontade que tenho quando me esparramo em meu sofá, lá em casa.

A essa altura Tortsov, além de pedir ainda mais descontração, lembrou-nos de que não devíamos estar fazendo isso apenas por fazê-lo. Recordou os três passos: tensão, descontração, justificação.

Tinha roda razão, pois me esquecera deles e assim que corrigi esse erro senti-me passar por uma transformação total. Todo o meu peso foi puxado para a terra; afundei-me na poltrona, onde estava semirreclinado. Parecia-me agora que a maior parte da minha tensão se esvaíra. Assim mesmo não me sentia tão livre como na vida real. O que estaria acontecendo?

Quando parei para analisar minha condição, vi que a minha *atenção* era forçada e me impedia de descontrair-me. A isso o diretor observou:

— A tensão forçada nos agrilhoa tanto quanto os espasmos musculares. Quando nossa natureza interior está nas suas garras, o processo subconsciente não se pode desenvolver normalmente. É preciso alcançar liberdade interior, tanto quanto a descontração física.

— Nisso também 95% é para jogar fora, suponho — acrescentou Vânia.

— Acertou. O excesso de tensão é exatamente o mesmo, só que é preciso tratá-lo com mais sutileza. Em comparação com os músculos, os fios da alma são como teias de aranha em relação a cabos. Sozinhos rompem-se facilmente, mas é possível tecer com eles fortes cordões; seja como for, uma vez tecidos, convém tratá-los com delicadeza.

— Como é que se pode lidar com espasmos interiores? — perguntou um aluno.

— Da mesma forma que lidamos com as contrações musculares. Procura-se primeiro o ponto de tensão. Em seguida tenta-se aliviá-lo e finalmente, com uma suposição adequada, constrói-se uma base para nos libertarmos dele.

"Sirva-se do fato de que neste caso a sua *atenção* não pode se dispersar pelo teatro afora, mas está concentrada dentro de você. Dê-lhe algum *objeto* interessante, algo que ajude seu exercício. Dirija-a para algum objetivo ou ação atraente.

Comecei a repassar os objetivos do nosso exercício, todas as suas circunstâncias dadas: revistei, mentalmente, todos os cômodos. E então o inesperado aconteceu. Vi-me numa sala desconhecida, onde nunca estivera antes. Havia um casal de velhos, os pais de minha mulher. Esta circunstância, para a qual eu não estava preparado, afetou-me e moveu-me, pois tornava mais complicadas as minhas responsabilidades. Mais duas pessoas a sustentar com meu trabalho, cinco bocas a manter, sem contar comigo! Isto aumentava a importância do meu trabalho, da averiguação das contas amanhã, do meu próprio exame dos documentos, agora. Endireitei-me na poltrona, enrolando nos dedos, nervosamente, um pedaço de barbante.

— Isso foi ótimo — exclamou Tortsov, aprovando. — Isso foi, de fato, libertar-se da tensão. Agora posso crer em tudo o que você está fazendo e pensando, mesmo sem saber exatamente o que lhe vai pela mente.

Ele tinha razão. Examinando meu corpo, verifiquei que os músculos estavam livres de contração. Era evidente que eu chegara à terceira fase naturalmente, sentando-me ali e encontrando uma base real para o meu trabalho.

— Aí tem verdade real, fé nas suas ações, o estado que chamamos *eu sou*. Você está no limiar — disse-me Tortsov suavemente.

— Apenas não se apresse. Use sua visão interior para enxergar, do começo ao fim, cada coisa que fizer. Se for preciso, introduza uma nova suposição. Pare! Por que vacilou aí?

— Foi-me fácil voltar à trilha. Bastou-me dizer comigo: "E se encontrarem um grande déficit nas contas?! Isso acarretaria reexame de todos os livros e papéis. Que trabalho medonho! E ter de fazê-lo sozinho, a esta hora da noite...!"

Automaticamente verifiquei o relógio. Eram quatro horas. Da tarde ou da madrugada? Presumi, por um momento, que fosse da madrugada. Excitei-me e, instintivamente, precipitei-me para minha escrivaninha e pus-me a trabalhar com furor.

Com o canto do ouvido, ouvi Tortsov fazer um comentário aprovativo e explicar aos estudantes que esse era o modo correto de abordar o subconsciente. Mas eu já não ligava para os incentivos. Não precisava mais deles porque estava de fato vivendo em cena e podia fazer qualquer coisa que quisesse.

Evidentemente o diretor, tendo atingido sua finalidade pedagógica, estava pronto para me interromper, mas eu queria continuar agarrado ao meu estado de espírito e prossegui.

— Ah! estou vendo — disse ele aos outros. — É uma onda grande.

E eu não estava satisfeito. Queria complicar minha situação ainda mais e acentuar minhas emoções. Por isso, acrescentei uma nova circunstância: um substancial desfalque em minhas contas. Admitindo esta possibilidade, perguntei-me: "O que é que eu faria?" A simples ideia pôs-me o coração na boca.

— Agora está com a água pela cintura — comentou Tortsov.

— O que posso fazer? — disse eu, excitadíssimo. — Tenho de voltar ao escritório! — Corri para o vestíbulo. Lembrei-me, então, de que o escritório estava fechado, por isso voltei e fiquei andando de um lado para o outro, tentando reunir minhas ideias. Finalmente, sentei-me num canto escuro da sala, para pensar no assunto.

Podia ver, com os olhos do espírito, algumas pessoas severas examinando os livros e contando os fundos. Interrogavam-me, mas eu não sabia responder. Uma espécie de desespero obstinado me impedia de desabafar. Então redigiram uma resolução, fatal à minha carreira. Formaram grupos em torno de mim, cochichando. Fiquei apartado, um pária. Depois, um inquérito, processo, demissão, confiscação dos bens, a perda do meu lar.

— Ele agora está no oceano do subconsciente — disse o diretor. Depois inclinou-se por sobre a ribalta e disse-me, brandamente:
— Não se apresse, vá seguindo até o fim.

Eu ouvia todas essas observações, mas não interferiam na minha vida em cena, nem me afastavam dela. A essa altura, minha cabeça nadava em agitação, pois meu papel e minha própria vida se mesclavam de tal modo que pareciam fundir-se um ao outro. Eu já não tinha a menor ideia de onde começava um e acabava o outro. Minha mão cessou de enrolar o barbante em meu dedo e eu fiquei inerte.

— É o próprio fundo do oceano — explicou Tortsov.

Não sei o que se passou dali por diante. Só sei que achei fácil e agradável executar toda sorte de variações. Resolvi, outra vez, que devia voltar ao escritório, depois ir ao meu advogado. Ou, então, decidi que era preciso encontrar certos documentos para limpar meu nome e vasculhei toda espécie de gavetas.

Quando acabei de atuar, o diretor me disse, com grande seriedade:

— Agora tem o direito de dizer que encontrou, por experiência própria, o oceano do subconsciente. Podemos fazer experiências análogas, tomando como ponto de partida um dos elementos da disposição criadora, imaginação e suposições, desejos e objetivos (se forem bem definidos), emoções (se despertadas naturalmente). Pode-se começar com várias proposições e concepções. Se pressentirem subconscientemente a verdade de uma peça, vocês terão naturalmente despertada sua confiança nela e o estado do *eu sou* virá *em seguida*. O que é importante lembrar em todas essas combinações é que, seja qual for o elemento escolhido como ponto de partida, terão de levá-lo avante até o limite das possibilidades dele. Vocês já sabem que quando adotam qualquer um desses elos da corrente criadora, arrastam também com ele os outros todos.

Eu estava em êxtase, não porque o diretor me elogiasse, mas porque sentira outra vez a inspiração criadora. Quando o confessei a Tortsov, ele explicou:

— Você não está tirando da lição de hoje a conclusão certa. Aconteceu uma coisa muito mais importante do que está supondo. A vinda da inspiração é um mero acidente, não se pode contar com ela. Mas pode confiar no que de fato se deu. O importante é: a inspiração não lhe veio por si mesma. Você a convocou, preparando o terreno para ela. Este resultado é muitíssimo mais importante.

"A conclusão satisfatória que podemos tirar desta aula é que vocês têm, agora, o poder de criar condições favoráveis ao nascimento da inspiração. Fixem, portanto, o pensamento naquilo que lhes desperta as forças motivas interiores, no que promove em vocês a disposição criadora. Pensem no superobjetivo e na linha direta de ação que leva a ele. Em suma, tenham em mente tudo o que possa ser controlado conscientemente e que os possa levar até o subconsciente. Esta é a melhor preparação possível para a inspiração. Mas nunca tentem abordar a inspiração diretamente, por si mesma. O resultado disto é a contorção física e o oposto de tudo o que vocês desejam.

Infelizmente, o diretor teve de adiar para a próxima aula a discussão mais ampla deste assunto.

3

Hoje Tortsov prosseguiu com o sumário dos resultados da nossa última aula. Começou:

— Kóstia lhes deu uma demonstração prática de como a psicotécnica consciente desperta a criatividade subconsciente da natureza. A princípio vocês poderiam pensar que não conseguimos nada de novo. O trabalho começou como devia, com a libertação dos músculos. A atenção de Kóstia concentrava-se em seu corpo. Mas ele, habilmente, transferiu-a para as circunstâncias hipotéticas do exercício. Novas complicações interiores justificavam que ficasse ali em cena, sentado imóvel. Nele, essa base para a imobilidade libertou-lhe completamente os músculos. Criou, então, toda sorte de novas condições para sua vida fictícia. Estas acentuaram o clima de todo o exercício e aguçaram a situação com possíveis indícios de tragédia, o que foi uma fonte de emoção verdadeira.

"Agora perguntam: 'E o que há de novo em tudo isso?' *A diferença é infinitesimal, e está no fato de eu o ter obrigado a executar cada ato criador até o seu mais pleno limite*. Só isto.

— Como pode ser só isso? — irrompeu Vânia.

— Muito simples. Leve todos os elementos do estado interior de criação, suas forças motivas interiores e sua linha direta de ação até o limite da atividade humana (não a teatral) e sentirá, inevitavelmente, a realidade da vida interior. Mais ainda, não poderá deixar de acreditar nela.

"Já repararam que, cada vez que nasce essa verdade e a crença que depositam nela, o subconsciente, involuntariamente, entra em ação e a natureza põe-se a funcionar? Portanto, quando sua psicotécnica é levada ao último limite, o terreno está preparado para o processo subconsciente da natureza. Se soubessem, ao menos, como é importante este novo acréscimo!

"É muito agradável pensar que cada pedacinho da criatividade está repleto de impaciência, exaltação e complexidades. Mas, na realidade mesmo, verificamos que até a mais ínfima ação ou sensação, o mais tênue recurso técnico, só pode adquirir uma significação profunda em cena se for impelido até o seu limite de possibilidades, até a fronteira da verdade e fé humana e do sentido de *eu sou*. Atingindo este ponto, toda a sua conformação física e espiritual funcionará normalmente, tal como o faz na vida, e sem considerar a condição especial de vocês terem de executar seu trabalho criador em público.

"Trazendo principiantes como vocês até o *limiar* do subconsciente, adoto um ponto de vista diametralmente oposto ao de muitos professores. Creio que devem contar com essa experiência e utilizá-la quando estiverem elaborando seus *elementos* interiores e seu *estado interior* de criação em todos os treinos e exercícios.

"Quero que sintam, desde o início, ainda que por breves períodos, aquela sensação feliz que os atores têm quando suas faculdades criadoras estão funcionando de fato e subconscientemente. Mais ainda, isto é uma coisa que têm de aprender por intermédio de suas próprias emoções, e não por qualquer processo teórico. Aprenderão a amar esse estado e a lutar constantemente por atingi-lo.

— Acho que é fácil compreender logo a importância do que nos disse agora — observei. — Mas não foi bastante longe. Por favor, dê-nos agora os meios técnicos para que possamos levar qualquer dos elementos até o seu último limite.

— Com todo prazer. Por um lado, vocês têm de descobrir quais são os obstáculos e aprender a lidar com eles. Por outro, terão de ir atrás do que quer que possa facilitar esse processo. Discutirei primeiro as dificuldades. A mais importante, como sabem, é a circunstância anormal em que o ator efetua seu trabalho criador; tem de ser feito em público. Os métodos para enfrentar esse problema já lhes são familiares. Vocês têm de alcançar um *estado criador* adequado. Façam isto antes de qualquer outra coisa e, quando sentirem que as suas faculdades interiores estão prontas, deem à sua natureza interior o leve estímulo de que precisa para entrar em funcionamento.

— É justamente isso que eu não entendo. Como é que se faz? — exclamou Vânia.

— Introduzindo algum incidente inesperado, espontâneo. Um toque de realidade. Tanto faz que ele seja de origem física ou espiritual. A única condição é que tenha afinidade com o superobjetivo e a linha direta de ação. Você ficará excitado com a qualidade inesperada do incidente, e a sua natureza acorrerá.

— Mas onde é que encontro esse leve toque de verdade? — insistiu Vânia.

— Em toda parte: no que você sonha, pensa, supõe ou sente. Em suas emoções, seus desejos, suas pequenas ações, internas ou externas, em sua disposição, nas entonações da sua voz, em algum detalhe imperceptível da produção, da marcação.

— E depois, o que acontece?

— Sua cabeça ficará dando voltas com a excitação da súbita e total fusão de sua vida com o papel. Poderá durar pouco, mas enquanto durar, você será incapaz de distinguir entre você mesmo e o personagem que estiver interpretando.

— E depois?

— Depois, como já lhes disse, a verdade e a fé os levam à região do subconsciente e os entregam à força da natureza.

Uma breve pausa, e o diretor prosseguiu:

— Há outros obstáculos no caminho. Um deles é a indefinição. *O tema criador da peça pode ser vago ou, possivelmente, a linha da direção sem nitidez. Pode-se elaborar um papel erradamente ou podem ser indefinidos seus objetivos. O ator pode sentir-se inseguro quanto aos meios de expressão que escolheu.* Se ao menos vocês soubessem como a dúvida e a indecisão nos podem oprimir! O único jeito de resolver essa situação é esclarecer tudo que não estiver bem nítido.

"E eis aqui uma outra ameaça: alguns atores não percebem plenamente as limitações que lhes foram impostas pela natureza. Enfrentam problemas que ultrapassam sua capacidade de resolvê-los. O cômico quer representar tragédia, o velho quer ser galã, o tipo simples anseia por papéis heroicos e a ingênua pelos dramáticos. O resultado só pode ser uma atuação forçada, a impotência, a ação mecânica, estereotipada. Também estas coisas são grilhões, e o único meio de se libertarem delas é o estudo da sua arte e de vocês mesmos em relação a ela.

"Outra dificuldade frequente decorre do trabalho consciencioso demais, do esforço excessivo. O ator bufa, obriga-se a dar expressão exterior a uma coisa que não sente. Tudo o que se pode fazer, neste caso, é aconselhá-lo a não fazer tanta força.

"Todos esses são obstáculos que vocês terão de aprender a distinguir. O lado construtivo, a discussão daquilo que os pode ajudar a chegar ao *limiar do subconsciente,* é uma questão complicada, para a qual já não temos tempo suficiente hoje.

4

— Chegamos agora ao lado positivo — disse o diretor, começando nossa aula de hoje. — Às condições e meios que ajudam o ator no seu trabalho criador e o conduzem à terra prometida do subconsciente. É difícil falar sobre esse reino. Ele nem sempre está sujeito ao raciocínio. Que se pode fazer? Podemos passar a uma discussão do superobjetivo e da linha direta de ação.

— A eles por quê? Por que escolheu esses dois? Qual a relação? — perguntaram vários estudantes, perplexos.

— Principalmente porque ambos têm feições predominantemente conscientes e estão, ambos, sujeitos à razão. Outros motivos para a escolha surgirão durante a aula.

Tortsov pediu a Paulo e a mim que interpretássemos os versos iniciais da primeira cena entre Iago e Otelo. Preparamo-nos e a interpretamos com concentração e com os sentimentos interiores adequados.

— Qual é, agora, o intento de vocês? — perguntou Tortsov.

— Meu principal objetivo é atrair a atenção de Kóstia — respondeu Paulo.

— Eu me concentrava em entender o que Paulo dizia e em tentar visualizar interiormente as observações que me fazia — expliquei.

— Por conseguinte, um de vocês estava chamando a atenção do outro a fim de atrair-lhe a atenção, e o outro tentava penetrar e visualizar as observações que lhe eram feitas.

— Não senhor! — protestamos vigorosamente.

— Mas é só isso que podia acontecer na ausência de um superobjetivo e da linha direta de ação para a peça toda. Não pode haver senão ações individuais, desconexas, cada uma efetuada em função de si mesma. Repitam agora o que fizeram e acrescentem a cena seguinte, em que Otelo faz pilhérias com Iago.

Quando terminamos, Tortsov perguntou-nos de novo qual tinha sido o nosso objetivo.

— *Dolce far niente* — foi o que respondi.

— E o que aconteceu com seu objetivo anterior, de entender seu colega?

— Foi absorvido pela etapa seguinte, que era mais importante.

— Agora repita tudo até essa altura e acrescente mais um pequeno trecho, os primeiros vislumbres do ciúme.

Fizemos o que ele mandou e definimos desajeitadamente o nosso objetivo, como caçoar do absurdo do voto de Iago.

— E onde estão, agora, os seus objetivos precedentes? — sondou o diretor.

Ia dizer-lhe que também eles tinham sido tragados por um alvo subsequente e mais importante, mas reconsiderei minha resposta e fiquei calado.

— Que há? Por que se preocupa?

— Pelo fato de que, a esta altura da peça, o tema da felicidade é interrompido e o do ciúme começa.

— Não é interrompido — corrigiu Tortsov. — Modifica-se com as circunstâncias alteradas da peça. Primeiro a linha atravessa um curto período de felicidade para o recém-casado Otelo, ele faz chacota com Iago e então sobrevém o assombro, a consternação, a dúvida. Repele o assalto da tragédia, acalma seus ciúmes e volta ao seu feliz estado.

"São-nos familiares essas mudanças de disposição na vida real. A vida vai correndo suavemente e então de súbito instilam-se a dúvida, a desilusão, o sofrimento e, mais tarde, eles se desvanecem e tudo torna a brilhar. Vocês nada têm a temer destas mudanças. Pelo contrário, aprendam a tirar delas o máximo partido e a intensificá-las. No presente caso é fácil fazê-lo. Basta recordarem as primeiras fases do romance de Otelo com Desdêmona, o recente e feliz passado, e depois contrastar tudo isso com o horror e a tortura que Iago apresta para o mouro.

— Não percebo. O que vamos evocar do passado deles? — perguntou Vânia.

— Pense nos maravilhosos primeiros encontros em casa de Brabâncio, as histórias de Otelo, os encontros secretos, o rapto da noiva e o casamento, a separação na noite de núpcias, o novo encontro em Chipre, sob o sol meridional, a inesquecível lua de mel e, então, no futuro — tudo por causa da infernal intriga de Iago —, o quinto ato.

"Agora, vamos!

Repassamos toda a cena até o célebre juramento de Iago, pelo céu e pelas estrelas, de que consagraria sua mente, vontade e sentimentos, seu tudo, a serviço do enganado Otelo.

— Se assim trabalharem por toda a extensão da peça, seus objetivos menores serão, naturalmente, absorvidos por alvos maiores e menos numerosos, que ficarão como guias ao longo da linha direta de ação. Esse objetivo maior recolhe, subconscientemente, todos os menores, formando eventualmente a linha direta de ação para a tragédia toda.

Depois a discussão girou em torno de qual seria o nome certo para o primeiro grande objetivo. Ninguém, nem mesmo o diretor, podia resolver a questão. Isto naturalmente não era de surpreender, pois um objetivo verdadeiro, vivo, não pode ser achado logo, e por um processo puramente intelectual. Não obstante, na falta de melhor, acabamos escolhendo mesmo para ela um nome desajeitado: *Quero idealizar Desdêmona, dedicar toda a minha vida a servi-la.*

Refletindo sobre este objetivo maior, vi que me ajudava a intensificar toda a cena, bem como outras partes do papel. Isto eu sentia cada vez que começava a amoldar qualquer ação visando à meta final: a idealização de Desdêmona. Todos os outros objetivos interiores perdiam a importância. Vejamos, por exemplo, o primeiro: tentar compreender o que Iago está dizendo.

Por que razão? Ninguém o sabe. Por que tentar, quando está perfeitamente claro que Otelo, ama, não pensa em ninguém senão nela e não quer falar de mais ninguém. Assim, todas as indagações e pensamentos que a ela se refiram são-lhe necessários e agradáveis.

Vejamos, depois, nosso segundo objetivo: *dolce far niente*. Já não é necessário, nem certo. Falando, o mouro se ocupa de algo importante e vital para ele, e o motivo é, ainda uma vez, o seu anseio de idealizá-la.

Depois do primeiro voto de Iago, penso que Otelo riu. Era-lhe agradável pensar que mancha alguma poderia tocar sua divindade cristalina. Esta convicção pô-lo num *alegre estado de espírito* e intensificou-lhe a veneração por ela. Por quê? Pelo mesmo motivo de antes. Melhor que nunca, percebi como foi gradual o avanço do ciúme sobre ele, quão imperceptivelmente a fé em seu ideal se foi enfraquecendo e como cresceu e fortificou-se a constatação de que a maldade, a depravação e uma astúcia de serpente podiam se encerrar em forma tão angélica.

— Onde estão seus objetivos precedentes? — inquiriu o diretor.

— Foram todos tragados por nossa preocupação com um ideal perdido.

— Que conclusão podem tirar do trabalho de hoje? — perguntou, e logo passou a responder-se: — Fiz com que os atores, nesta cena entre Otelo e Iago, sentissem por si mesmos, na prática, o processo pelo qual os objetivos maiores absorvem os menores. Agora Kóstia e Paulo sabem que a meta mais distante nos atrai para longe da que está mais perto. Entregues a si mesmos, esses objetivos menores passam naturalmente a ser guiados pela natureza e pelo subconsciente.

"Este processo é fácil de entender. Quando o ator se entrega à perseguição de um objetivo maior, ele o faz totalmente. Nesses momentos, a natureza fica livre para agir de acordo com suas próprias necessidades e desejos. Em outras palavras, Kóstia e Paulo já sabem agora, por experiência própria, que o trabalho criador do ator, enquanto está em cena, é de fato, no todo ou em parte, uma expressão do seu subconsciente criador.

O diretor refletiu algum tempo e acrescentou:

— Vocês verão esses objetivos maiores passarem por uma transformação semelhante à dos menores, quando o superobjetivo suplanta todos os demais. Eles vão se encaixando em seus respectivos lugares como passos para uma meta final que abrange tudo, passos que, em grande parte, serão dados subconscientemente.

"A linha direta de ação, como sabem, é composta de uma série de grandes objetivos. Se vocês avaliam os muitos e muitos objetivos menores, transformados em ações subconscientes, que eles contêm, reflitam então sobre a extensão das atividades subconscientes que confluem para a linha direta de ação à medida que ela atravessa a peça toda, dando-lhe um estimulante poder de influenciar indiretamente o nosso subconsciente.

5

A força criadora da *linha direta de ação* varia na razão direta da força de atração do superobjetivo. Isto não só confere ao superobjetivo um lugar de importância primordial em nosso trabalho, mas também nos obriga a dispensar uma atenção especial à sua qualidade.

Há muitos *diretores experientes* capazes de definir *de cara* um superobjetivo porque conhecem a jogada e já *moram* nela há muito tempo. Mas para nós eles não servem.

Há outros diretores e dramaturgos que desenterram um tema central puramente intelectual. Será inteligente e certo, mas carecerá de encanto para o ator. Pode servir de guia, mas não como força criadora.

Para determinar o tipo estimulante de superobjetivo de que precisamos para despertar a nossa natureza interior, vou fazer uma série de perguntas e respondê-las.

— Pode-se usar um superobjetivo que não esteja certo do ponto de vista do autor mas que, apesar disso, é fascinante para nós atores? Não. Isto não só é inútil, como perigoso. Só pode desviar os atores de seus papéis e da peça.

"Pode-se usar um tema principal que seja unicamente *intelectual*? Não, não um produto seco da razão dura. É essencial, entretanto, um superobjetivo consciente, derivado de um raciocínio inteligente, criativo.

"E um objetivo *emocional*? É-nos absolutamente indispensável, tão indispensável como o ar e a luz do sol.

"E um objetivo baseado na *vontade,* que envolve todo o nosso ser espiritual e físico? É necessário.

"Que se pode dizer de um superobjetivo que atrai nossa imaginação criadora, absorve toda a nossa atenção, satisfaz nosso sentimento da verdade e da fé e todos os elementos da nossa disposição interior? Qualquer tema assim, capaz de pôr em ação nossas forças motivas interiores, é o mesmo que comida e bebida para nós, em nossa função de artistas.

"Por conseguinte, o que precisamos é um *superobjetivo que se harmonize com as intenções do autor e ao mesmo tempo desperte repercussão na alma dos atores. Isto significa que temos de procurá-lo não só na peça, mas também nos próprios atores.*

"Mais ainda, o mesmo tema, no mesmo papel, marcado para todos os atores que o interpretam, provocará em cada um deles uma expressão diferente. Tomemos um objetivo perfeitamente simples, realista, como, por exemplo: *Quero ficar rico!* Pensem na variante de sutis motivos, métodos e concepções que se podem incluir na ideia da riqueza e de como obtê-la. Há também, nesse problema, tanta coisa que é individual e não está sujeita à análise consciente! Vejamos, depois, um superobjetivo mais complicado, como o que está na raiz de uma peça simbolista, de Ibsen, ou impressionista, de Maeterlinck, e verificaremos que nele o elemento subconsciente é incomparavelmente mais profundo, complexo e individual..

"Todas essas reações individuais são muito importantes. Dão colorido e vida à peça. Sem elas, o tema principal seria inerte e árido. O que dá a um tema esse encanto intangível que o faz contagiar todos os atores que representam um mesmo papel? Em grande parte, é algo que não se pode dissecar, pois que se ergue do subconsciente com o qual deve manter estreita relação.

Vânia ficou aflito outra vez e perguntou:

— Então, como é que o alcançamos?

— Da mesma forma como fazem com os diversos *elementos*. Vocês o levam até o último limite da veracidade e da sincera credibilidade, até o ponto em que o subconsciente entra em ação por si só.

"Aqui também vocês têm de fazer aquela pequena mas extraordinariamente importante *adição*, tal como fizeram quando discutimos o desenvolvimento extremo das funções dos *elementos* e também quando abordamos a questão da linha direta de ação.

— Não deve ser muito fácil achar um superobjetivo irresistível assim — disse alguém.

— É impossível fazê-lo sem preparação interior. O que se costuma fazer, entretanto, é muito diferente. O diretor senta-se em seu escritório e passa os olhos na peça. Quase que ainda no primeiro ensaio, anuncia aos atores o tema principal. Eles tentam seguir sua direção. Alguns, por acaso, podem apreender a essência interior da peça. Outros a abordarão de um modo exterior, formal. É possível que, de início, usem o tema do diretor, para dar rumo certo ao trabalho, mas depois o desprezam. Ou seguem a linha da produção, o jogo de cena, ou correm atrás do enredo e de uma execução mecânica da ação e das falas.

"Naturalmente, um superobjetivo que leva a tais resultados é porque perdeu toda significação. O ator deve achar por si mesmo o tema principal. Se por algum motivo for-lhe dado um por outra pessoa, ele deverá filtrá-lo, através do próprio ser, até que suas próprias emoções sejam influenciadas.

"Para achar o tema principal, será que basta empregar os nossos métodos habituais de psicotécnica para promover um estado interior adequado e depois acrescentar o toque extra que leva à região do subconsciente?

"Apesar do grande valor que atribuí a esse trabalho preparatório, devo confessar que a meu ver nem o estado interior que ele cria é capaz de empreender a busca do superobjetivo. Não podemos tatear em busca dele fora da própria peça. Vocês precisam, portanto, sentir, mesmo que em pequeno grau, a atmosfera da sua existência de ficção na peça, e depois verter esses sentimentos no estado interior que já haviam preparado. Assim como o levedo causa a fermentação, esse sentimento de vida numa peça fará com que as suas faculdades criadoras entrem em ebulição.

— Como é que se põe fermento em nosso estado criador? — perguntei, intrigado. — Como poderemos fazer-nos sentir a vida da peça antes mesmo de a termos estudado?

Gricha me confirmou e disse:

— Naturalmente, é preciso primeiro estudar a peça e o seu tema principal.

— Sem nenhum preparo, *à froid*? — interrompeu o diretor. — Já lhes expliquei o resultado disso e protestei contra esse tipo de ataque de uma peça ou papel.

"Mas minha principal objeção é contra colocar o ator numa situação impossível. Não se deve alimentá-lo à força com ideias, concepções, lembranças emocionais ou sentimentos de outrem. Cada indivíduo tem de viver suas próprias experiências. É importante que elas lhe sejam peculiares e que sejam análogas às da pessoa que ele vai interpretar. Não se pode engordar um ator como se fosse um capão. É preciso que o seu próprio apetite sinta-se tentado. Uma vez desperto, exigirá o material de que precisa para as ações simples; absorverá, depois, o que lhe for dado e o assimilará. A tarefa do diretor consiste em fazer com que o ator peça e procure os detalhes para fazer uma análise intelectual do papel. Desejá-los-á para a execução de objetivos reais.

"Além disso, qualquer informação ou material de que ele não careça imediatamente para atingir seus fins só lhe atravanca a mente e interfere em seu trabalho. Ele deve ter cuidado para que isto não aconteça, principalmente no período inicial da criatividade.

— Então, o que é que podemos fazer? — perguntou Vânia.

— Sim — disse Gricha, fazendo eco. — O senhor nos diz que não podemos estudar a peça, mas temos de conhecê-la!

— Devo lembrar-lhes, mais uma vez, que o trabalho que estamos discutindo é baseado na formação de linhas feitas de objetivos físicos pequenos, acessíveis, pequenas verdades, confiança nelas, coisas estas que são tiradas da própria peça e que lhe dão um clima de vida.

"Antes de fazer um estudo pormenorizado da peça ou do papel, faça alguma pequena ação (não me importa quão ínfima) que você execute com sinceridade e veracidade.

"Digamos que um dos personagens da peça tem de entrar numa sala. Você sabe entrar numa sala? — perguntou Tortsov.

— Sei — respondeu Vânia, prontamente.

— Está certo. Então, entre, mas deixe-me assegurar-lhe que não conseguirá fazê-lo antes de saber quem você é, de onde veio, em que sala está entrando, quem mora na casa e um monte de outras circunstâncias dadas que terão de influenciar seu ato. O preenchimento de tudo isso, para que você possa entrar na sala como deve, forçá-lo-á a aprender alguma coisa sobre a vida da peça.

"Mais ainda, o ator tem de elaborar por si mesmo essas suposições, dando-lhes a sua própria interpretação. Se o diretor tenta impô-las, o resultado é a violência. No meu modo de agir isso não pode acontecer, porque o ator pede ao diretor aquilo de que precisa, à medida que vai precisando. Esta é uma condição importante para a criatividade livre, individual.

"O artista deve utilizar o seu próprio material espiritual, humano, pois é esta a única matéria com que ele pode amoldar uma alma viva para o seu papel. Mesmo se sua contribuição for pequena, o fato de ser dele mesmo a tornará melhor.

"Suponhamos, no correr da trama, que você, entrando naquela sala, depare com um credor e que o pagamento da sua dívida para com ele anda muito atrasado. O que você faria?

— Não sei — exclamou Vânia.

— Tem de saber, ou não pode interpretar o papel. Apenas dirá suas falas mecanicamente e atuará com fingimento ao invés de verdade. Você tem de se pôr numa situação análoga à do personagem. Se for preciso, acrescente novas suposições. Tente lembrar-se de alguma vez em que você mesmo esteve em situação semelhante e de como agiu. Se nunca esteve, crie a situação imaginária. Às vezes pode-se viver com mais intensidade e nitidez na imaginação do que na realidade.

"Se fizer todos os preparativos para seu trabalho de um modo humano, real, e não mecanicamente; se for lógico e coerente em relação aos seus propósitos e ações; e se levar em conta todas as condições que acompanham a vida do seu papel, não tenho a menor dúvida de que saberá exatamente como atuar. Compare o que você tiver decidido com o enredo da peça e perceberá um certo parentesco, em maior ou menor grau. Passará a sentir que, dadas as circunstâncias, as opiniões e a posição social do personagem que interpreta, teria mesmo de agir como ele agiu. A esta intimidade com o papel chamamos percepção de nós mesmos no papel e do papel em nós.

"Suponhamos que você repasse toda a peça, todas as suas cenas, pedaços, objetivos, encontre as ações certas e se habitue a executá-las do princípio ao fim. Você terá, então, estabelecido uma forma exterior de ação que nós chamamos de *a vida física do papel*. A quem pertencem essas ações? A você, ou ao papel?

— A mim, naturalmente — disse Vânia.

— O aspecto físico é seu e as ações também. Mas os objetivos, sua fundamentação e sequência interiores e todas as circunstâncias dadas são mútuos. Onde é que você se retira e o papel começa?

— Isso é impossível dizer — respondeu Vânia, perplexo.

— Tudo o que devem lembrar é que as ações que elaboraram não são simplesmente exteriores. Estão baseadas em sentimentos interiores; são reforçadas pela confiança que depositam nelas. Dentro de vocês, paralela à linha das ações físicas, tem uma linha contínua de emoções, que raiam pelo inconsciente. Não é possível seguir sincera e diretamente a linha de ação externa e deixar de sentir as emoções correspondentes.

Vânia fez um gesto de desespero.

— Estou vendo que você já tem a cabeça confusa. Isso é um bom sinal, pois mostra que tanto do seu papel já se mesclou com o seu próprio ser que você não pode, absolutamente, descobrir onde traçará o limite entre você mesmo e o papel. Devido a esse estado, irá sentir-se mais chegado ao papel do que nunca.

"Se repassar assim toda a peça, terá uma noção verdadeira da sua vida interior. Até mesmo quando essa vida ainda se encontra em estado embrionário ela é vital. Mais ainda, você mesmo pode falar pelo personagem. Isto é da máxima importância, à medida que for desenvolvendo seu trabalho sistemática e pormenorizadamente. Tudo que você acrescentar, proveniente de uma fonte interior, terá seu devido lugar. Portanto, deve procurar atingir o ponto em que atacará o papel novo concretamente, como se fosse sua própria vida. Quando perceber esse real parentesco com o papel, poderá despejar sentimentos em seu estado criador interior, limítrofe com o subconsciente, e ousadamente lançar-se ao estudo da peça e seu tema principal.

"A essa altura já terão compreendido como é longa e penosa a tarefa de achar um superobjetivo e uma linha direta de ação amplos, profundos, estimulantes, capazes de conduzi-los ao limiar do subconsciente e carregá-los para as suas profundezas. Também veem, agora, como é importante, durante a procura, captar o que o autor da peça tinha em mente e achar em vocês mesmos uma nota de ressonância.

"Quantos temas têm de ser reduzidos para que outros possam crescer! Quantas vezes temos de mirar e atirar antes de acertarmos em cheio!

"Todo artista verdadeiro, enquanto estiver em cena, deve focalizar toda a concentração criadora unicamente no superobjetivo e na linha direta da ação, no seu sentido mais amplo e profundo. Se eles estiverem certos, tudo o mais será feito, subconscientemente, miraculosamente, pela natureza. Isto se dará sob a condição de que o ator recrie seu trabalho, cada vez que repetir o papel, com sinceridade, verdade e retidão. Só assim poderá sua arte livrar-se da atuação mecânica e estereotipada, dos truques e de todas as formas da artificialidade. Se o conseguir, terá ao seu redor, em cena, gente de verdade e vida verdadeira e uma arte viva, purificada de todos os elementos degradantes.

6

— Vamos mais longe ainda! — exclamou o diretor, ao começar a aula. — Imaginem algum artista ideal que resolveu consagrar-se a um único e grande objetivo na vida: exaltar e entreter o público com uma elevada forma de arte; expor as belezas ocultas, espirituais, da obra dos gênios poéticos. Dará interpretações novas de peças e papéis já célebres, de modo a salientar-lhes as qualidades mais essenciais. Sua vida inteira consagrar-se-á a essa alta missão cultural.

"Outro tipo de artista poderá usar seu êxito pessoal para transmitir às massas suas próprias ideias e sentimentos. As grandes pessoas podem ter uma variedade de altos propósitos.

"No caso deles o superobjetivo de qualquer produção isolada será apenas um passo para a consumação de uma importante meta vital, que chamaremos de *objetivo supremo* e sua execução de *suprema linha direta de ação*. Para ilustrar o que digo, vou-lhes contar um incidente da minha própria vida.

"Há muito tempo, quando nossa companhia estava em São Petersburgo, em excursão, fiquei no teatro até tarde, por causa de um ensaio malsucedido, malpreparado. A atitude de alguns dos meus colegas me amolara. Saí cansado e irritado. De repente, vi-me no centro de uma multidão, na praça em frente ao teatro. Havia fogueiras acesas, pessoas sentadas em tamboretes de campanha, semiadormecidas na neve, algumas amontoadas sob uma tenda que as resguardava do frio e do vento. Essa quantidade extraordinária de gente — havia milhares — esperava a manhã e a abertura da bilheteria.

"Fiquei profundamente abalado. Para avaliar o que aquela gente estava fazendo, tive de me perguntar: 'Que acontecimento, que gloriosa expectativa, que assombroso fenômeno, que gênio mundialmente célebre poderia induzir-me a tiritar noite após noite no frio, principalmente quando esse sacrifício nem sequer me daria o almejado ingresso, mas apenas uma senha para ficar na fila, com a possibilidade de obter uma entrada?'

"Não soube responder a mim mesmo, pois não conseguia achar acontecimento capaz de persuadir-me a arriscar a saúde e talvez até a vida por causa dele. Pensem só na importância do teatro para aquelas pessoas! Devemos ter constantemente uma profunda consciência disso. Que grande honra para nós, podermos trazer felicidade de tão alta ordem a milhares de pessoas!

"Senti-me logo preso do desejo de marcar para mim mesmo uma meta suprema, cuja execução constituiria uma suprema linha direta de ação e nela seriam absorvidos todos os objetivos menores. O perigo seria deixar que a nossa atenção se focalizasse por muito tempo em algum problema pequeno, pessoal.

— Nesse caso, o que aconteceria?

— O mesmo que acontece a um menino quando ata um peso na ponta de um barbante e depois o enrola numa vara. Quanto mais se enrola, menor fica o barbante, e menor é o círculo que descreve. E acaba por bater na vara. Mas suponhamos que outra criança enfie a sua vara na órbita do peso. O movimento do peso fará com que este amarre o seu barbante na segunda vara, arruinando o brinquedo do primeiro menino.

"Nós atores temos tendência para cair no desvio desse mesmo modo, aplicando nossa energia em problemas à margem do nosso objetivo primordial. Está claro que isso é perigoso e exerce em nosso trabalho uma influência deletéria.

7

Durante todas estas aulas recentes eu me senti assaz desalentado por ouvir tantos raciocínios sobre o inconsciente. O subconsciente é inspiração. Como é que se pode *raciocinar* sobre ele? Fiquei ainda mais escandalizado por ser obrigado a ir construindo o subconsciente com pedacinhos e migalhas. Por isso fui ao diretor e disse-lhe o que pensava.

— O que o faz pensar — disse ele — que o subconsciente pertence inteiramente à inspiração? Sem pensar, neste instante, dê-me o nome de um substantivo. — Aí voltou-se abruptamente para Vânia, que disse: — Uma flecha.

— Por que uma flecha e não uma mesa, que está aí na sua frente, ou um lustre, pendurado aí em cima?

— Não sei — respondeu Vânia.

— Nem eu — disse Tortsov. — Mais ainda, sei que ninguém sabe. Só o seu subconsciente poderá dizer-lhe por que esse determinado objeto veio ao primeiro plano da sua mente.

E então fez outra pergunta a Vânia:

— Em que está pensando e o que está sentindo?

— Eu? — Vânia hesitou, passou a mão na cabeça, levantou-se de chofre e depois sentou-se, esfregou os pulsos nos joelhos, apanhou do chão um pedaço de papel e o dobrou, tudo isso como preparativo para a resposta.

— Quero vê-lo repetir *conscientemente* cada um dos pequenos movimentos que executou ainda agora, antes de estar pronto a me responder. Só o seu subconsciente poderia resolver o quebra-cabeça de por que você fez todos esses movimentos.

Dizendo isso, voltou-se outra vez para mim e disse:

— Notou como tudo o que Vânia fez carecia de inspiração, mas assim mesmo encerrava muita subconsciência? Assim também você a encontrará em certo grau no mais simples ato, desejo, sentimento, problema, ideia, comunicação ou adaptação. Habitualmente, vivemos bem perto do subconsciente. Encontramo-lo a cada passo que damos. Infelizmente, não podemos adaptar aos nossos fins todos esses momentos de subconsciência e, também, eles são mais raros justamente onde mais necessitamos, em cena. Tente encontrar um só que seja numa produção *bem-acabada,* entranhada, surrada. Nela só haverá hábitos estabelecidos, retintos, conscientes e mecânicos.

— Mas os hábitos mecânicos em parte são subconscientes — insistiu Gricha.

— Sim, mas não do tipo de subconsciência que estamos discutindo — replicou Tortsov. — Precisamos de um subconsciente criador, humano, e o lugar onde se deve buscá-lo é, sobretudo, num objetivo emocionante e em sua linha direta de ação. Neles a consciência e a subconsciência estão maravilhosa e sutilmente mescladas. Quando o ator está completamente absorto em algum objetivo profundamente comovente, de modo a lançar-se à sua execução com todo o ser, apaixonadamente, alcança um estado que chamamos de *inspiração.* Nesse estado, quase tudo o que faz é subconsciente, e ele não tem noção consciente de como efetua seu propósito.

"Vocês veem, portanto, que esses períodos de subconsciência estão espalhados por toda a extensão das nossas vidas. Nosso problema é afastar tudo o que interfere com eles e reforçar qualquer elemento que lhes facilite o funcionamento.

Nossa aula hoje foi curta, porque o diretor tomava parte num espetáculo à noite.

8

— Agora vamos fazer um *check-up* — propôs o diretor, entrando na sala para a nossa última aula.

"Depois de quase um ano de trabalho, cada um de vocês deve ter formado uma concepção definida do processo criador dramático. Vamos tentar comparar esse conceito com o que tinham quando chegaram.

"Maria, lembra-se de ter procurado um broche aqui, nas dobras do pano, porque o prosseguimento de seu trabalho em nosso curso dependia de você achá-lo? Consegue lembrar-se de como se esforçou, como correu por toda parte e fingiu representar o desespero e como se divertiu? Esse tipo de atuação ainda seria capaz de satisfazê-la agora?

Maria pensou um pouco e depois um sorriso divertido raiou em seu rosto. Afinal meneou a cabeça, achando graça evidente na evocação de seus ingênuos modos de outrora.

— Viu? Está rindo. E por quê? Porque costumava representar em geral, tentando atingir sua meta com uma investida direta. Não é de surpreender que só tenha conseguido dar uma imagem exterior e errônea dos sentimentos da pessoa que interpretava.

"E agora, lembre-se do que sentiu quando representou a cena com a criancinha enjeitada e se viu embalando uma criança morta. Depois diga-me se, comparando sua disposição interior nessa cena com o exagero de antes, está satisfeita com o que aprendeu aqui, durante este curso.

Maria ficou pensativa. Sua expressão foi primeiro séria e depois sombria. Por um momento houve em seus olhos um lampejo de pavor e depois ela acenou com a cabeça, afirmativamente.

— Agora você já não está rindo — disse Tortsov. — De fato, a simples lembrança daquela cena quase lhe arrancou lágrimas. Por quê? Porque ao criar essa cena, você seguiu um caminho totalmente diverso. Não se atirou em assalto direto aos sentimentos dos espectadores. Plantou as sementes e deixou que frutificassem. Seguiu as leis da natureza criadora.

"Mas é preciso saber como induzir esse estado dramático. Sozinha, a técnica é incapaz de criar uma imagem na qual vocês possam acreditar e à qual tanto vocês quanto os espectadores possam se entregar totalmente. Compreendem, portanto, que a criatividade não é um truque de técnica. Não é, como pensavam, uma reprodução exterior de imagens e paixões. *O nosso tipo de criatividade é a concepção e o nascimento de um novo ser: a pessoa no papel. É um ato natural, semelhante ao nascimento de um ser humano.*

"Se seguirem cada coisa que se passa na alma do ator durante o período em que ele se põe a viver seu papel, concordarão que minha analogia é justa. Cada imagem dramática e artística criada em cena é única e, exatamente como acontece na natureza, não pode ser repetida.

"Como com os seres humanos, há uma fase embriônica, análoga. No processo criador há o pai, que é o autor da peça; a mãe, o ator, prenhe do papel, e a criança, o papel que vai nascer.

"Há a fase inicial, quando o ator começa a conhecer seu papel. Depois ficam mais íntimos, brigam, fazem as pazes, casam-se e concebem. Nisso tudo o diretor vai ajudando o processo, feito uma espécie de casamenteiro.

"Os atores, nesta fase, são influenciados por seus papéis, que lhes afetam a vida cotidiana. A propósito, o período de gestação de um papel é pelo menos tão prolongado como o de um ser humano e, frequentemente, muito mais demorado. Se analisarem esse processo, ficarão convencidos de que a natureza orgânica é regida por leis, quer esteja criando um novo fenômeno biologicamente, quer imaginativamente.

"Vocês só poderão se extraviar se não compreenderem essa verdade; se não tiverem confiança na natureza; se tentarem inventar novos princípios, novas bases, nova arte. As leis da natureza se impõem a todos. Ai de quem as infringir!

*O texto deste livro foi composto em Sabon,
desenho tipográfico de Jan Tschichold de 1964
baseado nos estudos de Claude Garamond e
Jacques Sabon no século XVI, em corpo 10/13,5.
Para títulos e destaques, foi utilizada a tipografia
Frutiger, desenhada por Adrian Frutiger em 1975.*

*A impressão se deu sobre papel off-white
pelo Sistema Cameron da Divisão Gráfica
da Distribuidora Record.*